浙江树人学院40周年校庆
40TH ANNIVERSARY OF ZJSRU

情系树人

梁平波题

ZHEJIANG SHUREN
UNIVERSITY

主　　编◎李　鲁　章　清
执行主编◎宋　斌
副　主　编◎陈乐敏　吴杨铠　金菊爱

ZHEJIANG UNIVERSITY PRESS
浙江大学出版社
·杭州·

序

四秩栉风沐雨，四秩春华秋实。40年来，已有12万树人校友奔赴祖国的大江南北乃至世界各地，他们犹如一颗颗充满生命力的种子，在不同的土壤里向下扎根、向上生长。他们中，有的成为深植基层的人民公仆，有的成为共同富裕征程上的时代先锋，有的成为躬耕教坛的人民教师，有的成为支持西部建设中义无反顾的接力者……他们笃行不怠、奋楫争先，在平凡的岗位上创造不凡，成为众人称誉的"树人骄傲"。

校友是学校的精神所在、价值所在和希望所在，他们的奋斗故事，更是学校生动而丰富的大思政课资源。2023年暑期，学校组织师生开展了"万人百团走访校友活动"。在炎炎夏日里，各小分队以烈日般的热情，奔走于省内外城乡街巷，虔诚地寻访校友，认真地聆听他们的成长故事和奋斗历程，《情系树人》下册正是此次寻访活动的成果。

本书从在校生的视角，以校友毕业时间为序，呈现一位位校友的成长历程，记录一个个生动的故事和一段段温情的回忆。在他们的笔下，校名数度更替、校址多次迁移、五校联合、双桥联袂等，学校发展的重要历程一一再现；贺田图书馆、越湖之畔、舟山东路等，校园生活的青春印记栩栩如生；社团之聚、竞赛之争、入党之荣等，成长的关键时刻历历在目；考研之路、考公之途、支教之行等，人生的重要节点念念不忘。尽管同学们的文笔还很稚嫩，所反映的校友成长历程还不甚全面，但他们用心用情写好树人校友的成长故事，力求勾勒出树人校友的鲜活形象。

本次活动寻访到的校友只是 12 万校友中的部分代表，本书所反映的校友故事也只是沧海一粟，因时间及人力所限，难免挂一漏万。期待在百年树人的征途上，有更多的校友故事可以通过各种方式展示给大家。

谨以此书献给曾经在树人播种希望、追逐梦想、挥洒汗水的校友，你们永远是树人的精神所系、价值所现、希望所在！

是为序。

宋　斌　吴杨铠

2024 年 2 月

目录 CONTENTS

王志利：春光如海，源源不断

【人物名片】

王志利，1985届食品工程专业校友。读书时，王志利学的是食品专业（罐头方向）。毕业后，他被分配到瑞安市酿造厂，从实验室普通工作人员一直做到了项目研发主管。十余年后，他借着改革开放的春风，从亲友处借了10万元，来到位于杭州上塘路的化妆品市场，开始了他的创业之路。现在，他已是杭州春源美业集团董事长、杭州市温州商会常务副会长、杭州市文成商会会长，曾在我校生物与环境工程学院设立"春源励志"奖学金。

采访时间：2023年8月2日

采访地点：杭州市钱塘航空大厦

作　　者：高鑫瑜

指导老师：陈克达　李雨泽

对王志利来说，做化妆品生意纯属意外，一转眼在这个领域已深耕了20多年。从一开始的日化批发到国内品牌代理，从成立进口美妆贸易公司，到创建全球优质美妆贸易集团，再到转型研究自主品牌，王志利一直以"笨鸟先飞"激励自己不断前行。

刚刚创业时，因为对这一行业一窍不通，对产品的选择也没有什么技巧，他全凭自己的眼光。当时每天盈利极少，他曾经有些心灰意冷，但不服输的拼劲和不怕苦的韧劲，逼着他一步步摸索，终于拥有了产品选择的独特眼光。

中国的化妆品产业起步较国外晚，春源刚成立时，国内各种层次的化妆品种类多样且纷杂，良莠难分。为了获得更安全、更有品质的品牌，王志利先是将目光投向进口产品。在他看来，"化妆品野蛮生长的时代终究会结束的"。他利用"进口"和"美妆"这两大特性，成功地让杭州春源从传统的化妆品代理商转变为优质的进口美妆贸易商。

与此同时，创立属于中国本土品牌的种子也在王志利心中悄悄萌芽。只是在很长一段时间里，国外的美妆品牌在国内市场一直占据着主导地位，本土的品牌尚未形成气候，有的甚至最基本的安全性也没有保障，这让他运营本土品牌的心愿迟迟未能实现。

2010年，春源曾拿到一个韩国品牌在中国的经销权，那时真正做进口贸易的公司并不多。但好景不长，该品牌于2012年被LG公司收购。经过深思熟虑，王志利毅然前往韩国与收购公司进行谈判。在他的坚持下，春源成功地反收购了原代理品牌。经此一役，王志利更坚定了创立本土品牌的决心。2018年，春源与韩国MCC彩妆正式说再见，但保留了品牌的中文名。自此，王志利开始潜心升级摩肯的品牌和形象，开始了中国市场的运营，而这也成了杭州春源发展史上的一座里程碑。

"从某种程度上来说，我们要感谢这个事情的发生。2018年，我们才真正开始做自己的品牌，改变了公司与现有品牌之间的合作模式，纯代理模式在某些层面上终究还是有所欠缺的。"受到启发的王志利更坚定了对公司发展的信心，他开始频繁地在国内外穿梭，目的就是更好地了解美妆市场的流行趋势，寻找合适的新产品。

星光不负赶路人。回顾二十几年的创业历程，王志利认为，春源的前20年一直在扎根，因为根扎得深，才能长成参天大树。实现国际化，成为全球美妆贸易集团，是王志利对杭州春源最新的规划蓝图。现在杭州春源已经和韩国、以色列、意大利等国家的品牌达成合作。根据春源近两年的发展态势，王志利决定在全国各地寻找一些当地的企业，与之开设合资公司进行产品的生产和销售，这样既能为当地经济注入活力，又能提升春源的知名度。春源还在推进与一些专业院校、科研机构的合作，希望共建一些项目，孵化出优质、独立的国产品牌。在王志利的规划中，春源至少应有五六个自主品牌。

"做企业靠的是人品，做产品靠的是品质，我们始终坚持'产品为王，品质至上'，这是春源永远不变的宗旨。"在原材料质量参差不齐的市场背景下，

王志利（左二）与采访者合影

春源始终坚持选用好的原料。王志利说："我们要做有良心的企业。一家好的企业不仅要做大，而且要脚踏实地，把一件件小事做好。做人也是同样的道理。"春源迈出的每一步他都深思熟虑，将宏大的蓝图拆分成一个个小目标，分步实施，而且把每一件小事都做精、做细。他也从不张扬，始终选择埋头苦干做实事。

回忆自己40年前的大学生活时，王志利满是感慨。他说："大学是学生进入社会前的一个小社会。在这里，你可以学到专业知识，也能学到与人交往相处的方式。"读大学时，他非常珍惜时间，一心扑在学习上。王志利也表达了对当代大学生的厚望。他说，学习要沉下心性，并要将所学的理论知识运用到实践中。他说自己是一个长期主义者。所谓长期主义，即重在坚持做好一件件看似微不足道的小事，而做好每件小事时，大事也就成了。企业家如此，大学生也如此，大学生源源不断地接受新的知识，不断地提升自身的专业度，瞄准科研探索的关键要素，成功离我们就不远了。

现在，越来越多的大学毕业生选择创业，对此，王志利有自己的看法。他觉得大学生最好先去相关的企业工作一段时间，积累经验，拓宽视野，并为以后的创业之路积攒一些人脉和资源。特别是跨专业创业，他认为前提是对这个行业要有足够的热爱，抑或对这个行业有着充分了解。他说，大学生创业成功者并不多，主要原因在于好高骛远。"每做一件事，都要追求小而精"，创业时更需要一步一个脚印地将每一件事、每一个细节落到实处。因为创业就像是经营一片农田，只有辛勤耕耘，投入足够多的心血，才有可能开花结果。在脚踏实地、努力付出的同时，还要学会"审时度势、不拘一格"，更需破釜沉舟的勇气、壮士断腕的魄力、精准敏锐的分析、果敢利落的决断、心无旁骛的专注和坚持到底的毅力。

邱耀彰：饮水思源，心系母校

【人物名片】

    邱耀彰，1986届化工分析专业校友。中国民建会员，高级经济师和工程师。现任优纳尔特集团董事长，中国仪器仪表行业协会代理商分会理事长，浙江大学继续教育学院企业家校友会会长，工信部领军企业家联合会常务副会长，浙江省经济与管理研究会企业家委员会主任，杭州市衢江商会会长；被聘为师董会导师、浙江大学经济学院硕士生导师、浙江大学CCE金牌讲师、浙江树人学院客座教授、杭州市大学生创业联盟导师。

采访时间：2023年6月

采访地点：优纳尔特集团

作　　者：李　亮

指导老师：王国栋　薛　瑾

"人的思维空间是无限的，像魔方一样，有无数种可能的变化。也许我们正被困在一个看似走投无路的境地，也许我们正囿于一种两难的选择，这时一定要明白，这种境遇只是因为我们固执的定势思维所致，只要勇于思维创新，一定能够找到不止一条跳出困境的出路。"这是邱耀彰从一名青年学子成长为著名企业家的切身感悟。在40多年改革开放大潮中，他从体制内跨向市场、从贸易向制造拓展，每一次进阶，每一次飞跃，都浸透了他对人生、对创新的思考。

邱耀彰，从衢州山里一考跳出农门。他成长的年代，正是改革开放的黄金年代，这也注定了他要与这个伟大的时代携手同行。

回忆母校　感念师恩

邱耀彰现在是浙江优纳特科学仪器有限公司的掌舵人。一聊起母校，他的记忆便如泉水涌动。他说，他是从浙江省轻工业学校开始在杭州的学习生涯的，2000年，浙江省轻工业学校与浙江树人学院联合，学校的规模扩大了，教学质量提升了，为莘莘学子提供了更为优越的学习环境。

进入树人学院后，他选择了化工分析专业。他深情地说，是树人学院给了他知识的种子，为他后续的发展播下了希望的种子。树人四十年风雨兼程，桃李满天下，培养出了无数精英。他特别提到了那些对他"严加管教"的老师，让他养成了吃苦耐劳、敢于挑战、勇往直前的品质。他用两个"非常"来形容数学老师沈老师的严格。沈老师不仅在教学上一丝不苟，还会深入剖析每一个数学方法的来龙去脉，让学生记忆深刻。沈老师对课堂纪律的要求也很严，但学生们都爱听他的课，上课时全神贯注地听讲，生怕错过一个知识点。

邱耀彰还谈到了他的英语老师，虽然他的英语能力在理工专业中并不出

情系树人

校党委副书记王军（右五）带队走访优纳特并与邱耀彰（右六）等合影

众，但英语老师并未放弃他，对他的弱点进行针对性的辅导，从单词、语法到阅读理解、听力和写作，每一项都认真指导和训练，从而极大提升了他的自学能力和攻克难点的能力。他感慨道，在学校这个充满自由的殿堂里，特别需要这样严格负责的老师来引导我们，激发我们肯吃苦、肯钻研的自学精神。

心系母校　主动分忧

邱耀彰曾是一家国有公司领导班子中最年轻的成员，加之阅历等不同导致的差异，让他最终下决心离开了原有的体制，开创属于自己的事业。同他一起创业的有 26 人，都是年轻人，志趣相投。

邱耀彰想办一家有文化内涵的企业，遂给自己的公司取名浙江纳德科学仪器有限公司。2013 年，他又成立了浙江优纳特科学仪器有限公司，组建了自己的应用实验室。他潜心研究各国仪器的特点与不足，融合优势并致力创新，成功开发了国产的高端科学仪器。几年来，公司已获得 20 多项国家专利。他在工作中发现，实验室的分析仪器不仅要安装、调试、使用，还得定时检测，以确定设备是否精准，这就需要第三方的计量检测，于是他又成立了杭州优纳尔计量检测技术有限公司。

2014 年，邱耀彰牵头把衢江籍在杭州经商办企业的人士组织起来，成立了杭州市衢江商会并担任首任会长。2016 年，邱耀彰攻读 MBA 并顺利取得维多利亚大学工商管理专业博士学位；他还凭借自身扎实的理论基础和丰富的管理经验，荣获第 19 届"浙江省经营管理大师"的称号。

在公司的运营上，邱耀彰十分严谨、一丝不苟，各岗位的职员培训一个没落下。在新职员培训会上，他常常亲授知识与经验；他带队在慕尼黑上海分析生化展上展示优纳特公司的最新产品及技术；他应邀参加首届数字文创发展大会并作主题报告。

有一种情怀叫"心系天下"，有一种力量叫"一呼百应"。已功成名就的邱耀彰，始终没有忘记母校。身为校友会副会长，他一直关心支持母校的发展，即便在疫情肆虐的那几年里，邱耀彰仍一如既往地关心支持母校的就业工作，积极为毕业生提供就业机会，充分发挥了校友的桥梁作用。

母校校庆　衷心祝福

回首母校的发展历程，邱耀彰深深感受到树人的办学理念和使命所蕴含的力量和魅力。40 年来，学校秉承"崇德重智、树人为本"的校训，培养了一代又一代优秀的人才，为社会作出了巨大的贡献。他衷心祝愿母校蓬勃发展，愿母校在未来的岁月里继续腾飞，培养更多的优秀人才。

情系树人

何平、胡雅琴：让"微光"化作闪耀时代的"高光"

【人物名片】

何平，1986 届计算机应用专业校友，高级经济师，工商管理硕士。曾任浙江省电子工业学校副校长、杭州微光电子设备厂厂长，现任杭州微光电子股份有限公司董事长，曾获浙江省优秀企业家、杭州市担当作为好支书、杭州市五一劳动奖等。"微光电子"是国家高新技术企业、工信部制造业单项冠军示范企业、中国电子元件百强企业，拥有国家认可实验室和省级研发中心。2016 年 6 月，公司在深圳证券交易所正式挂牌上市。公司现专业从事电机、风机、微特电机、驱动与控制器、机器人与自动化装备的研发、生产和销售。

胡雅琴，1987 届计算机应用专业校友，历任浙江省电子工业学校实验中心秘书、树大人文学院办公室副主任、信息科技学院办公室主任、杭州微光电子股份有限公司董事和董事会秘书等职，余杭区第十一届政协委员。

采访时间：2023 年 7 月

采访地点：杭州微光电子股份有限公司

作　　者：洪　伟

指导老师：吴杨铠　芮嫣楠　叶怡铭

甘当逆行者：在风雨飘摇中闯出发展之路

从原浙江电子工业学校毕业后，何平留校工作。1986年，浙江电子工业学校创办了一家校办工厂——杭州微光电子设备厂，1995年由何平兼任厂长。当时的微光电子非常看好电机市场，于是引进人才开始电机生产。然而令人始料未及的是，没多久，引进项目的负责人突然离去，撂下一身债务，微光电子的生产经营一下跌入谷底，看不到希望的员工也相继离去。

两年后，鉴于微光的"窘境"，学校决定将工厂转制。在这个关键时刻，何平站了出来，他和其他四位职工出资买下了工厂。当时微光留给他们的仅是一本营业执照、一些简单的设备。面对"家徒四壁"的微光，何平毅然选择了逆风前行。

改制后的企业，脱离了学校，举步维艰。何平先是在半山平安桥村租用了一间400平方米的简陋厂房，设备不完善、厂房下雨天漏水等问题，哪一

何平（中）、胡雅琴（右四）与采访者合影

个都不让人省心。在何平的记忆里，那是一段极其艰难的奋斗岁月。他一边跑市场、拉业务，一边狠抓产品质量，学习工厂管理，硬是凭借着不懈的努力，让风雨飘摇中的工厂逐渐站稳脚跟，还清学校借款，吸引投资，工厂逐步焕发生机。

2002 年，何平带领微光电子来到余杭经济开发区。他秉持着脚踏实地的原则，放弃了 40 亩土地而选择了 11.3 亩。他说："小一点没关系，从小做起嘛。"他带领团队深耕产品创新与品质，赢得良好口碑，企业迅速扩大生产规模，驶入发展快车道。

2008 年，余杭区大力实施出口名牌企业梯度培育机制，并积极参与杭州市对外贸易经济合作局启动的"杭州出口名牌"企业评定工作。微光电子受到区商务局的大力举荐，被认定为首批"杭州出口名牌"企业。

当时，胡雅琴在学校辛勤耕耘，被誉为"胡妈妈"，用爱心和耐心培育学生。在教书生涯中，她默默奉献，收获满园桃李。夫妻俩各自在不同领域拼搏，共同绽放着绚丽光彩。

勇当开拓者：以创新驱动攀登行业高峰

2008 年，随着企业生产规模的不断扩大，微光在开发区兴中路新建了厂区，用地规模达 37 亩。这一年，微光生产各类电机、风机 300 多万台，产品销往 50 多个国家和地区，包括澳柯玛、意大利 WHIRLPOOL、土耳其 UGUR、德国 DANFOSS、泰国 SANYO 等著名企业。

2009 年，杭州微光电子设备厂改制成为杭州微光电子股份有限公司。同年，公司成功跻身中国电子元件百强企业（居第 89 位），原本"名不见经传"的一家小企业开始受到业界越来越多的关注。

两年后，胡雅琴加入微光电子，从基层采购业务员做起，逐步熟悉业务，并凭借卓越的能力晋升为董事会秘书。

2014 年，随着企业效益节节攀升，微光顺势而上，又"追加"了 76.8 亩的新建厂区项目。2016 年 6 月 22 日，微光电子在深交所上市，股价一路高涨。

"我觉得最重要的是走好艰苦奋斗之路和创新驱动之路。"纵观微光电子的成长，何平说，一个公司要发展壮大，必须把好产品质量关，这样才能赢得客户，而客户的口碑就是企业最好的广告和奖杯，企业的品牌形象也随之树立起来。

微光电子坚持自主研发，持续拓展产品线，不断推进技术创新，荣获国家高新技术企业、工信部制造业单项冠军示范企业、中国电子元件百强企业、浙江省专利示范企业、浙江省标准创新型企业、浙江省绿色企业、浙江省安全生产标准化示范企业等多项殊荣。公司设有省级研发中心，检测中心得到国家认可委 CNAS 获准认可，并参与多项国家标准的制订。其冷柜电机、外转子风机、ECM 电机的销量，在国内细分行业处于领先地位，产品远销 80 多个国家和地区，树立了卓越的品牌形象。

在国家"一带一路"倡议及积极构建国内国际双循环的新发展背景下，2022 年微光电子扬帆出海，在泰国投资建厂，成为又一家将与东南亚地区进行深度产能合作的中国高技术含量制造企业。

乐当奋斗者：践行社会担当迈向微光未来

"上市公司是起点，路还很远。"胡雅琴在访谈中说道。上市后的微光电子影响力日增，但何平仍坚持稳健发展，培育壮大企业发展新动能，同时积极履行社会责任，推动企业高质量可持续发展。

党建引领是企业发展强有力的"助推器"。微光率先实现"党建入章"，成为开发区首家"党建入章"的上市企业。何平深知党建的重要性，认为这不仅是公司治理的指引，更是技术创新、人才引进和项目攻坚的坚强后盾。通过"党建入章"，微光明确了发展方向，充分发挥党组织的领导作用和政治核心作用，为企业的可持续发展提供源源不断的内生动力。

用心倾听，反映民众呼声。微光始终注重人文关怀，通过举办"小候鸟走进微光"等活动，增强职工的归属感与幸福感。何平作为杭州市临平区人大代表，不仅带领微光稳健发展，还积极参与社会调研与服务，关注民生与行业发展，提出务实议案，多次荣获"优秀人大代表""最美人大代表"等殊荣。胡雅琴同样积极参政议政，为政府建言献策，共同为区里各项事业的发展贡献力量。

人才是企业发展之本。微光坚持人才引进与培养并重，员工队伍从最初的 28 人壮大至千余人，这背后离不开何平精心策划的人力资源策略，持续吸引并留住技术精英。展望未来，微光争取到 2027 年实现中高级职称人才超 200 人，硕博人才超 80 人。公司设立的微光学院为员工提供丰富的学习资源，旨在培养具备自我学习和自我发展能力的创新型人才，为企业的长远发展提供坚实的人才保障。

从引领微光走出困境的逆行者，到攀登行业巅峰、深耕微电机制造的创新者，再到积极履行社会责任的奋斗者，何平与胡雅琴夫妇凭借卓越的企业家精神、敏锐的洞察力和坚定的执行力，将"微光"铸造成闪耀时代的"高光""强光"，致力于引领全球智能驱动行业迈向新高度。

苏立荣：脚踏实地，成就自我

【人物名片】

苏立荣，1987届发酵工程专业校友。毕业后经过持续学习和锻炼，曾担任康师傅饮品事业杭州顶津食品有限公司厂长，筹建扬州顶津食品有限公司并担任厂长，取得集团事业全国20多家工厂第二名。之后担任饮品事业华中区10家工厂总厂长，培养众多管理干部，承袭事业永续经营职能。2018年专任

康师傅控股华东地区董事长，为确保集团在华东区域良好运营环境而不懈努力。苏立荣是杭州市第八、九、十届台湾企业投资协会副会长，浙江省台商台企专委会委员，浙江省营养学会、饮料协会、食品协会、外企协会理事，杭州市钱塘区第一届政协委员。

采访时间：2023年6月29日

采访地点：杭州市康师傅梦想探索乐园

作　　者：石刘云

指导老师：陈克达　李雨泽

苏立荣，一位深耕食品行业的资深专家，自 1987 年走出校园的那一刻起，便与酿造的美妙世界结下了不解之缘。他最初在原杭州酒厂担任技术职务，致力于黄酒与葡萄酒的精心研发，以及酵母培养的深入研究。在他的努力下，多款优质酒品脱颖而出，赢得了市场的广泛赞誉。

时代的浪潮推动着企业变革的步伐。1994 年，面对企业转制的挑战，苏立荣选择加入康师傅控股有限公司顶新集团，开启了职业生涯的新篇章。他凭借扎实的专业知识和不懈的努力，从生产管理到产品检验，再到采购主管经理的岗位，每一步都走得稳健而坚定。为了在工作中实现更高的价值和效率，苏立荣毅然决定进一步深造，他先后学习了机械、制造、工艺流程、标准制定、法律法规等多方面的知识，为日后在康师傅饮料工厂的工作铺设了坚实的基石。

2008 年，随着公司业务版图的迅速扩张，苏立荣被赋予了更为重要的使命——负责扬州工厂的筹建与管理。他带领团队克服重重困难，实现了当年建厂投产的高效目标，为集团公司的快速发展贡献了力量。在扬州工作的两年时光里，苏立荣倾注了无数心血，从工厂的初创阶段到质量管理的严格把控，再到安全生产的无懈可击，以及成本控制的精打细算，他都亲力亲为，付出了巨大的努力。在这段日子里，他还特别注重人才培养，为工厂的发展注入了源源不断的活力。经过他的不懈努力，扬州工厂逐渐崭露头角，最终发展成为康师傅旗下全国第二名的工厂。这一成就让苏立荣深感欣慰，体会到了工作带来的巨大喜悦。

这一卓越成就也使他成为集团内部备受瞩目的高管之一。随后，集团公司再次给予苏立荣更高的期望和信任，派他前往武汉担任华中区域总厂长，管理 3 个省份共计 10 个工厂。在长达 8 年的时间里，他凭借卓越的管理才能和丰富的行业经验，成功引领区域内工厂的稳健发展，赢得了集团公司的高

苏立荣（中）与采访者合影

度认可。

2018年，苏立荣回到杭州，加入顶益食品有限公司，担任华东区董事兼办公室主任。在这个新的岗位上，他负责管理运营风险、优化人员配置、加强与政府的沟通协作以及企业品牌的推广与维护。他凭借丰富的经验和深厚的行业底蕴，为公司的发展注入了新的活力。截至2022年，康师傅在食品领域获利近800亿元。康师傅还与星巴克、百事可乐等品牌成为战略合作伙伴，建立了完善的饮料产品线。

苏立荣回顾自己的职业生涯，坦诚地分享了工作中的体会。自1994年加入饮料事业部以来，他既品尝过成功的甜美果实，也经历过种种困境和迷茫。在集团对新事业拓展经验尚显不足的背景下，公司效益一度低迷不振，年轻的苏立荣曾心生退意。然而，他最终选择了坚持，与公司一同经历风雨，共同成长。经过在康师傅数年的锤炼与磨砺，他的视野愈发开阔，见识不断增长，工作思路逐渐清晰，考虑问题也愈发全面、周到，不再片面、冲动，而是冷静分析，妥善解决工作中的各种难题。

谈及康师傅在食品行业取得的辉煌成就，苏立荣谦虚地表示，这一切并非偶然，而是多方因素共同作用的结果。首先，他强调了国家对民营企业的大力支持，为企业的发展提供了有力的政策保障和广阔的市场空间。其次，他认为更关键的是，企业创始人所展现出的强大学习能力和专注力，明确了企业前行的方向。苏立荣说，企业创始人深谙合理分工的重要性，坚持让专业的人干专业的事，确保每个环节都能达到最优状态。这种科学的管理理念和高效的执行力，使得康师傅在激烈的市场竞争中脱颖而出，逐步成长为行业的领军企业。最后，在苏立荣看来，这种成功的背后，也离不开每一位员工的辛勤付出和不懈努力。他也始终秉持着不断学习和进取的精神，在工作中不断挑战自我，追求更高的目标。正是这种不断追求卓越的态度，让他能够在康师傅这个大家庭中不断成长和进步，为企业的发展贡献自己的力量。

苏立荣的成功并不是一蹴而就的，而是长年积累和付出换来的，康师傅成为明星企业亦是如此。苏立荣说："真切地希望现今的大学生们能抓住时代给予的机会，努力学习，及时行动，高效完成任务，为抓住机遇做好充分的准备。"

周丹：没有树人就没有我的大学

【人物名片】

周丹，1988 届外贸英语专业校友，1992 年自考专升本，1999 年成为浙江大学外语系英语语言文学专业硕士研究生。曾在杭州海博翻译社任经理及翻译，现为专职翻译。出版翻译多部作品，如《孙子兵法》连环画英文版文字稿、《科幻之路》第五卷《地狱之门》之《盲人国》、美国心理学著作《论人性》、美国通俗心理学著作《高度敏感的人》《"毁"人不倦》、英国小说《傲慢与偏见》（简·奥斯汀著）和《白牙》（扎迪·史密斯著）等，曾多次在《钱江晚报》《扬子晚报》《杭州日报》等媒体上发表散文。

采访时间：2023 年 8 月 14 日

采访地点：杭州市

作　　者：喻　益

指导老师：马顺林　陈乐敏　叶怡铭

"树人，我梦想启航的新起点"

1967 年，周丹出生在浙江省杭州市一个知识分子家庭。一岁半时，她不幸患上小儿麻痹症，还来不及感受奔跑的自由，命运就已残酷地夺去了她正常行走的权利。然而，身体的残疾并没有摧毁她的意志，反而让她更加坚定地追求自己的梦想。

当别的孩子已经学会奔跑追逐时，周丹只能用双手紧紧握住板凳，艰难地挪动身体。一次次摔倒，一次次爬起，她的手上和腿上布满了伤痕，但她从未向家人哭喊、抱怨过，因为她早早就明白，以后的路还很长，她不可能永远在家人的保护下成长。

周丹的求学之路并不顺利。上学第一天，迎面而来的是同学们异样的眼光，但她并没有退缩，相反，她把这些化作动力，更加努力地学习。在书的海洋中，她找到了引领自己前进的光。

高考那年，父亲带领周丹和其他考生一起去考场时，自信满满地告诉全车的人："我女儿会考上大学的！"周丹也不负众望，以 522 分（当时的重点线是 470 分）的高分成了县里唯一上了重点线的学生。

周丹（中）与采访者合影

然而，命运并没有对这个艰难求学的女孩网开一面。按 20 世纪 80 年代高考录取相关规定，高校不接收残疾学生，周丹的档案因体检不合格被直接"截停"。父母四处奔波，却没有一个学校愿意录取周丹。在他们几近绝望的时候，招生办传来消息，杭州有一所刚刚创办的民办高校，条件比较宽松，或许可以试试。就这样，周丹抱着最后一丝希望，向当时的"浙江社会大学"（浙江树人学院前身）投递了档案，学校领导几乎在第一时间就作出了决定："这个学生，我们肯定要的！"

　　树人民办，是为民而办。虽然创校初期万事艰难，但学校从不歧视任何学生，秉持"为国植贤、为党育人"的担当精神，给了周丹一个上大学的机会。就这样，周丹成了树人的第一届学生，她与树人的故事也从此开始……

"在良师引导下，我在大学期间便踏上了翻译之路"

　　在树人学习和生活的过程中，周丹遇到过许多困难，幸运的是，她得到了老师和同学们无私的帮助。她每天都坐着电动轮椅去学校，然后把轮椅停在楼道里，拄着双拐上楼。如果正好有男同学路过，他们就会停下来，毫不犹豫地把她背到教室去；吃饭时，同学们总是帮周丹去食堂买她最爱吃的红烧排骨；同宿舍的同学更是方方面面照顾她，帮她带饭带水，帮忙解决生活上的诸多困难。时至今日，回忆往事，她心里总是充满感激，因为大家给予她的不仅是生活上的帮助，更是她精神上的支持和鼓励。

　　树人还有许多关心、关爱学生的老师。在小小的办公室中，老师们一笔一画地谋划着树人学子的未来。在大学期间，周丹有幸遇到了一位良师益友——她的班主任郭建中老师，学校第一任国际贸易系主任。

　　周丹对英语的热爱，郭老师看在眼里，入学时便找她谈话，列下了"人生规划"，也经常指导她的学习，并对周丹的语言天赋赞赏有加，鼓励她在英语学习方面投入更多时间和精力。在郭老师的激励下，周丹对英语的热爱与日俱增，课余时间她常常在图书馆阅读英语小说，遇到不懂的地方就向郭老师请教。在热爱的催发和勤奋的日积月累中，周丹的英语水平突飞猛进，她成功考取了专业英语八级证书。

周丹的翻译作品

在学习之余，周丹还喜欢用细腻的笔触记录生活的点滴感悟。她的文章透着独特的文采，曾在多家省级以上媒体刊登。这些经历也让她在理解和翻译英语小说时，更能与作者产生共鸣。

大学毕业后，周丹并未停止前进的脚步，她白天工作，晚上则参加英语俱乐部活动，不断提升自我。在俱乐部里，周丹结识了阿里巴巴的创始人之一——马云。当时的马云还只是一名英语讲师，受周丹启发，他毅然创办了杭州第一家翻译社——海博翻译社。马云对周丹的才华也十分欣赏，邀请她加入专业翻译的行列。本就对英语翻译抱有热忱之心的她，毅然决定转行，最终成了翻译社经理。

随着工作专业性的不断强化，周丹产生了继续深造的想法，于是通过在杭州大学旁听、利用业余时间自学，最终以优异的成绩考取了杭大研究生，并成了为数不多的公费研究生之一。

"我从没有放弃向上的每一步"

其实周丹的求职之路并不顺利，在大学毕业后的一年半时间里，她四处求职却屡屡碰壁，因为身体残疾，没有单位愿意接纳她，那是她人生中最艰难的时刻。一直到 1990 年，她才在杭州市残联下辖的一家玩具厂找到了一份会计工作，她在树人学的会计知识派上了用场。与此同时，周丹从未忘记自己做翻译的理想。在工作之余，她兼职做笔译。她在这家玩具厂工作到 1997年，后来加入了杭州海博翻译社，成了经理和专职翻译。在工作中，周丹展现出非凡的翻译才能，译语准确流畅，深受客户赞赏。为了提升自己的翻译水平，周丹于 1999 年考上浙大外语系研究生继续深造。读研期间及走上自由职业之路后，周丹都在从事自己喜爱的翻译工作，并出版了多部翻译作品。

"我一岁半就残疾了，所以我并没有自由行走的记忆，从小就挂拐杖上下学，走到哪里都会引来别人的'注目礼'，但我渐渐学会了无视旁人的注视。"周丹始终保持着积极乐观的心态，在实现梦想的道路上克服困难、砥砺前行，这是身体的前行，更是心的前行。

在大学期间读外文刊物时，周丹接触到很多表示肢体残疾的词，她觉得"physically challenged"最合适。"要说 physically challenged，每个人都是physically challenged，只是程度不同而已。即使身体健全、行动自如的人，也不是每个人都能登上喜马拉雅山。其中那些没有能力登上喜马拉雅山的，是不是也可以说是 physically challenged 呢？而如果一个城市有完善的无障碍设施，比如地铁站有上下直梯，轮椅能独立进出地铁、火车，那么像我这样坐轮椅的人，在独立乘坐地铁和火车时，也就说不上 physically challenged 了。"

周丹认为要从书籍和思考中汲取力量，每个人都有自己的身体局限和挑战，只是程度不同而已。换个角度看生活，让她能够更加从容地面对自己的残疾，不断自洽。同时，她也呼吁社会能够更加关注无障碍设施的建设，让像她这样的残障人士能够更加便捷地出行和生活。

周丹，在翻译领域闪闪发光，在生活中乐观随和，她的经历是一个不断追求进步和突破的故事。尽管她在成长过程中曾经历了许多困难和挑战，但她始终保持着积极向上之态，不断努力学习和提高自己。正是凭着这股不甘人后、敢于追梦的精神，周丹用她的智慧、勤奋和毅力，创造了属于自己的精彩人生。

谢黎明：敢拼敢冲，在汽配领域闯出一片天

【人物名片】

　　谢黎明，1988届外贸英语专业校友，现任澳太科汽车有限公司董事长兼执行总裁。该公司于2006年成立，总部位于伊利诺州曼德拉市。公司总部拥有约9000平方米货仓，全天候为全美配送供给10000个以上汽车部件SKU，并为多家北美最大的汽车厂商和大型零售商提供多类别的OE质量部件。

采访时间：2023年9月21日

采访地点：浙江三立开元名都酒店

作　　者：张雨梦

指导老师：陈乐敏　芮嫣楠

"若问何花开不败，英雄创业越千秋。"自古以来，创业精神一直备受赞誉，谢黎明的创业之路也不例外，既充满艰辛，又充满传奇。

良师益友　助推成功之帆

在访谈中，谢黎明反复强调："没有树大就没有我，若不是学校当时给我们打下这么好的基础，我想我也不会走这条路，这条路也不会一直走到今天。"

作为我校初创期的学子，谢黎明对于树大的记忆清晰如昨。"那时候的学校条件确实比较艰苦。"她回忆道，"我们的第一栋教学楼是借用杭州电子工业学院的一座楼。在那座楼里，三个班级挤在一起，老师和办公室也都挤在一起，非常简陋。"她的回忆瞬间把我们带回到了那个初创时期，感受到了学校在当初所面临的种种困难与挑战。

然而，即使在那样的环境下，同学们的学习热情并没有受影响，他们怀揣对未来的憧憬与希望，每天刻苦钻研、努力学习。她深情地说："尽管条件艰苦，但同学们都深信自己能通过努力改变命运，对学校也充满信心。这种精神是非常宝贵的。"正是这种坚韧不拔的精神，成了谢黎明日后面对各种挑战的动力源泉。

"人生所贵在知己，四海相逢骨肉亲。"对于谢黎明而言，友情无疑是生命中的一抹亮色。大学期间，她与同学和老师们结下了不解之缘，并视之为珍宝。无论是本校还是外校的同学，谢黎明都以真挚相待。她还与离他们较近的杭电商学院的同学频繁交往，共同度过了许多欢乐的时光。这些友谊之花在她的心中绽放，也为她日后的生活和事业发展播下了宝贵的种子。

谢黎明担任班级宣传委员，积极组织各种联谊活动，为班级和学校搭建

谢黎明（中）接受采访

了一个个交流的平台。通过这些活动，她与杭电商学院的多位老师建立了良好的关系，也提升了沟通能力，使她在日后的人际交往中如鱼得水。

"我非常感激周春晖校长"，她认为周春晖校长的办学理念非常正确，注重教学与社会实践相结合。在大学第一年，学校就安排学生们去各大相关企业实习，这种理论与实践相结合的教育方式，不仅提高了她的实际操作能力，还使她与企业、与师傅们建立了良好的关系，使得她毕业后在与其他同学竞争时更具优势。

走出国门　踏上创业之路

毕业后，谢黎明主动放弃在杭州的舒适工作，积极响应国家号召，选择投身于海南岛的开发建设中。她深知这是一条充满挑战的道路，但她坚信自己的能力与努力能够战胜一切困难。

在海南省级外贸公司工作期间，谢黎明凭借出色的英文能力和专业背景，很快晋升为进出口业务主管。她在这个岗位上积累了丰富的经验，对国际贸

情系树人

易的流程和规则有了深入了解。

　　然而，谢黎明并不满足于现状，内心深处的创业激情驱使着她去探索更大的发展空间。"培养沟通能力的同时还要有一颗雄心壮志，要敢于走出去，因为那个年代走出去的人很少，走出去的女孩子更少，所以自己一定要给自己定一个位，我想成为一个什么样的人，我经常说历史是自己写的，你想怎么样，你就自己朝这个方向去努力。"在积累了一定的资本和人脉后，她决定辞职，移民加拿大，并创办了自己的公司——澳太科汽车有限公司。

　　创业初期，诸多挑战迎面而来，资金紧张、市场开拓困难、人才招聘不易等问题接踵而至，但她并未因此而退缩，而是积极寻求解决方案。凭借在海南省级外贸公司积累的国际贸易经验，她成功地从国外引进先进的生产技术和管理经验，提高了产品质量，使其在国际市场上更具竞争力。

　　在市场开拓方面，谢黎明采取差异化竞争策略。她深入了解客户需求，开发出独具特色的产品系列，成功打入北美市场。同时，她与国内大型汽车

谢黎明（右一）与团队成员在一起

厂商建立合作关系，为公司的长远发展奠定了坚实的基础。在团队建设方面，谢黎明注重培养和引进高素质人才。在她的带领下，整个团队充满激情、团结协作，推动公司快速发展。

随着公司的不断发展壮大，谢黎明越来越意识到品牌建设的重要性。她带领团队加强品牌宣传和推广，通过国际展览、赞助活动和媒体宣传等渠道，公司的知名度、美誉度和品牌影响力逐渐扩大，在汽车零部件行业中崭露头角。现在他们不仅为北美汽车厂商和大型零售商提供高质量的汽车部件，还与多家国际知名企业建立了长期合作关系。尤其值得一提的是，谢黎明成功引进了一项先进的环保技术，用于生产低碳排放的汽车零部件。这一创新不仅符合市场需求，还为公司赢得了更多的订单和客户的信任。

对于在校大学生创业，谢黎明有着自己的见解。她认为，虽然大学生创业面临着很多风险，但她坚信，对于有心之人，处处都充满机会。当然，创业要切合实际，不要一开始就定下过高的目标，可以从小生意做起，慢慢积累经验和资源，这是更为稳妥的方式。她说，其实学校本身就是一个充满商机的场所，只要细心观察和发掘，便能找到属于你的那一份商机。

古往今来，成就大事者皆有其过人之处。谢黎明也分享了她的见解：首先，要耐得住寂寞；其次，要有吃苦耐劳的精神；最后，要静下心来虚心学习，多与经验丰富的人交流沟通，"这些都是创业过程中应有的态度和不可或缺的品质"。

包静：一路守护，一心传承

【人物名片】

包静，1988届风景园林专业校友。现任中国茶叶博物馆书记、馆长，浙江省茶叶学会副理事长，浙江省博物馆学会常务理事，中国茶叶学会科普专委会副主任。曾任岳庙管理处副主任，连横纪念馆副馆长，灵隐管理处副书记、副主任，吴山景区管理处书记、主任，杭州西湖水域管理处书记、主任。曾组织实施完成西湖多项保护工程的实施和课题研究，并获多个奖项，个人被评为杭州市重点工程建设项目先进个人、杭州市G20先进个人、杭州市申遗三等功、杭州市三八红旗手及上城区人大代表等荣誉，发表多篇关于文物保护、文旅融合及茶文化等学术论文和《吴山》《南方嘉木——中华茶文化》等多部专著。

采访时间：2023年7月5日

采访地点：杭州市中国茶叶博物馆

作　　者：张洲罡

指导老师：陈乐敏

"我很喜欢风景园林这个专业，它涉及的内容非常丰富，涵盖了多个领域，不仅可以创造美，还给人带来精神的愉悦，对我的一生都有很大帮助。"包静微笑着说，"当年随着自己业务能力的不断提升，有很多公司都曾向我抛出了橄榄枝，但好像没有丝毫诱惑力，可能我对物质的欲望比较低吧，觉得每天可以在西湖边从事自己喜欢的工作挺好的，这样的工作环境是多少人梦寐以求的呀。"

年少有志　不负韶华

回忆起自己的大学生活，包静有太多的感叹："当时我们是树大第一届学生，初创阶段学校的条件非常艰苦，是现在学弟学妹们都无法想象的，教学场地都是借别人的，没有宿舍，也没有实验室，更没有图书馆，每天骑着自行车从华家池到翠苑往返上下课，记得当时校园外面还有农田包围着，很偏远，不过虽然物质条件很匮乏，但在树大的三年充实、美好而快乐。"她说："特别感谢父亲当年让我选择树大和这个专业，他的理由很简单，树大是浙江省第一所民办高校，前景一定会非常好，而风景园林专业将来随着人民生活水平的不断提高肯定会大有用武之地。"正如父亲所言，这30多年来，城市建设日新月异，人民群众对美好生活环境的追求也不断提高，包静也经历了前所未有的挑战、历练与发展机遇，所以她特别敬佩父亲当年的远见与决策，让她能快乐地择一业而终一生。

包静说她很幸运遇到了一大批好老师，让她终身受益。对当年的许多老师她都记忆犹新，随口就能说出他们的名字和许多学生时代的趣事。树大刚成立之初，没有一支专业配备齐全的专职教师队伍，负责教学的老师都是来自各相关领域的专家，他们不仅有深厚的专业功底和学术造诣，还有丰富的实践经验，后来许多都成了她的良师益友。对当年的教学安排她也赞赏有加，专业课的学习给她带来太多的快乐，访谈过程中她的兴奋溢于言表。园林规划设计、植物、花卉、摄影、绘画等课程，都可以走进大自然，寓教于景，西湖边的山山水水，苏州、扬州的私家园林都曾为她留下许多美好的回忆。三年树大优良校风的熏陶和专业的培养，为她30多年职场发展奠定了坚实的基础。

矢志不渝　守护西湖

西湖是杭州的根和魂，杭州因湖而名，倚湖而兴，西湖是杭州人的骄傲。毕业至今，包静的工作一直围绕着西湖，也一直在用自己的方式守护着西湖。她讲述了三件事，令人感动。

第一件是在2004年，杭州市委、市政府正式启动西湖北山街综合保护工程，包静作为项目总指挥，全面负责北山街拆迁、整治及景观提升改造。当时参与建设的单位就有30多家，包括市政、道路、桥梁、景观、灯光、环卫等，还需要和市规划局、市拆迁办、市财政局等许多部门沟通协调，工期只有短短的8个月，2004年10月1日要向市民、游客开放。当年北山街拆迁困难重重，因为它靠山面湖，地理位置得天独厚，历史底蕴十分深厚，"钉子户"漫天要价，百般阻挠，恶语相向，甚至拿着汽油、菜刀要来与她拼命。为了确保安全，上级领导决定每天上下班由公安保驾护航。在这样的情况下，作为一名不到40岁的女指挥官，她临危不惧，协调有力，沉着有序地推进项目的建设，让这条历史街区焕发出独特的韵味：玛瑙寺等景点得以恢复，宝石山开启了"水墨江南"山体亮灯的全国首创，社会各界好评如潮。包静说，这一年是在用生命描绘美丽的西湖画卷，"五加二，白加黑，革命加拼命"

是当时的工作要求，项目一结束她肝脏就动了一个大手术。也因为这个项目，她的专业水平、管理能力有了质的飞跃，这段经历成为她职场经历的一笔宝贵财富。

第二件是在 2011 年 6 月 24 日，杭州西湖文化景观被列入联合国教科文组织《世界遗产名录》，西湖申遗成功，实现了浙江省和杭州市申报世界文化遗产"零"的突破，也圆了杭州老百姓的"世纪之梦"。包静便是申遗成功的幕后英雄之一。她时任岳庙管理处分管建设副主任，负责抱朴道院、孤山、平湖秋月、断桥残雪、曲院风荷、西泠印社等项目的提升改造。当时西湖文化景观的申遗清单有 24 个文化史迹，她分管的区域中就有 12 个点要提升改造，尤其是一些社会单位要动员力量做好整治工作，困难重重。"当时我压力巨大，作为分管项目建设的负责人，涉及的点又那么多，如果因为某个点实施过程中没有达到专家的要求，影响西湖申遗，将会成为千古罪人，自责一辈子。"压力越大，动力也越大，可以用越战越勇来形容。在申遗过程中她也收获颇丰，充分感受到了西湖园林景观的重要性和价值所在，这也

施奠东（右）带领包静（中）等同学看望学校创始人王家扬（左）并合影

让她对自己守护的西湖有了更多的责任感和成就感,专业水平再度得以提升。

第三件是 2016 年杭州举办 G20 峰会,包静再次经历职场的挑战。当时她在吴山景区担任党委书记、主任。G20 峰会期间,西湖是各国元首重要的活动场所,吴山既是一个制高点,也是重要的管控点,同时又是嘉宾游湖时欣赏的一个重要景观。如何确保景观有特色、嘉宾安全有保障,一直是她思考的重点问题,几百个日日夜夜,她不仅要带领团队推进工程项目实施,还要与部队、特勤等打交道,讨论每一个点的安全保障方案。在大家的共同努力下,尤其是她发挥出了自己的专业优势,科学统筹,靠前指挥,终于实现了西湖山体亮灯景观整体可调可控的全国第一,安全保障也得到各级领导的充分认可,吴山景区在重要的国际会议舞台上闪耀登场,她感到非常骄傲与自豪。

华丽转身　跨界发展

2020 年 6 月,包静调任至中国茶叶博物馆担任书记、馆长,这是我国唯一一座以茶和茶文化为主题的国家专题博物馆。在此之前的 30 年里,她一直从事与风景园林相关的工作,这个跨界实在有点大。为了尽快融入博物馆和茶文化领域,她孜孜不倦地学习,虚心向业内专家和学者求教,用最短的时间实现了从园林专家转型成为国家一级博物馆的掌门人。按照她自己的说法,30 多年用心用情守护着西湖,可能就是为了今天的这份美好相遇。因为只有好山好水才能孕育出好茶,茶树原本就是园林植物,无论是栽培、生物习性还是对地理环境的要求,和曾经所学的专业都是相通的。30 多年来,她不仅从事过园林规划设计、工程项目施工管理、历史建筑的保护与研究、文旅融合的探索与创新,对西湖的水生态治理也有独到见解,正是有了这些年的不

包静（左）在接受采访

断积累，她的跨界才能如此得心应手。她很幽默地说，这份事业也许是与西湖山水缘分的一种别样延续吧。她还告诉我们，冥冥之中就应该来中国茶叶博物馆，这和一个人有关，那就是树大创始人王家扬先生。因为王老，她才有幸成为树大人，因为王老让她遇见了最好的老师，日后才可以那么从容自信地驰骋职场。我们惊喜地发现，中国茶叶博物馆也是在王老的关心帮助下建成与发展起来的。他生前一直任中国茶叶博物馆名誉馆长，他老人家对中国茶文化的发展作出了巨大的贡献。如何讲好中国茶文化的故事，彰显文化自信，是博物馆人需深度思考与践行的。"你们说我是不是带着使命来的"，她笑着说。还有一位老师的殷殷嘱托她也一直铭记在心，他是包静曾经在树大求学时的建筑学老师、中国茶叶博物馆的设计者——陈樟德先生。当时听闻学生来茶博任职后，他第一时间赶到馆里嘱托包静说："你现在到茶叶博物馆当馆长了，园林景观要继续维护好了。这个博物馆有它自己的特色，景在馆内，馆在景中，可不要轻易改变原先的设计理念哦。"带着前辈的嘱托和使命，包静努力完成了从园林工作者到中国茶人的转变，不变的是她矢志不渝地守护初心。2020年12月21日，到中国茶叶博物馆任职不到半年时间，

情系树人

她和团队把茶叶博物馆成功带进了国家一级博物馆行列。

肩负使命　砥砺前行

"我们博物馆从二级馆升格为国家一级博物馆，和故宫博物院、中国国家博物馆一样跻身博物馆的第一方阵，同时也有了更多的使命和要求，接下来如何打造国际领先、国内一流的特色专题博物馆，是我们努力的目标。"特别是这些年茶文化的发展遇到了前所未有的机遇，高层的茶叙外交频频亮相世界舞台，中国茶叶博物馆也成为展示"包容、和谐、文明"中国形象的重要窗口，包静一直在用手中的这杯茶向世界展示中国茶文化的魅力。

2022年11月29日，她带领团队全程参与的"中国传统制茶技艺及其相关习俗"项目，被成功列入联合国教科文组织人类非物质文化遗产代表作名录，中国茶叶博物馆非常有幸成为联合国保护工作组秘书处，这是中国茶人的骄傲与自豪。"这次参与申报对我们团队也是一次锻炼与挑战，这是中国历史上申报项目中体量最大的一个，15个省44个保护单位联合申报，作为秘书处在后申遗时代如何整合好各省的资源，发挥各自的优势，共同在世界舞台讲好中国茶故事，是我们博物馆不断践行的职责。我们完成了两个馆区的提升改造，策划了一系列原创展览奔赴世界各地巡展，举办高规格的学术论坛，茶旅项目和各类赛事频频"出圈"，我们要抓住机遇，成为在国内外有话语权、有影响力的特色专题博物馆。"包静信心满满，娓娓道来。

如果用两个词来形容包静的人生，那一定是"守护"与"传承"。从西湖到中国茶，她在守护中传承，在传承中创新，正如她在面对采访时说的那样："功成不必在我，但功成一定要有我，这样才无愧于自己的人生。"

王薇：物流业的"弄潮儿"

【人物名片】

王薇，1989届外贸英语专业校友。1997年12月开始自主创业，深耕国际物流领域20余年。现是杭州乐链网络科技有限公司创始人、浙江国际货代物流协会副会长、浙江国际数字贸易协会副会长、杭州跨境电商协会副会长、物流专委会理事长。

采访时间：2023年7月4日

采访地点：浙江兴力国际货运代理有限公司、杭州乐链网络科技有限公司

作　　者：彭程缘

指导老师：赵路国　柳亚杰

瞅准时机　勇往直前

"因为当时选择了这个专业，加上那几年是中国外贸的鼎盛时期，所以当时也很坚定，就是要从事与外贸相关的工作。" 1986 年是浙江树人学院正式办学的第二年，也是王薇踏入学校的第一年。入学时，她就坚定选择了未来的职业方向——外贸事业。然而，当时的她只想着做好眼前的事，也没想太多太长远，而正是基于她不断踏实地做好眼前事，才一步一步走向了她向往的远方。

作为第一批学校不包分配的学生，王薇心怀忐忑地进入了树人学院学习。当时的树人虽然硬件条件很弱，但老师大都是来自各公办学校的名师，这为学生的学习和成长提供了极好的条件。在英语学习方面，王薇也有自己的小技巧，她认为学习语言最重要的就是实践，需多说、多听、多看、多参加英语角活动。因此，她在老师的指导和自己的努力下，打下了很扎实的语言基础。

如何将学到的知识与社会实践联系起来，也是王薇经常思考的问题。她的上一届学长、学姐报考商务厅时的高录取率，给了她极大的鼓舞，也让她更有信心。她相信我们学校的学生，虽然起点相对较低，但实操能力不输于他人。而在她刚毕业的那几年，"树大招风"在杭城高校中广为流传，这意味着树大培养的学生不容小觑。

王薇曾就职于中外运和英资怡和运输（中国）有限公司，当时她觉得自己不会离开外运这个央企，但一个偶然的机会，她选择去了外企，并抓住机会提升自己，1997 年 12 月开始自主创业。

眼光独到　思维前瞻

1993 年，在一次活动中，王薇因其突出的能力被当时太古集团中国区负责人发现，很快就入职太古集团。这个工作机会也让王薇积累了创业资金与创业经验。当我国允许私人注册国际物流公司时，意味着民企可以从事国际物流行业，王薇马上注册了自己的公司。2013 年，外贸发展处于平稳期，她又把目光从外贸转移至跨境电商，并于 2016 年创建了杭州乐链网络科技有限公司，将传统物流与跨境电商物流结合在一起。

多年来，乐链公司一直致力于深耕全球跨境电商智慧物流供应链，并将国内保税区实体仓打造成全球中心仓，联动海外仓，打通正向和逆向的国际物流，形成跨境通关全模式的跨境电商全球订单履约中心。乐链全球中心仓独特的一区多功能、一仓多形态，可以保障跨境电商企业真正做到一盘库存卖全球，实现商品"进得来，出得去，退得回"。公司企业文化则以专业的知识、专注的态度、专精的服务为理念——"诚一精进，近悦远来"，致力于为跨境电商企业提供供应链和供应链物流服务，目标是打造一个全新的以全球智慧云仓为基础的外贸综合服务平台。

作为一家以科技为导向的外综服企业，乐链科技独立研发的溯源追踪体系可以提供全球视角下基于区块链数据的阳光化通关物流解决方案，真正帮助跨境电商企业"阳光出海"、无忧退货。企业案例入选商务部外贸新业态创新案例，并入选世界互联网大会创新案例。

王薇从事传统物流多年，目睹了传统物流的兴衰，因此她想要开拓一个新的方向，追求一种有价值的发展。跨境电商就是要把交易的成果订单跨国交付到不同国家的消费者手中，在这段很长的时间链中，包含着国际贸易和物流的规则。在跨境电商野蛮发展的时期，就会出现各种不合规的行为，而

情系树人

这些行为势必影响产业的稳定发展。为此，王薇想的是要打造一个长期发展的合规链条，乐链公司就是在这样的背景下产生的。虽然其间曾遭遇了不小的挫折，但她坚守初心，最终获得了成功。

在商品销售过程中，经常会有买家退货，一些退货还可以再销售，但也有一些无法再销售，卖家应该如何处理呢？降本增效，科学运营不可售库存成为关键。王薇紧盯行业痛点，千方百计寻求破解方案。

做领军者　成弄潮儿

2013 年开始，王薇专注跨境物流领域，他们着力打造的三个海外仓入选浙江省第一批 20 个公共海外仓。2019 年代表杭州跨境出口行业，参与推动了跨境出口退换货政策在杭州的落地，成为行业的领军者和弄潮儿。

王薇带领团队打造的跨境电商"全球中心仓"模式，入选浙江自贸试验区第一批十大制度创新案例。全球退换货中心成为杭州自贸区最佳创新案例，并于 2020 年 7 月 1 日随着 9710、9810 杭州的测试成功，成为全国第一个做全 9610、1210、9710、9810 以及跨境退换货的服务商。

目前，大数据、物联网等新兴技术与跨境电商研发生产、物流配送、精准营销等环节逐渐融合，中国跨境电商迎来新机遇，表现出强劲的增长势头。2021 年 11 月 26 日，由杭州跨境电子商务协会与华为云联合主办的"乘云势，战出海"跨境电商数字增长私董会在华为（杭州）全球培训中心举行。王薇在会上提出了跨境物流的新玩法，把传统的"pick and pack"以及"一件代发"运用到符合跨境电商关务流程和模式的跨境配送上，转运配送使零售商无须产品库存而实现销售，然后通过出口溯源码追踪物流信息。

2023 年 3 月 23 日，跨境电商数智发展卖家大会召开，王薇作为 Glolinker

乐链科技创始人、杭跨协物流专委会理事长，围绕跨境出口退换货物流的痛点和难点，分享了跨境电商溯源码平台、物流结合保险公司综合解决方案、保税仓联动海外仓三大创新举措，为我国跨境电商行业的开拓贡献了智慧。

王薇现在是上海海关学院研究生导师，国家电子商务虚拟仿真实验教学中心推荐教材、浙江大学出版社出版的《跨境电商物流实例》副主编，中国第一个海外仓管理规范国标《跨境电子商务海外仓运营管理要求》的核心撰写成员，也是杭州自贸区的推广大使。

傅利泉：让梦想成真的"风云浙商"

【人物名片】

傅利泉，1989届无线电技术专业校友，现任浙江大华技术股份有限公司董事长。曾获"改革开放30年影响中国安防30人""十大风云浙商""杭州市劳动模范""杭州市优秀社会主义事业建设者""浙江省安全技术防范行业科研及标准化工作先进个人""2010年度经济发展突出贡献奖""福布斯上市公司最佳CEO"等殊荣。2008年5月，大华股份在A股上市。目前，公司拥有国家级博士后科研工作站、国家认定企业技术中心等科研平台，并相继与ADI、TI、ALTERA等建立了联合实验室。截至2023年，公司已连续9年被列入国家软件企业百强，连续10年荣获中国安防十大品牌，并获"中国安防产业50强""中国安防知名品牌""2006年国家火炬计划重点高新技术企业""中国软件业100强企业"等荣誉。

采访时间：2023年7月

采访地点：线上采访

作　　者：潘　杰

指导老师：吴杨铠　芮嫣楠

30 多年前，刚创业的浙江大华董事长傅利泉每天晚上睡在车间的地板上，每天从萧山骑车到杭州公司上班。当时，他的梦想是买一辆电动车。几年后他买了一辆桑塔纳，十几年后，他已坐拥一家上亿营业额的企业……

浙江大华技术股份有限公司（以下简称大华）潜心修炼，把握了每一次发展机遇，实现了蝶变式跃升，一跃成为安防行业的龙头企业之一。舵手傅利泉，也由当初的一名普通技术员，成长为一名企业管理者、行业技术的瞭望者以及"优秀社会主义建设者"。

抓住机遇走上创业路　进而一头"撞"进安防领域

毕业后，傅利泉的第一份工作是杭州通达电子设备厂（国企）的通信调度。"那时我负责技术的维护，必须要到外面处理问题。一般的技术人员安装完了之后，通常不会和客户打交道，但我在学校就是学生会出来的，比较愿意和客户多交流。"也许正是因为这样，傅利泉得到了许多客户的信任，并连连获得生产标兵的称号。几年后，他就从普通的一线工人晋升为技术科科长。

那时这家企业比较小，优势不明显，发展的空间也不大。1993 年，傅利泉毅然放下"金饭碗"，创办了大华电讯设备厂，开始了自己的创业之路。

傅利泉拿到的第一个合同是他在国企时的老客户——长春客车厂（当时中国 50% 以上火车车厢都由该厂生产）10 万元的单子。那天，傅利泉一大早就跟着原先的厂长去长春客车厂见客户。中午，长春客车的站长请两人吃午饭，但他没有去，而是留下来把客车厂的机器维修了一番，并把所有机器清洁了一遍。"站长对我刮目相看，连连夸我'这小子有出息'。"就这样，站长把一笔订单交给了傅利泉。

如今回想当初，一个没有场地、没有产品、没有员工的"三无"公司，想从国企拿到订单，几乎是不可能的事儿，但傅利泉做到了。

"当时他们产品没看、场地也没看，就给了我这个合同，还给了我几万块钱的预付款，在我一无所有的时候他们选择了信任，还让我有了创业的资本。所以现在我还把它当作是我的第二个家。这个合同让我淘得了人生的第一桶金。"

创业时的艰辛，远非常人所想。"白天当老板、晚上睡地板"是他创业时的真实写照。他和普通工人一样，既当搬运工，又当装配工，累了，就睡在车间里；饿了，就让家人送饭来。创业初期，傅利泉做的是通信行业的产品。1999年，电力系统进行技术改造，开始实行无人值守变电站，其中一个要求就是必须把图像从远程传输至监控室。他意识到这是一个巨大的商机，于是立即组织人马成功开发了远程图像监控系统，并在1000多个变电站投入使用。凭着这个稍纵即逝的机遇，在看似无意之间，大华"闯"入了安防领域。

看好嵌入式硬盘录像机　五年内成为安防黑马

一个偶然机会，傅利泉发现了硬盘录像机的市场。"当初是因为发现银行每天都要派专人去更换存储录像资料机器的磁带，很麻烦，所以我们想到要研究出不用换磁带的产品，这肯定会是一个很有前景的市场。"

当时虽然板卡已经在市场上出现，且占了不小的市场份额，傅利泉却坚信嵌入式硬盘录像机一定会成为市场主流。2002年，大华成功推出全球首台音视频同步的8路嵌入式硬盘录像机，立刻引起市场轰动，开创了CCTV的数字化先河。2003年，大华又率先推出16路嵌入式硬盘录像机。这种独创的产品既解决了市场的痛点，也令大华快速成为安防产业界的一匹黑马。不到2年时间里，大华在嵌入式DVR市场的销售额就做到了1个亿，占领了整个市场份额的 30%~40%。

从 20 万到 10 个亿 "认真"让梦想变成现实

嵌入式硬盘录像机的诞生，只是傅利泉建造自己商业版图的第一步。在公司会议上，傅利泉道出了自己在安防领域的抱负——3 年销售额突破 5 亿元，10 年销售额突破 10 亿元，公司经营范围从中国市场走向更广阔的海外市场。对此，不少员工认为傅利泉的目标并不切合实际，因而对目标的达成信心不足。毕竟当时安防领域还是一个新兴市场，无法预测未来这个行业会出现怎样的变化，也没人知道市场规模究竟有多大。但傅利泉胸有成竹。

为了快速扩大公司的规模，尽早掌握市场主动权，傅利泉夫妻俩计划变卖家中的房产，为公司发展筹集资金。但他们的想法遭到了家人的反对，因为当时杭州的房价正在不断上涨，投资者对杭州的发展十分看好。燕雀安知

傅利泉（左前一）在向省领导介绍企业发展情况

情系树人

鸿鹄之志，傅利泉和妻子坚持自己的选择，并且赌上了全部身家，进而迅速启动了新一轮的扩张发展。短短 3 年时间，公司的营业收入便突破了 5 个亿，让当初抱质疑态度的员工目瞪口呆。与此同时，资本市场的投资人也看到了大华股份背后的发展潜力，一个新的机遇又来到了傅利泉面前。

生命不息　创业不止

从 2006 年开始，不少投资者就向傅利泉提出上市的想法。傅利泉虽然在商业活动中杀伐果断，但对上市计划还是选择了谨慎。在之后的 2 年时间里，大华股份的营业额不断攀升，产品技术水平也实现了质的飞跃，傅利泉夫妇终于启动了上市的计划。2008 年 5 月，大华股份在深圳证券交易所挂牌 A 股上市，市值达 24 亿元，一跃成为安防龙头。

大华股份作为安防市场的技术先锋，2012 年推出的 HDCVI 技术，让中国的安防企业成为了国际标准的制定者。今天，大华股份成了全球领先的智慧物联解决方案提供商和运营服务商，员工超 2 万人，目前大华的营销和服务网络覆盖全球 180 多个国家和地区，在境外拥有 58 个分支机构，在国内拥有超过 300 个业务和技术服务中心，近 3 万人的研发、市场和服务团队，通过全球化的市场覆盖，为全球客户提供高质量的产品、解决方案和服务，为千行百业"数智化"转型作出贡献。公司自 2008 年上市以来，持续保持高速增长，2023 年实现营业收入 322.31 亿元，实现归母净利润 73.71 亿元，其中经营性利润 29.61 亿元。大华股份在全球安防领域的市场占有率高居第二。

傅利泉一直非常关注和关心母校的发展，并积极参与社会公益事业。2015 年，傅利泉受聘成为树人学院董事会董事。为支持母校的建设和发展，他出资 600 万元设立了奖助学金，用以奖励品学兼优、自强不息的寒门学子和立德树人的辛勤园丁。

"无章可循，没有先例可以照搬照抄，完全是摸着石头过河。幸运的是，我在正确的时间作出了正确的选择。"回望大华发展的历程，傅利泉自信地说。

情系树人

陈航：心中有爱的风景园林人

陈航，1990届风景园林专业校友，现任浙江省林业局国土绿化处处长、一级调研员。2000年，组织编制完成《浙江省城市园林植物操作技术规程》，获省政府颁发的"绿化先进工作者"称号；2001—2004年，作为编委成员完成《浙江省园林绿化项目经理教材》《浙江省园林绿化五大员岗位培训教材》，并在全省开展培训；2002—2004年，负责组

织协调建设并管理由省政府赠送的"越秀园"项目（永久园），获日本静冈国际花卉园艺博览会大奖（第一名）；2009年，被共青团浙江团省委、省综治委、省高院等16家单位授予"浙江杰出（优秀）青年卫士"；2012年，被评为2010—2012年度省直机关创先争优闪光言行之星、全省信访系统优秀信访工作者；2015年，被省建设厅授予三等功一次；2016年，被省委、省政府授予"浙江省G20杭州峰会工作先进个人"；2021年12月，作为编辑部副主任，编辑并出版《浙江通志·风景名胜专志》。因为爱，她始终辛勤耕耘着。

采访时间：2023 年 7 月 9 日

采访地点：杭州市园林图书馆

作　　者：俞佳璇

指导老师：赵竑绯　韩丹萍

母校记忆：忆往昔峥嵘岁月

陈航是我校第三届校友，是母校发展初期的重要参与者和见证者。她对母校和曾经给予她谆谆教诲的老师们怀有深深的感激。她特别提到了曾在师资力量上给予母校巨大支持的施奠东局长。

施局长在风景园林界具有很高的威望，他积极为学校推荐了一批功底深厚的教师，通过这批教师，又为母校引进了一些年富力强的兼职教师。由此，同学们得以接触到一系列实用且接地气的课程，如园林概论、建筑初步、建筑制图、材料力学、园林树木学等，这些课程均由来自浙江大学的优秀教师执教。而在园林建筑设计方面，更有幸得到了毕业于同济大学的三位年富力强的建筑设计大师手把手的指导，他们分别来自杭州园林设计院、浙江省建筑设计研究院以及杭州建筑设计院，这无疑为同学们的学习质量奠定了坚实的基础。

陈航还清晰地记得教美术的赵老师。赵老师是中央美术学院科班出身，业务精，心又细，教授学生如何眯起眼睛感受光线的明暗、轻重，如何握笔蘸水，游走颜料和纸间，是上色而非涂色。在她的指导下，陈航逐渐爱上了水彩画，尤其是那水灵透明的质感。有一次，在杭州西湖镜湖厅写生，为了尽快完成作品以便与同学们一起看电影，她将匆匆应付的画稿上交夹进赵老师的画夹。赵老师一眼看穿她的小心思，直言："陈航，平常你不会这么快交稿的，我来看看，嗬！色彩真纯，手笔真大，可真敢画啊，我可不敢看！想调皮？时间还早，重画！"那一幕幕场景，虽时隔多年，却仿佛就在昨天。

当时在业界已经非常有名的方老师，尽管工作繁忙，但从未缺席过正常课程。为了满足学生们对知识的渴望，他常常在晚上为学生们开设讲座"小灶"。在当时翠苑电子大楼顶楼，方老师给在场的学生们放映并讲解幻灯片，分享他的作品以及他在中国香港、德国城市等地交流时拍的建筑风景、城乡街景等照片。这种对教育的热情、责任心和敬业精神，让大家至今难忘。

授人以渔：风景园林是一门需要触类旁通的学科

在风景园林绿化行业深耕多年，陈航逐步形成了自己的见解。她说风景园林并非仅仅是绿化和种树那么简单，而是一门综合性极强的学科，它涵盖琴棋书画、历史文化、城乡规划、建筑、植物动物学、美学、社会学，以及中外史学等多个领域，需要见多识广、触类旁通。因此，她在求学期间广泛阅读、广泛游历，品味古今，不断积累和沉淀。

陈航特别提到了前辈们捐赠的书籍，这些书籍涉猎广泛，体现了对世界、民族文化以及风景园林的深刻认知，这些积累让她在风景园林绿化规划、设计、施工和管理方面有了更综合的认知。

访谈中，她表达了对学弟学妹们的深切关心和期望。她坚信"授人以鱼不如授人以渔"的道理，"风景园林从业者应当多出去走走，体验不同地域的特色，从北方园林到江南园林，再到岭南园林，从英国的自然式风景园林、意大利的台地园林到法国的规则式园林等，还应该多去世界遗产地、风景名胜区、特色乡村村落看看，品尝当地独特的美食。这种跨地域、跨文化的体验，不仅能够拓宽视野，提升专业素养，更能激发对风景园林的热爱和对自然美、人文美的欣赏。"通过不断的游历和学习，逐渐培养对风景园林的深厚情感，并将这种热爱传递给他人。几十年来，她一直以身作则，凭着对风景园林的热爱，为行业奉献着自己的力量。

终身学习：成长在时时刻刻

陈航的职业生涯可分为多个阶段，从设计到施工、到管理，不断遇到好前辈、好老师，她始终怀着感恩的心，学习着、耕耘着、收获着。

回顾20世纪90年代参与杭州六和塔落架维修建设的经历，陈航说，当时虽然工作艰苦，但乐在其中。"59.89米高的塔每天上上下下要爬好几次，有时跟着郭黛姮老师，有时跟着文物专家，有时跟着工程项目经理，有时跟着木工、泥瓦工、架子工、砖雕工师傅，更多的是自己去，看明层，钻暗层，

施奠东（右）带领陈航（中）等同学看望学校创始人王家扬（左）并合影

找资料，手绘图，学'把式'，人也晒得黑乎乎的。"

她虚心向前辈们学习，认真观察他们的每一招、每一式，她坚信，要真正掌握这些师傅通过实践积累的经验，必须沉下心来，用心观察、用心思考、用心记忆、用心学习。她鼓励学弟学妹们，要成为一个有心人，善于从他人身上学习，并强调悟性在学习过程中的重要性。

在浙江省建设厅工作期间，她分别从事过城市园林绿化管理和风景名胜区管理，几十年来，得到了许多前辈的悉心指导，获得了无数宝贵的工作经验和生活智慧。他们的人格魅力和专业素养，深深地影响了陈航。

因为机构改革，她来到浙江省林业局，从事国土绿化工作。她认为，在职业发展中，岗位的变化是很正常的，但要保持终身学习的态度，以适应不断变化的岗位需求。因此，她在大学毕业后选择了继续深造，专升本考入浙江大学继续学习，之后又考入同济大学读研，不断拓宽视野，拓展知识面。同时，她还积极参与《浙江园林》的编辑工作，从责任编辑到副主编，每一期、每一篇稿子都认真审阅，自己的各方面素质和能力也在认真完成每一项工作中得以不断提升。

每个人的人生经历和机遇都不一样，但机遇总是垂青有准备的人。陈航通过持续学习、虚心求教，为自己打下了坚实的基础，并在自己热爱的风景园林领域尽力推动了事业发展，孜孜不倦，无怨无悔。"星光不负赶路人，岁月不负有心人"，陈航用自己的实际行动证明了这一点。

冯红：深耕园林三十载

【人物名片】

冯红，1990届风景园林专业校友。2002年12月、2004年3月，两次被评为杭州市区道路建设两年大会战先进个人；2004年12月，获杭州市"三口五路"综合整治工程先进个人；2005年6月，获杭州市直机关优秀共产党员；2015年1月，获浙江省绿化奖章；2016年，获"G20杭州峰会工作先进个人"等荣誉。

采访时间：2023年7月6日

采访地点：杭州市园林图书馆

作　　者：俞佳璇

指导老师：赵竑绯　韩丹萍

母校情怀：一朝沐杏雨　一生念师恩

冯红对母校的记忆可谓刻骨铭心。她说，那时学校的办学资金主要依赖社会各界捐助，教室也是租借的。她清晰地记得，第一学期仅交了200元学费。但尽管条件很艰苦，母校却竭尽所能为学生提供最好的教育，通过省政协牵线搭桥，在杭州聘请了各校、各学科的优秀人才前来兼职任教。

这些老师们虽身兼数职，但从未因此忽视对冯红他们的培养和教育。除了正常的授课，他们还经常为学生们"加餐"，丰富教学内容。当时，教学主要依赖幻灯片，有些是老师从浙大借来的，有些则是他们自己精心制作的。那个年代出国机会不多，这些学科带头人有时会出国考察，然后将国外的所见所得带回学校，与学生们分享。他们经常在晚上为学生们放映自己在国外拍摄的照片做成的幻灯片，一边观看一边讲解，努力拓宽学生们的视野。冯红深深感受到，这些老师不仅拥有开放的胸怀和丰富的实践经验，而且真正做到了学贯中西、以西润中。

除了专业课，冯红他们还学习绘画、摄影、音乐欣赏、芭蕾等多门课程。她至今印象深刻的是，老师们讲解的《梁祝》，如诗如画，令人陶醉。难以想象，在那么简陋的环境中，他们还能学芭蕾，这是学校在用心培养学生对美的欣赏，唤醒他们对美的追求，美育可以有效打开人的精神格局。她深情地说，如果没有母校，她就没有机会接受高等教育，也不会有后来的诸多成就。因此，她对母校充满了感激之情，也由衷地希望能够为母校的发展贡献自己的力量。

在母校杨汛桥校区建设初期，冯红就为校区的绿化作出了很大的贡献。她说："我被学校建设者们那种无私奉献和实干精神深深打动。他们精打细算，常常用有限的资金创造出卓越的成果，我深受感动，因此当机会降临，如有一批需要迁移的树木，我毫不犹豫地牵线搭桥，将它们安排到了新校区。"

信念的力量：坚守园林三十载

1990 年 10 月，冯红踏入杭州市园林文物局灵隐管理处的大门，开启了崭新的职业生涯。在那里，她在生产班一干就是三年，锻炼了吃苦耐劳的品行，深知基层绿化工作者的辛苦。1994 年 7 月，她被调至杭州市园林文物局绿化处，没想到在这个岗位上一干就是 30 年。

"我最初在杭州市园林文物局灵隐管理处工作，后来因杭州市园林文物局有编书需求，我被借调过来。当时，我全身心投入工作，老领导看到了我的专业能力和潜力，便决定将我留下来。自此，我便一直致力于城市绿化建设工作，后来又将重心放在了设计方案的审批环节。"

"绿化设计方案审批工作极具意义，我对此充满热爱。一方面，这项工作能够充分发挥我的专业特长；另一方面，项目设计阶段允许我们反复推敲和修改，而在施工阶段进行修改则会造成较大的损失，方案审批环节至关重要。因此，我始终认真负责地对待每一个项目，用心审批，这一做就是 30 年。能够在一个岗位上坚守 30 年，必须有坚定的信念支撑。我始终秉持为社会、为行业作贡献的信念，即使退休后，我仍希望能回到学校继续发挥余热。"

正是这份对园林的热爱与信念，让冯红在审批项目时总是精益求精，这既是对自己负责，更是对社会负责。她说："人与人的根本差距在于格局。格局越大，纷争越少，'空心病'需要用大格局去治愈。"

术业有专攻，深耕园林三十载的冯红，始终严格遵循园林行业的专业性。她说，城市绿地占据城市土地的 1/3，然而这个行业的重要性和专业性却并未得到应有的重视。不少人误以为园林行业并不需要多少专业知识，甚至觉得种菜人就会做园林。其实不然，园林行业的专业性极强，城市绿地的使命在于生态的修复和生命的繁盛，包括植被修复、水的净化、地形的修复以及动

情系树人

物和微生物的回归。她认为，在规划城市绿地时，应慎重考虑那些有违绿地使命的项目，"适用、经济、美观"是园林建设的三大要素，其中适用是首要的，园林建设不能仅仅追求眼前的效果，更应关注五年、十年甚至更长时间后的长远效果。因此，她始终将适用作为基础，用最经济的手法达到设计效果，而不是将美观作为第一考量标准。

如今，冯红虽已退休，但她仍心系园林，热切关注着行业的发展态势，一颗炽热的心始终为园林而怦然跃动。

吴长鸿：以小齿轮转动大世界

【人物名片】

吴长鸿，1992 届无线电技术专业校友，2007 年 7 月毕业于浙江大学工商管理专业，高级工程师。现任浙江双环传动机械股份有限公司董事长，曾任浙江双环传动机械股份有限公司总经理，获第六届科技新浙商、第十三届浙江省优秀企业家、浙江省杰出青年企业家、第五届中国机械工业优秀企业家、改革开放四十周年浙江汽车零部件行业功勋人物、2021—2022 年度全国优秀企业家等荣誉，浙江省第十二、十三届人大代表，台州市第四、五届人大代表。

采访时间：2023 年 7 月 5 日

采访地点：浙江双环传动机械股份有限公司

作　　者：喻　益

指导老师：吴杨铠　刘　俊　叶怡铭

浙江双环传动机械股份有限公司成立于 2006 年 6 月，由 1980 年创立的原玉环县振华齿轮厂改制。公司始终专注于机械传动核心部件——齿轮及其组件的研发、制造与销售，是中国头部的专业齿轮产品制造商和服务商之一，并于 2010 年 9 月在深圳证券交易所上市，成为国内首家专业齿轮制造领域的上市公司。公司秉持"好一点，好很多"的核心价值观，追求极致，勇于创新。公司主持国家"863 计划"，获国家科技进步二等奖；掌握齿轮核心工艺，所制造产品的精度达到世界一流水平。那么，吴长鸿是怎样带领双环传动这艘巨轮乘风破浪的呢？

专注一件事：持续深耕齿轮行业

1989 年，吴长鸿进入浙江省电子工业学校（2000 年并入浙江树人学院）就读无线电技术专业。他说，在母校求学最大的收获是学会专注、专业地去做一件事情，这对自己之后专注深耕齿轮行业、打造高水平工程师队伍、打破国际垄断、推动公司高质量发展等，都产生了积极影响。

1992 年，吴长鸿进入企业后，一直在双环传动从事经营管理工作。他从生产一线干起，历经销售、采购、部门经理、总经理等多个岗位锻炼。2006 年，吴长鸿担任董事长，带领双环传动深耕齿轮及其组件的研发、制造与销售。"我的精力全部都在齿轮上。我相信一个人做一件事情，会越做越极致。"在他看来，只有把产品做精，企业才能做大、做强。

"每一位双环人都力求把产品做得好一点，那么企业的发展就会好很多。"在吴长鸿的带领下，双环人秉持"好一点，好很多"的核心价值观，弘扬"一群人，一件事，一辈子"的双环精神，以"改变齿轮行业自给自足的格局，成为全球精密传动领导者"为愿景，肩负"致力于为全球机械传动系统提供

采访者与吴长鸿（左四）合影

高速低噪、安全低碳的产品，实现客户、员工、股东、供方和社会多方价值的持续提升"的使命，不断深耕齿轮行业，追求卓越，以精创优，以小齿轮转动大世界。

目前，双环拥有台州玉环、江苏淮安、嘉兴桐乡等生产基地，产品涵盖传统汽车、新能源汽车、轨道交通、非道路机械、工业机器人等多个领域，业务遍布全球，成为包括采埃孚、康明斯、卡特彼勒以及比亚迪、一汽等国内外知名企业的供应商，世界 500 强客户销售占比 60% 以上，是全球规模最大的专业齿轮制造企业。凭借高性能高铁齿轮成为采埃孚高铁齿轮战略供应商，工业机器人关节（RV 减速器）完成创新研发并向产业化转型，成为国产机器人市场的领军品牌，新能源汽车齿轮覆盖中国一半市场。

情系树人

改革创新：坚定不移走高质量发展之路

在企业不断发展壮大的过程中，吴长鸿坚持改革创新，从管理创新和科技创新入手，推行企业改革，坚定不移地走高质量发展之路。

一是严抓企业管理，练好企业内功。2000年，吴长鸿出任总经理，引进先进的管理理念和管理手段，带领双环传动建立起现代企业制度。2003年，通过国际汽车行业各类管理认证。2005年，聘请日本丰田精益生产管理专家，长期在企业内部推行TPS管理模式，实现信息化管理系统五个模块全覆盖，积极推动企业精益化、信息化和自动化"三化"建设。

二是加大技改投入，确保产品质量。从2006年开始，双环每年投入技改的资金达8000万元，从德国、法国、日本等国引进磨齿机、剃刀磨床等上千台先进设备，配备噪声实验室、检测实验室，并成立国家CNAS认证实验室、国家机械工业汽车齿轮工程技术研究中心，先后荣获中国首批智能制造专项、浙江省未来工厂、浙江省数字车间/智能制造工厂等荣誉。同时，双环还积极履行社会责任，在绿色能源使用、效率提升、设备能耗监控和信息提取等方面，不断推行绿色可持续制造。技术改造实现了产品的高质低价，公司订单纷至沓来。

三是重视人才培养，开展校企合作。双环与德国慕尼黑工业大学、浙江大学、重庆大学、浙江工业大学、北京工业大学等高校形成长期合作关系，积极打造产学研一体化，开展多项齿轮传动领域的基础性研究，并同国外高端客户合作开展技术攻关和工艺改进，提高前沿技术市场转化能力。目前，企业拥有国家专利460余项。近年来，双环还与河南科技大学、湖南科技大学等高校展开校企合作,实现员工学历深造,并在各类技术院校设立"双环班"，为打造学习型企业奠定了良好的基础。

战略与战术："双环"联动快速运转

在吴长鸿看来，"战略与战术，就像左腿与右腿的关系。战略定下来，战术必须以最快的速度跟上去"。双环，一方面定位客户高端化，在各产品应用领域把服务于全球前五客户作为目标，坚信优秀的客户更能帮助企业快速成长；另一方面，实施配套属地化，围绕市场和客户的需求进行研发和制造的配套布局。

早在2008年，吴长鸿就预判新能源将是未来汽车发展的趋势，并果断着手研究、开发与投资制造新能源齿轮。2014年具备第一阶段量产能力，2022年达到400万套产能。世界一流质量，极具竞争价格的产品理念，成为客户选择双环的最佳理由。双环独供多家全球领先新能源车企，成为全球最大的新能源汽车齿轮供应商，配套客户如全球领先的电动车制造企业比亚迪、广汽集团、蔚来、小鹏、理想、汇川、博格华纳等。如今，双环在国内大功率新能源汽车齿轮市场占据70%以上的份额，并拿下欧洲单个35.54亿元的零部件订单，这在汽车零部件行业史无前例，展示了双环以及中国齿轮制造在国际上的竞争力。

2013年，吴长鸿还组建博士团队，牵头国家高技术研究发展计划——机器人RV减速器研制及应用示范（国家"863计划"），成功研制机器人RV减速器，打破日本垄断，成为国产第一品牌。2017年，吴长鸿团队研制谐波减速器，于2019年投入市场验证，2021年逐步推向市场应用。

从最初做普通齿轮，到现在生产高精尖科技产品，每走一步，公司都稳扎稳打，从未出现过亏损。吴长鸿说，这主要源于自己的"底线思维"：每作一个决策，都会首先考虑"如果不成功，会导致什么样的后果"。

情系树人

党建引领："红色齿轮"带头人

自 2006 年担任公司党委书记以来，吴长鸿坚持以"红色齿轮·联动双环"为核心理念，充分发挥党支部的政治功能、服务功能和引领功能，将党建工作与企业生产经营、员工需求相结合，通过精科研、攻难点、树标兵，在企业发展、人才培育、服务员工等方面提供党建力量。吴长鸿曾获得"浙江省担当作为好支书"称号，公司党委被评为 2021 年度浙江省先进基层党组织。

吴长鸿在企业大力推广"晴雨表""红色家访""微心愿"等措施，开展冬至送温暖、夏季送清凉、家访新员工、马拉松比赛、文艺晚会等活动，关心员工冷暖、解决合理诉求，打造"工间课堂""啄木鸟在行动"等特色党建工作品牌。把企业骨干培养成党员、把党员培养成企业骨干，积极引导入党积极分子为企业发展献计献策。加大党建阵地建设力度，投入 300 多万元，专门打造了 800 多平方米的多媒体现代化党群服务中心，为党员和员工提供高效便捷、优质贴心的服务。

在吴长鸿的倡导下，双环集团始终非常关注社会公益，实施"益起行动"项目，并于 2015 年 11 月底成立爱心基金，关注领域涵盖医疗、教育、帮扶、环保、助老等方面，为企业员工、困难儿童等群体提供帮助。目前，双环爱心基金已经为玉环市鸡山岛、海山岛以及江苏淮安菱陵中学、四川巴塘县中心绒乡小学共 200 余名贫困学生提供资助，为公司遭遇重疾和困境员工送去慰问金，已在公益慈善事业方面投入上百万元。2019 年 11 月 26 日，双环与玉环市慈善总会签订了《玉环市慈善冠名基金捐赠协议书》，约定 2019 年至 2028 年，公司每年捐赠基金本金的 10%（10 万元）用于社会慈善公益救助。

黄建平：无线电通信的"追梦人"

【人物名片】

　　黄建平，1993届无线电技术专业校友，中国移动通信集团终端有限公司浙江分公司党委书记兼总经理。

采访时间：2023年7月19日

采访地点：杭州市中国移动通信集团

作　　者：周　妍

指导老师：衡秋歌　王雷雷　李明珠

无线电：梦想从自己动手开始

对于 20 世纪七八十年代的农村而言，考上大学如同跨越龙门一般，几乎是农村人改变命运的唯一通道，因此也是令村民倍感荣耀的事。在农村长大的黄建平自然非常明白这一点，他也凭着自己的勤奋和努力考上了大学。

黄建平一直都对摆弄收音机有着浓厚的兴趣，他说，那时他们寝室的每个人都热衷于自制收音机，每晚都会播放《西湖之声》。无论是音响、收音机，还是更复杂的电视机，他们都能够凭借自己的聪明才智完成拆装。这种能力并非老师所要求，完全源于他们自身的兴趣和热情。

他们不仅会制作，还懂得如何修理，在他们看来，读书的目的不仅是获取知识，更是为了能够亲手完成一件事情。黄建平深知，踏入社会后，技能才是立身之本，只要拥有扎实的技术，走遍天下都不必惧怕。这份信念与执着，让他在求知的路上不断前行，也让他在人生的旅途中更加坚定与自信。

成长三关键：实践出真知

对于大学生活，黄建平有自己见解。首先，一定要多实践。大学期间一定要多走出去看看，去不同的领域实践，亲身经历和凭空想象是完全不一样的，会从中学习到很多东西。其次，要重视团队协作。特别是在实习过程中，不管是领头人还是其他人，所有的事情不是靠一个人做的，团队做的才是最优的。因为每个人都有自己的闪光点，把每个人的优点结合起来，这个团队就是最强的。团队协作中还要注意一点，比如团队里有的人专挑你的毛病，但其实他能找出你的问题和缺点，对你是有帮助的；也有人可能经常跟你唱反调，如果你连这样的人都能包容、接纳或者同化，并让他成为团队里的得力干将，那团队的水平就高了。学校和社会的差异很大，在学校你认为自己是一个尖子生，到社会上却未必是，你会遇到很多不顺心或者苦恼的事，如果你在读书时已经经历或明白了这一点，那工作后的适应能力会强很多。最后，要多参加学校的社团活动，无论在哪里，人与人之间的沟通都是很重要的，不能死读书，多参加社团活动可以很好地锻炼交流沟通能力。

知遇之恩：惺惺相惜"伯乐"情

黄建平说，在成长的过程中，能遇见一位好的导师或赏识自己的伯乐，是极为幸运之事，而他都有幸遇到了。导师和伯乐，不仅为他指明了前进的方向，更在关键时刻给予了他宝贵的支持和提携。

对于那位手把手教他技能的师傅，黄建平始终心怀感激。虽然师傅并非无线电专业出身，但以极大的耐心和热情引导他入门，让他对无线电产生了浓厚的兴趣。直到后来师傅发现自己已无法再教更多，便鼓励他向更广阔的知识领域去探索。

而那位伯乐领导，则是黄建平人生中的"贵人"。通过全方位的考察和了解，领导认可了他的能力和潜力并提拔了他。在他看来，这位领导不仅是一位赏识自己的伯乐，更是一位有着远见卓识的引路人。因为领导的提携，他有了更广阔的舞台去展示才华，更对未来充满了信心。

如今，黄建平已经在无线电领域取得了不俗的成就。他深知，这一切都离不开那两位"贵人"的帮助和支持。因此，他始终保持着谦虚和感恩的心态，努力学习，不断提升自己，以期在未来能取得更大的成就，回报那些曾经给予自己帮助和支持的人。

经验之谈：踏实做人、勤奋做事、努力创新

除了积极主动地去创造机会和勇敢地面对挑战，黄建平始终坚守着做人做事的踏实原则。对于前辈们传承下来的工作要求，他始终保持着敬畏之心，认为这些要求背后蕴含着深厚的智慧与宝贵的经验。

在黄建平看来，一个人的工作态度至关重要。他特别强调，在学习的初期，绝不能耍小聪明，而是要脚踏实地、虚心求教。此外，团队协作也是不可或缺的。因为个人的能力再大也是有限的，只有团队紧密合作，才能汇聚成强大的力量，共同攻克难题。

在踏实工作的基础上，黄建平非常注重创新的重要性。他认为，只有不断学习前辈们的经验，并结合自己的实践进行思考和探索，才能在原有的基础上进行创新。这种创新不仅体现在对流程的修正和优化上，更体现在对细节的关注和思考上。创新是成功的关键所在，没有创新就无法取得卓越的成就。当然，创新并非一个人的独角戏，而是团队智慧的结晶。他鼓励大家要

黄建平（中）在接受采访

敢于改变以前的流程和制度，哪怕是微小的细节调整，也是一种创新，这种创新精神是推动个人和团队不断前进的动力源泉。

最后，黄建平给学弟学妹们提出了宝贵的建议：要始终保持创新思维，将创新贯穿于工作和生活的方方面面，只有这样，才能在激烈的竞争中脱颖而出，取得卓越的成就。同时，他也强调，在追求创新的过程中，要始终保持踏实的态度，不忘初心，方得始终。只有踏实做人、勤奋做事、努力创新，才能最终走向成功的彼岸。

情系树人

金李梅：让科技创新为企业插上腾飞的翅膀

【人物名片】

金李梅，1993届工商管理专业校友。杭州华光焊接新材料股份有限公司董事长，杭州市第十三届人大代表，杭州市余杭区第十六届人大常委会委员，杭州市余杭区第十六届人大代表，中国焊接协会钎焊材料、设备及工艺分会第二届副理事长，良渚文化保护研究基金会第一届副理事长，第十三届杭州市优秀企业家，第四届世界杭商大会"优秀杭商"，杭州市巾帼建功标兵，全国五一巾帼标兵，曾获国家科学技术进步二等奖，中国机械工业科学技术特等奖、一等奖、二等奖。

采访时间：2023年7月

采访地点：线上采访

作　　者：潘　杰

指导老师：吴杨铠　芮嫣楠

金李梅是一位地地道道的"浙商"，也是自始至终把基业扎根在杭州的企业家。创业近 29 年，金李梅始终秉持着"诚信、勤奋、开拓、敬业"的精神，带领华光新材从一家默默无闻的小公司发展到如今国内钎焊行业的领军企业。

不断进取：让青春岁月充满活力

金李梅是一个自带阳光的人，无论在学校还是家里，都是大家的"小太阳"。谈及大学生活，她显得格外兴奋，"现在想想觉得大学真好，从来不会因为没钱而觉得有压力，好像也从来没有因为钱而烦恼过，那时的我们都觉得这是穷开心……"

令她印象最深的是 1992 年一个下着雪的周末，当时室友们都没有回家，大家在舟山东路上买了花生米，然后回到寝室，点上蜡烛，听着磁带，嗑着花生米，努力分辨着歌曲的歌词。"仅仅因为听出其中的歌词，我们就能高兴好久……那时候的日子可真令人难忘啊！"

虽然会偶尔享受一下休闲时光，但金李梅从来没有耽误过学习，图书馆、操场、走廊，到处都能听到她朗读英语的声音。金李梅说："做任何一件事，只要不断进取，努力奋斗，凭借顽强的毅力和刻苦的精神，就一定会获得成功！"勤奋和进取，让她的成绩一直位于班级前列，几乎年年拿奖学金。

"四个绝不"：引领企业飞速发展

毕业后，金李梅心怀梦想，毅然踏上了创业之路。

万事开头难。1995 年，在华光新材的初创阶段，资金、技术等各种各样的问题接踵而来。刚毕业不久的金李梅作为当时的主要筹建人员之一,下车间、去基层,工作车间几乎成了她生活的地方。"如果你问起我在哪?那么回答一般都是'在车间'。"

2001年,金李梅全面接手华光时,企业生产设备落后,劳动生产率低下,销售收入只有1000多万元。如何带领企业走出困境,如何快速有效整合资源,难度极大,但她毫不畏惧,"办企业嘛,一路都会有挑战"。在市场竞争异常激烈的形势下,她坚持"四个绝不"理念,即绝不松懈管理制度、绝不降低产品质量要求、绝不怠慢客户、绝不放慢研发脚步,以一丝不苟的态度,让华光人明白,这份"严爱"会激励公司一路成长。

就这样,金李梅带领团队攻坚克难,华光新材在国内焊接材料市场的占有率稳步攀升。2006年开始,公司坐上了国内焊接材料市场的头把交椅,并一直保持到今天。

目前,华光新材累计获得120项专利,其中发明专利45项,并先后荣获"国家火炬计划项目""中国机械工业科学技术一等奖""浙江省高新技术产品""杭州市科技进步奖""杭州市专利试点企业"等一系列科技荣誉称号。2016年,华光新材通过"浙江省重点企业研究院"评审,2017年荣获"国家科技进步二等奖"。2019年,华光新材被认定为中温硬钎料行业"制造业单项冠军示范企业",成为具有品牌影响力的骨干企业。

华光新材是首批国家重点支持领域的高新技术企业、国家火炬计划重点高新技术企业,拥有浙江省省级钎焊材料高新技术企业研发中心、省级企业技术中心、省级博士后科研工作站。同时,与浙江大学、哈尔滨工业大学等院校开展产学研合作,技术力量雄厚,工业设备先进,行业地位领先。

乘胜追击：成功踏足上海证券市场

"钎焊材料是一种不破坏母材的特种功能性焊接材料，应用领域涉及国计民生、重大工程等各个领域，被誉为'工业万能胶'，与常见的电焊条完全不一样。"说起钎焊材料，金李梅言语间自然流露出一份自豪。她清晰地知道，自主研发、技术创新对于国内甚至全球的制造业来说，具有多么重大的意义。

金李梅说，创业过程中的困难只有自己知道，有的是企业自身的问题，需要自己克服；有的是政策方面的问题，需要政府出面解决。"我们 2011 年就启动了上市计划，也递交了相关材料，经历了 10 年上市之路，我们的心态也放平了，不管外界怎么变，还是要认准企业发展的根本是练好内功，一个是坚守主业，围绕钎焊材料做精、做细、做优；一个是坚持创新，华光已经连续 3 年举办行业高峰论坛，吸引国内外专家来指导交流。"

时任浙江树人学院校长徐绪卿（左五）、校党委书记章清（右四）走访华光新材并与金李梅（右五）及其他毕业于树大的管理干部等合影

情系树人

功夫不负有心人。持之以恒的坚持与努力，终于换来了打开资本市场大门的金钥匙。2020年8月19日，杭州华光焊接新材料股份有限公司正式在上海证券交易所上市，实现了金李梅多年的梦想。

"公开上市，只是说明政府、市场对企业过往业绩的认可和肯定。"谈到企业上市，金李梅显得异常冷静，"我们只有更加勤勉地工作，做好、做大、做强企业，才能不辜负市场、广大股民对公司的信任和期望。"

履职尽责：做一名有担当的人大代表

2012年，金李梅当选为杭州市第十二届人大代表，2017年成功连任。作为市人大代表，她根据自身工作实际，积极建言献策。2013年，她领衔提出"关于加大政策支持力度，加快企业转型升级步伐"的建议，得到了大会的重视和回应。她说："作为一家企业的负责人，首先是管理好自己的企业，为我的员工谋福利。而作为市人大代表，我希望能够为全市中小企业的发展作出贡献。"

"很多人觉得工业企业追求绿色环保太难了，只要达标就可以。但我认为，企业必须对环境负责，哪怕是工业生产，华光也一定要成为绿色标杆企业。"说此话时，她态度坚决，掷地有声。近年来，她积极践行"绿水青山就是金山银山"的发展理念，加大科技创新力度，坚持走绿色环保的发展道路。

目前，公司已经获得"浙江省工业循环经济示范企业""浙江省绿色企业"等一系列荣誉称号。

作为人大代表，她积极投身"五水共治""三改一拆"等省市重大决策部署，多次走访、调查河道规划治理、美丽乡村建设等工作，并及时向政府部门反馈；积极引导企业参与各项社会公益、志愿服务活动，将关爱人民、心系社会、绿色发展的意识，通过公司员工传递给更多的人、更多的企业——"这是作为企业必须要有的社会责任，也是作为一名人大代表应尽的责任。"

毕业多年，金李梅始终密切关注着母校的办学动态，看到母校不断扩大办学规模，2022年全面实施申硕工作，多方纳贤引进博士教授，作为树大校友的她由衷地感到自豪。"希望母校办学越来越好，培育越来越多的优秀人才"，这是她真挚的祝福。有着"树人情结"的她，在未来将继续带领树人学子和科研团队，力争"扎根亚太、花开欧美"，把"HUAGUANG"牌钎料发展成最受市场欢迎的世界名牌。

情系树人

胡军祥：专注成就领先，科创铸就恒强

【人物名片】

  胡军祥，1993届无线电技术专业校友，后攻读清华大学管理学专业，研究生学历，正高级工程师。现任浙江恒强科技股份有限公司董事长、第二批国家科技创新领军人才、中国纺织机械行业协会标准委员会专家委员、中国纺织机械行业协会理事、中国自动化学会智能学会理事。

采访时间：2023年7月10日

采访地点：浙江恒强科技股份有限公司

作 者：吴舒可

指导老师：吴杨铠 刘 俊 叶怡铭

1993 年，胡军祥从学校毕业后，任杭州电脑绣花机厂研发部经理；2006年，作为合伙人成立杭州华祥电子科技有限公司，担任总经理；2008 年，创办浙江恒强科技股份有限公司，担任董事长。创业以来，他始终专注智能控制领域，坚持"不仅要做领头羊，更要做该领域的传奇品牌"的理想与信念，三十年如一日，曾荣获国家科学技术进步二等奖 1 项、省科学技术进步二等奖 2 项、中国纺织工业联合会科学技术奖一等奖 1 项，拥有个人授权专利 244 项，其中发明专利 14 项，主持制定国家行业标准 3 项，参与制定行业标准 11 项。那么，胡军祥是怎样一步步走向成功的呢？

因为热爱　所以坚持

"热爱"是动力，更是胡军祥创业成功的底色，而这抹底色早在学生时代就已显露。学生时代的胡军祥就在无线电技术上展现出不凡的研究天赋，曾经是"破坏大王"的他，改装过汽车发动机用来和同学们看球赛，拆过自己和亲戚家中的录音机、电视机等家用电器……一次次"破坏"，在胡军祥心底种下了一颗关于无线电、自动化控制的种子。

20 世纪 90 年代，正值无线电、自动化控制技术快速发展的关键时期。就读无线电技术专业的胡军祥，除了在课堂上认真学习，课余时间基本上都在实验室度过。他坦言："在树人求学期间，我不仅学到了专业知识，更重要的是领悟到了一些做人做事的基本道理。'崇德重智，树人为本'的校训，就是说，一个人要推崇品德、注重智慧；持之以恒、久久为功；为人低调，三人行必有我师。母校校训诠释的深刻道理，对我的学习、生活、工作都产生了深刻影响，激励我踔厉奋发、努力前行。"

1993 年，胡军祥毕业后从事的第一份工作是在一家研发、生产、销售绣花机、袜机等纺织机械企业——杭州电脑绣花机厂任研发部经理。进入这个行业后，他了解到，尽管中国是纺织大国，但纺织设备还是相对落后，稍微有点技术含量的纺织设备基本都依赖进口。因此，他深刻意识到，深耕纺织机械行业，打破国外垄断，将大有作为。而要突破整机机械，关键是要突破控制系统。

2006年，胡军祥作为合伙人创立了杭州华祥电子科技有限公司，并担任总经理。2008年，他又白手起家、自主创业，并选择国内仍然是空白的全电脑横机作为突破点，创办浙江恒强科技股份有限公司，并担任董事长。

胡军祥坦言，创办恒强科技，既源于自身对技术的执着与热爱，相信国内控制系统大有可为，也是一种家国情怀，想为打破国外垄断贡献自己的绵薄之力。他始终坚持"专注智能控制系统领域，不仅要做领头羊，更要做国内智能控制系统领域的传奇品牌"的理想与信念，专注深耕纺织机械智能控制系统，三十年如一日，久久为功，将热爱的事业做到了极致，最终成为行业领军技术专家，为中国纺织设备事业高质量发展作出了积极贡献。

生死之战 一战成名

恒者，强也。恒强的生存之道，一切源于专注，专注成就领先，这也是恒强科技基业长青的秘诀。15年来，胡军祥带领恒强科技研发团队，不断推进科技创新，一直引领国内横机从手摇到半自动再到全电脑、高速高效、全成型智跑横机快速发展，为国内横机替代进口、转型升级的智能化发展作出了积极贡献。目前，恒强科技横机电脑控制系统产品的中高端市场占有率在60%以上，是行业领军企业，产品性能达到国际领先水平。

全电脑横机控制系统属于跨学科、技术密集型的综合性应用产品，涉及

胡军祥（左）在接受采访

计算机软件、工业自动化、电气工程、机械电子、机械设计、工业设计等多个领域的专业知识，技术门槛相对比较高。企业在高质量发展过程中，势必会遇到各种困难和挑战。恒强科技刚起步发展时，就面临着国际品牌的强烈竞争压力、国外企业专利保护、技术壁垒挑战等种种困难。胡军祥带领恒强科技层层攻关，在模仿中学习、在学习中创新，突破全电脑横机技术的一座座堡垒，渡过一座座险滩，最终到达胜利的彼岸，迎来恒强科技的曙光。

2008年底，就在恒强科技产品研发成功即将推向市场时，胡军祥却站在了恒强科技生死攸关的路口。当时全电脑横机基本全是国外产品，要实现国产替代，最大的问题就是客户的信赖与认可。当初恒强科技想接入国内最大的一家电脑横机机械生产厂家，而机械厂家对国内电脑控制系统存在诸多顾虑。

为消除厂家的顾虑，恒强科技与意大利知名厂家进行了一场竞争。这场竞争对于恒强科技来说意义重大，只能赢不能输。因此，胡军祥亲自带领公司全部最核心的研发团队成员，经过3个多月的日夜奋战，最终以性能相当

情系树人

甚至某些功能有所超越、性价比高等优势赢得了这场生存之战，从而为恒强科技的高质量发展奠定了重要基础。胡军祥在采访中说："现在回想起来，还是心有余悸。"

科技创新 勇立潮头

科技发展日新月异，作为科技研发型企业，科技创新是恒强的永恒主题。恒强科技要在新的赛道超越对手、勇立潮头，只能坚持创新，没有创新，就会永远活在别人的身影之后。胡军祥始终把科技创新作为公司运营和发展的主线，作为项目负责人，他曾主持了20余项研发项目，填补了多项国内空白。

在胡军祥的带领下，恒强科技先后获得国家火炬计划重点高新技术企业、工信部专精特新"小巨人"企业、全国专精特新企业研学示范基地、浙江省重点企业研究院、《电脑横机数控》和《针织圆纬机数控系统》行业标准第一起草单位、浙江名牌产品、省高新技术企业研发中心、省专利示范企业、杭州市最具成长性优势骨干企业、中国纺织机械行业针纺智能控制系统产品研发中心等多项荣誉；获国家科技进步二等奖1项、中国纺织工业联合会科技进步一等奖1项、浙江省科技进步二等奖2项；拥有授权专利251项，其中发明专利22项，组织、参与起草行业标准21项。

加大研发投入，持续科技创新，是恒强科技始终不变的宗旨。胡军祥非常注重研发投入，每年将不低于销售收入的6%的费用用于研发。据悉，近三年来，恒强科技平均每年研发投入不低于2000万元，每年保证研究开发1～2个新产品，从而有效保证了公司产品在整个市场上的创新性与竞争性。2022年，公司研发投入超过2300万元，新申请专利66项，其中发明专利28项；新授权专利41项，其中授权发明专利5项。

胡军祥（右六）与暑期社会实践队成员合影

俗话说："一个人走得快，一群人走得远。"企业要创新，人才是第一资源。胡军祥十分重视研发团队建设，先后引进浙江大学、南开大学、北京理工大学等知名学府的优秀毕业生，组建了高水平的研发团队。有了众多优秀人才的加盟，恒强科技如虎添翼。经过一次次攻关，实现一次次突破，国产首台全电脑横机控制系统终于研发成功，为打破国外垄断、实现国产替代、促进国内横机行业高质量发展带来了新的机遇。

为进一步增强公司的研发与技术创新能力，胡军祥还不断加强与浙江大学、浙江理工大学、美国 TI 公司、中国纺织机械器材工业协会等高校、科研机构的产学研合作，并取得了重大成果。恒强科技设有省重点企业研究院、省博士后工作站等高端创新平台，对公司加强校企合作、高端人才与技术引进、公司研发水平和产品科技含量的提升等都产生了积极的影响，从而进一步推动了恒强科技企业自主创新和高质量发展。

饮水思源　不忘桑梓

"我从绍兴一个偏僻的小山村走出来，'饮水思源'，自己虽取得了小小的成功，但也时常牵挂着家乡的建设与发展。"胡军祥在带领恒强科技不断开拓进取的同时，还时刻关心着家乡的乡村振兴和共富之路建设。

2011年，胡军祥回乡时看到村里年轻人都外出打工，大面积山林无人养护，他便每年出资近10万元，承包了村里的800多亩山地，并雇请村民打理。这样一来，村里既有了集体经济收入，村民们还实现了在家门口就业的愿景。2017年，在杭州创业的胡军祥，怀揣着振兴乡村的美好愿景，再次"逆行"回乡，牵头开发了花坎村智慧农业项目，打造了一个集养生度假、餐饮住宿、会务接待等于一体的"仁里美宿·宁墅"项目，吸引了上海、杭州、宁波等地区的游客纷至沓来，让花坎村从昔日的深山小村摇身变为"网红村"，村民都吃上了"旅游饭"，腰包也逐渐鼓了起来。目前，该项目总投资近4亿元，首期建设已基本完成，二期项目建设正在快速推进。

作为绍兴上虞区政协委员，胡军祥积极履职，主动作为，为家乡章镇推进乡村振兴、走稳走好共富之路、谱写农文旅融合发展新篇章献计出力。章镇拥有丰富的农业资源、悠久的历史文化底蕴，为此，胡军祥建议章镇通过打造农业文化体验基地、加强农旅产品开发和推广、加强农业与文化融合等方式，打造独特的章镇农文旅品牌，推进章镇农文旅融合发展。政府相关部门高度重视胡军祥的提案和建议，加大了对农文旅项目的扶持力度，有效促进了章镇的农文旅融合发展，推动了当地农业的发展和文化产业的兴盛，为当地经济的高质量发展注入了新的生机和活力。

陈杭强：永不言败，勇做时代的强者

【人物名片】

陈杭强，1993届无线电技术专业校友，现任浙江沃杰家具有限公司总经理。该公司入选湖州市第十四届"消费者信得过单位"，是德清大学生重点实习基地之一。沃杰公司始创于1994年，总部位于德清县，并在佛山、菏泽、青岛、赣州合作创建生产基地和仓库。高级专业人才、门店员工和工厂员工合计200多人。其生产的实木家具外销日本、韩国、北欧、西欧、南美、澳洲等市场。2013年开始开发国内家具市场，开设工厂直销体验店，主营全屋家具业务，提供一站式软装配套解决方案。2017年受外贸形势影响，销量大幅下降。面对前所未有的困境，沃杰积极转型为内销为主的实体企业，并建立属于自己的品牌和直销门店。目前主要服务于江浙沪地区客户，并积极向全国市场拓展业务。

采访时间：2023年7月

采访地点：浙江德清

作　　者：汪静宜

指导老师：吴杨铠　芮嫣楠　叶怡铭

真挚炽热：忆青春热血

在浙江树人学院的校园里，有一片绿草如茵的足球场，这里曾是陈杭强和他的同学们挥洒青春热血的地方。他们身着蓝色球衣，奔跑在球场上，欢声笑语回荡在每一个角落。"我们那时候最火的球星就是'荷兰三剑客'，真的是太帅了！"提起自己青春洋溢的少年，陈杭强兴奋中带着自豪。如今，虽然已经毕业多年，但陈杭强依然保持着对足球的热爱，他经常参加当地的足球比赛，与年轻人一起在球场上奔跑。

忆及自己的树人时光，陈杭强心中充满感激。他感激母校的培养，感激老师的教诲，尤其是班主任冯淑娟老师，她不仅是他们的班主任，更是他们的家长、姐姐和引路人。陈杭强所在的无线电技术 9112 班是冯老师担任班主任所带的唯一一个班，是冯老师的"独生子"。当时冯老师正值孕期，每天挺着个大肚子来监督他们晚自习，直到临近预产期，冯老师才将这些她眼里永远长不大的小孩委托给别的老师，这些场景至今仍历历在目。

饮水思源，工作后的陈杭强也将这份真诚延续，以积极向上的心态应对困难，以真心实意的态度关心员工，他相信，真诚是通往成功的必经之路。目前，公司员工中有不少是树人学院毕业的校友，在他的推荐下，也有多位员工子女到学校就读，续写青春热血新篇章。

起死回生：拼品质服务

毕业后，陈杭强满怀激情地踏上了创业之路。初期，企业生产的日用木制品出售至日本。为了确保每一件产品的品质，他坚持亲自前往木材市场挑选优质的材料。他深知只有优质的原材料才能制造出令人满意的产品，因此他与供应商建立了紧密的合作关系，以确保原材料的质量和供应的稳定性。

然而，创业的道路并非一帆风顺。由于木材和油漆的问题，经过海运，部分产品受潮出现油漆剥落，好几货柜产品被退回，这对于刚刚起步的公司来说是致命的打击。面对退货和巨大的经济损失，陈杭强没有退缩，而是以积极的态度，认真查找分析原因，并采取有效的措施解决问题。

陈杭强的努力和坚持最终取得了回报，不仅成功守住了产品的品质，更赢得了客户的信任和忠诚。他的公司逐渐在市场上树立起了良好的口碑，信誉度也逐渐提升，赢得了海外顾客的信赖，公司产值一度高达 1000 万美元。

没有谁的成功是一蹴而就的，每一次失败都是成功的伏笔。"很多行业，你看着很光鲜，但是背后辛酸的事情很多。"提起二十几年来的创业之路，陈杭强有感慨，也有欣慰。家具行业起起落落，沃杰家具始终坚持做好家具，做兼具实用性、耐用性和审美性的年轻化家具。从一开始厚重敦实的实木家具到现在更加轻巧、具有设计感的现代化家具，变的是审美的流行趋势，不变的是沃杰家具精良的品质。

2017 年前后，受外贸形势影响，沃杰家具面临着前所未有的挑战，订单急剧下滑，货物大量堆积，资金链紧张，团队士气低落，这对于一家专攻外贸的家具公司来说，无异于一场突如其来的灾难。

"转型的过程是很痛苦的"，谈起这段经历，陈杭强不禁皱起了眉头。曾经在国外畅销的木制家具，突然就成了在仓库积压的库存，如果不尽快打开国内销路，势必会对企业的后续发展造成无法预估的影响。为适应国内的销售模式，减少亏损，陈杭强与哥哥积极转变销售思路，并建立起属于自己的品牌和直销门店。同时缩小生产规模，联系厂家，打造设计、工厂、物流、安装、售后"全包式服务"，线上线下同步推进，互联网与门店双管齐下，终于逐渐在国内家具市场站住了脚跟。

陈杭强（左）在接受采访

现在哪怕只是简单的家具安装，陈杭强也坚持之前做外贸时的"全检"管理体系，严格把控产品质量。在与客户沟通的过程中，陈杭强总是以热情友好的态度倾听他们的意见和建议。他善于把握客户的心理需求，为他们提供专业而精准的建议和解决方案。他不遗余力地为客户着想，努力满足他们的期望和要求。这种热情和专业精神很快就赢得了客户的广泛认可和信任。

"日月不肯迟，四时相催迫。"在这个属于奋斗者的时代，人人都有追梦的权利，人人也都是梦想的铸造者。对于在校的学弟学妹，陈杭强特别期待能在他们身上看到这股冲劲和拼搏，"没有拼搏精神，那么你的能力就很难全部体现出来"。的确，在这个快速发展的时代，凌空蹈虚，难成千秋伟业；求真务实，方能善作善成。永不言败，是陈杭强身上展现的树人力量！

不断创新：顺时代潮流

谈及企业文化，陈杭强用"创新"两字来诠释。时代洪流滚滚向前，社会大众的需求与审美不断演变，从十年前的欧式风潮，到现今的轻欧式、新中式，乃至各类"网红"家具，客户的需求瞬息万变。作为家具行业的领军者，沃杰公司必须紧跟潮流，牢牢把握流行趋向，设计出兼具实用性和审美性的好家具，而创新始终是产品开发的核心。

在沃杰，创新不仅仅体现在产品层面，更渗透到生产的每个环节和宣传的各个方面。"满眼生机转化钧，天工人巧日增新。"陈杭强深知，对于新时代的生产和经营，创新是不可或缺的驱动力。随着互联网的迅猛发展，陈杭强敏锐地捕捉到了短视频这一宣传"利器"，并开始尝试这一全新的宣传方式。"现在的营销和原来完全不一样了，以前是到社区里去发传单，到后来的微信，再到现在的短视频，发个视频很多人就可以看到了。"他感慨道。短视频不仅高效地推动了地区性宣传，也让德清及周边地区的居民对沃杰家具有了更深入的了解。

"玩转"互联网可不是一件简单的事，脚本创作、视频拍摄、后期剪辑、

陈杭强（右五）与暑期校友走访团成员合影

文案撰写……每一步都需从头学起，这对于年过半百的陈杭强来说，无疑又是一次大胆的创新尝试。线下宣传方面，陈杭强巧妙地运用场景化体验策略，通过收集业主家的数据信息，借助专业软件制作展示图，使顾客对产品有更直观、深入的了解，从而增强家居整体场景的体验感，大大提高了成交量。

如今陈杭强已成功地将沃杰家具打造成了一家拥有 200 余名员工、年产值达 5000 余万元的知名企业，产品覆盖全国 20 多个省市并远销海外，公司入选湖州市第十四届"消费者信得过单位"，并在佛山、菏泽、青岛、赣州合作创建生产基地和仓库，总面积达 20000 多平方米。

然而陈杭强并没有安于现状，他对未来有着更高的追求和更大的梦想，他希望将沃杰家具打造成一个集研发、生产、销售、服务于一体的全产业链企业，同时还计划涉足智能家居领域，推出更多具有科技感和时尚感的智能家居产品，以满足消费者对于品质生活的追求。他还想着能够走出国门，将中国制造的优质家居产品推向全球，展示中国企业的风采！

蒋江华：人生不在初相逢，洗尽铅华也从容

【人物名片】

蒋江华，1993届浙江省优秀毕业生。1971年出生，杭州人，祖籍台州仙居，研究生学历，经济师，浙江省首批金融顾问。先后就职国有企业、杭州银行、上海银行、杭州联合银行，历任国企会计、支行行长、分行行长和总行部门总经理等职，现为杭州联合银行机构客户部总经理。曾任杭州市青年企业家协会副秘书长、浙江省青年企业家协会理事、首批杭州市大学生创业导师、杭州市大学生创业联盟金融顾问等社会职务。现为浙江省书法家协会会员、浙江省金融书法家协会理事、浙江省硬笔书法家协会副秘书长、杭州市书法家协会理事、浙江文化产业学会理事、浙江省文物保护利用协会副秘书长、中国书画收藏家协会会员。

采访时间：2023年10月17日

采访地点：杭州市联合银行

作　　者：李　莎

指导老师：曹　斌　卞小莉　李晨昕

蒋江华，1993届企业管理专业毕业生。在校期间，品学兼优，表现出众，积极参与学校各项学生工作，担任过校团委书记、校刊主编、文学社顾问等多项职务，在校期间光荣入党，并以优异成绩毕业，获得了"浙江省优秀毕业生"称号。

毕业后，他主要在国企和银行工作。其间，有一段独特的人生历程，曾积极响应国家援疆号召，于2013年末赴任联合银行新疆阿克苏分行行长，开启了为期两届长达六年的金融援疆之旅，舍小家为大家，以责任与担当、敬业与奉献、情怀与智慧，全心投入当地金融服务、经济建设、反恐维稳和民族团结等工作，为边疆社会稳定、经济繁荣、文化融合、民族振兴作出积极贡献。毕业30年来，蒋江华一直心系母校，积极参与母校各类活动，成为连接学校与社会的桥梁纽带。

拓宽度谋高度，践行长期主义

顶天立地男子汉，要把乾坤扭转来。

蒋江华出生在台州偏远山区的贫困小山村，是从大山里复式班小学走出的农家孩子，是附近十里八村第一个高中生、第一个大学生、第一个研究生，第一个进城"吃皇粮"的农家子弟。其成长求学之路跌宕曲折：小学、初中、高中三次与"死神"过招，死里逃生；当年高考在全县名列前茅却因成绩被张冠李戴，阴差阳错进了当时的浙江轻工业学校。当初他心里有一万个不甘和失落，但他也知道不能因此沉沦，必须面对现实、调整心态、加倍努力和超越自我！在校期间，他踔厉奋发，全面发展自己，取得了优异成绩，入了党，取得弥足珍贵的留杭资格。按照惯例，学校将最宝贵的国家"统配名额"预留给最优秀的他。不承想，就在毕业前夕，校领导突然告知从本年起取消国

蒋江华（中）在接受采访

家"统配名额"，原因是不久前召开的十四大确定了我国建立社会主义市场经济体制目标，取消原计划经济时期的国家"统配名额"政策，从此大学毕业生实行市场分配，自主择业。犹如当头一棒，命运再一次"捉弄"了蒋江华。

高考和毕业分配是人生的重要节点，他均被莫名其妙地"砸"了！按他自己的话说，不仅"错过了初一又错过了十五"，还"流着泪走进大学，滴着血离开大学"。他曾经委屈地以低起点走进大学校园，几年风雨赶超，却又跌到坑里，再次遗憾地以低起点走向社会，在举目无亲的省城开启谋生之路，独闯天涯！

生若蝼蚁，当立鸿鹄之志；命如纸薄，应有不屈之心。挫折没有压倒蒋江华，反而磨炼了他不屈的意志和精神，让其比寻常人更多了一份坚毅和定力，对人生有了更深刻的领悟，更懂得了自己想要的人生。不服输的他明白，泰山不却微尘故能成其高，长城亦非一日垒成！他需要做的不只是起于微尘，更需要点滴积累，并持之以恒；需要拼的也不只是一刻一时，乃是一生一世，

情系树人

且一以贯之。不谋万世者，不足谋一时；不谋全局者，不足谋一域。他毅然选择了长期主义的战略，贯彻行稳致远的理念，把自己放低放实，把人生的赛道拉宽拉长，甘做铺路石，尽毕生之力拓其"宽"，以谋未来之"高"。为此，他为自己、为家庭、为家族做了规划布局。

一是规划自我发展，夯实基石。首先是多岗位就业，"不在一棵树上吊死"。从国企跳槽到杭州银行，再跳到上海银行，又跳到杭州联合银行，多次放弃升迁机会，却横向四易单位，累计更替 12 个部门岗位，是为广积博益。其次是多专业学习，"不在一条道上走到黑"。自母校企业管理专业毕业后，又继续在职攻读了浙江大学、中国石油大学、浙江工商大学多个不同专业，是为博学广取。最后是多行业交流，"不在一口井里看天"。积极加入十多个不同行业领域的商会、协会和学会，担任副秘书长、理事等职，促进跨界交流学习，是为积健为雄。

二是优化家庭建设，立志高远。着眼家庭建设整体长远目标，审时度势及时调整家庭就业结构和方向，以退为进，牺牲个体利益，放弃短期利益，整合一切优势资源和力量支持家庭核心目标，重点系统规划孩子的教育培养和发展。

三是携手家族共进，凝聚合力。已经走出农村的蒋江华不愿看到依然留在农村的哥哥妹妹的下一代再受无文化之苦，20 世纪 90 年代，他以超前的眼光和担当，凭一己之力用几年努力逐个说服家庭和家族全部成员，将哥哥妹妹的 7 个孩子从农村带到杭州上学，安排在身边共同生活成长，让农家孩子提前融入城市化的教育和发展，赢在人生起跑线，擎起整个家族的希望和未来。

伏久者飞必高，卧久者行必远。如今，再回眸来时路，不得不敬佩蒋江华的远见卓识和责任担当，是他的超前布局和长期主义扭转了乾坤，成就了自己，成就了家庭，成就了家族，回报了社会！

有硬度存温度，涵养家国情怀

和大多数人一样，蒋江华最初对新疆的印象基本源自地理和历史课本，直到2009年新疆"7·5"事件，彻底颠覆了他对新疆的认知。自此，他开始关注新疆。次年3月，全国对口援疆工作会议召开，新一轮对口援疆工作正式启动。同年夏天，蒋江华专程赴新疆游历考察了13天，深入了解新疆的历史和现状，耳闻目睹了援疆的历程和事迹，触动了他的心灵，激发了他支援祖国边疆建设的澎湃之情。2013年底，他响应国家号召，取得家人支持，随同浙江对口援建阿克苏地区第八批援疆干部踏上边疆热土，开启了如火如荼的援疆征程。

江南才俊舍家报国，万里边疆献碧血；

华夏赤子倾情援疆，千年西域抒丹心。

六年风雨，一心赤诚。他带领团队秉承"走在前列、勇立潮头"的浙江精神，发扬"胡杨精神、兵团精神、柯柯牙精神"三大新疆精神，艰苦卓绝，砥砺前行，全心投入各项工作：全面加强职工队伍建设，提升业务水平，提高工作效能，改进服务态度；全面优化产品服务创新，支持政府民生工程、援疆产业项目、科技创新企业；全面深耕普惠金融，服务"三农"经济、小微企业、城乡居民；全面推进反恐维稳工作，开展"访惠聚"活动、"四同"活动、民族团结一家亲活动。六年倾情援疆，有力推动了当地金融业的提升发展，有力支持了地方经济的建设发展，有力稳固了反恐维稳的安定局面，有力促进了浙疆两地的交流融合。其个人和单位得到了当地政府、企业、居民等社会各界的一致好评和赞誉，多次荣获支持地方经济建设、支持服务中小企业、开展"访惠聚"活动等相关奖项和荣誉称号。

当年蒋江华选择去援疆，身边多少人不理解，没名没利还不安全，图什么呀？而一援竟是两届六年之久，就连新疆本地人都惊诧，大好江南人才，大好年华，为什么来大西北吃土受苦？蒋江华说，援疆是一种情怀，也许有人是为了"镀金"，有人是为了"淘金"，但他不是，他是为了"取经"，真经比金贵啊，援疆不能算名利账！正如林则徐诗云："苟利国家生死以，岂因祸福避趋之。"蒋江华是一个有情怀的人，一个有家国情怀、人文情怀、田园情怀的人，艰苦卓绝的援疆经历，已成为他宝贵的人生财富。

蕴深度含气度，追慕云山风度

蒋江华有许多标签，"才子"无疑是第一个标签。不管是学生年代，还是走向社会，走到哪里他都是一道闪亮的光，都会自然而然地被称为"江南才子"。确实，他有才干，积极作为，敢于创新，成绩斐然，荣誉加身；他有才学，多修专业，跨界汲取，终身学习，身兼多职；他有才情，爱好广泛，文体多攻，诗书画印，获奖无数。他有胸怀，有格局，有品行，不与上级争功，不与同级争权，不与下级争利；他刚正不阿，卓尔不凡，风趣儒雅，不恃才傲物，不追名逐利，不藏污纳垢。他说自己有鲁迅笔下的"台州式硬气"，更有几分古圣先贤的"松柏精神，云山风度"。长将气度随天道，不把言词问世徒。蒋江华事业精进却处世低调，有胸襟不世故；学业丰盈却为人谦和，有气度不流俗。更难能可贵的是，他忙于拼搏事业和学业之外，还有一颗关爱公益事业的慈善之心和关爱教育事业的赤诚之心。几十年来，他一如既往地以捐款、捐物、公益拍卖等方式支持各类社会公益慈善事业；以捐款、捐物、结对子、奖学金等多种形式资助失学儿童、孤儿、贫困大学生和希望工程等教育事业；

蒋江华（中）与采访团成员合影

以沙龙、讲座、演讲等方式多次走进浙江工商大学、浙江师范大学、浙江财经大学等许多高校开展大学生辅导交流等活动，获得了"关心教育事业爱心人士"等荣誉。

感浓度知纯度，深怀母校情义

毕业之后，蒋江华一直心系母校，积极参与到母校的各种活动中，成为连接学校与社会的桥梁和纽带。在其毕业15年之际，他带头谋划组织了别开生面的同学会，重回母校，向母校捐赠了三样礼物：亲笔题写镌刻"春晖天下"的景观巨石、特邀西泠名家篆刻"百年树人"的青田大印，以及自己编著出版的《硬笔行书法帖》100本，谨以表达对母校的感恩之情。平常，他与学校领导、老师和各届校友保持良好的沟通互动，适时回母校给学弟学妹作讲座交流，分享自己的经验和心得，鼓励大家发奋学习，找准定位，选好赛道，常以赠书并寄语的方式与学弟学妹共勉。浓浓母校情，依依学子心！

　　蒋江华毕业至今已三十余载，尽管未能时常回母校看看，但山川异域，风月同天，校园的一草一木皆历历在目，老师的一言一笑都梦萦魂牵！三十年来寻剑客，几回落叶又抽枝！思母校，念恩师！借得大江千斛水，研为翰墨颂师恩！

唐潇：认真工作，从容生活

【人物名片】

唐潇，1995届园林建筑专业校友。现任杭州园林风景建筑设计院有限公司副院长，高级工程师，一级注册建筑师。从2002年担任副院长至今，主持多项重要工程设计，并担任项目总负责，多个项目获得钱江杯、西湖杯等设计奖项，其中长桥溪水生态修复工程荣获"2010年中国人居环境范例奖"和"2012年迪拜国际改善居住环境最佳范例奖"。

采访时间：2023年7月12日

采访地点：杭州园林风景建筑设计院有限公司

作　　者：毛晓杏　戴栩惠

指导老师：赵竑绯　韩丹萍

唐潇大学毕业已近28年，一直在设计院工作，是优秀的园林设计师，几十年坚持在设计行业，保持初心。

第一眼见到她，就感觉她很有活力。

在谈话中，感受到了她对园林行业的热爱，"我好像一直对园林设计蛮有热情的，享受做设计方案的过程，体会乐在其中的感觉，遇到困难不会轻言放弃。"正是这种秉持初心、砥砺前行的品质，支撑着她在园林设计行业一路向前。设计需要不断创新，也需要有追求完美的精神。

唐潇说，当年选择职业方向时，也曾在岔路口徘徊过，是选择体制内的事业单位，还是去往设计院工作，最终她选择了后者。"因为我觉得这个工作相对更能让自己感兴趣，更能够沉得下心来。事实证明，从事这个行业这么多年，我依然能够热爱并专注于这个职业，做自己喜欢的事便是我最好的状态。当时我想，事业单位就是与文保相关的单位，可能就是一杯茶、一张报纸干到老了。当然，现在看来这是我的偏见，实际上并非如此。"

"老师以前教我们，看到好的建筑设计、有意思的小品或者植物配置，拿小本本勾画下来，久而久之，将其消化提炼成自己的东西。现在就更方便了，网络那么发达，有数码相机，还有手机，随手一拍做个整理，其实这都是点点滴滴的积累。"

唐潇不仅在工作方面认真细致，在生活中也保持着从容的心态。"要学会尽量平衡生活和工作。我属于上手稍微快一点的，做事情喜欢先紧后松，学会自己规划时间，而不被时间任意左右，劳逸结合。"上班就全身心投入工作，下班就放松身心、享受生活。"认真工作，从容生活"，使唐潇在工作与生活之间始终保持着一种良好的平衡。园林本身就是一种美的存在，我们也应该保持初心，既热爱事业，也热爱生活。

"我当时选专业的时候，受父亲影响而偏爱设计专业，喜欢有创造性的工

唐潇（右一）在接受采访

作，所以就选择了园林建筑专业。"大学期间，她当时对专业课程比较感兴趣，因为那时不少老师来自建筑设计院、规划院等单位，讲课更贴近实际，会结合一些项目进行分析，这对她后来的工作很有启发。

唐潇曾主持长桥溪水生态修复工程，该项目获"2010年中国人居环境范例奖""2012年迪拜国际改善居住环境最佳范例奖"。谈到如何成为一名优秀的园林景观设计师，她觉得在校大学生应注重兴趣培养，在自己喜欢的专项上多花功夫。"我当时对古建筑挺感兴趣，学园林建筑的可以在这方面下点功夫。机缘巧合，我们单位做了不少传统景观建筑和寺庙建筑，边做边学，对我技术的提高还是很有帮助的。"

唐潇认为，与建筑、城规专业相比，园林专业是有自己的核心竞争力的。园林景观设计涉及的掇山、叠水、地形设计、景观绿化等内容，强调的是人们对环境的空间感受，需要妥善解决建筑与自然的边界过渡，具备相当美感。相对于城规和建筑专业，园林专业更为关注自然生态与人居环境的关系，更

情系树人

强调自然美,更擅长意境空间的打造。

对风景园林学子未来的就业方向和职业生涯,唐潇也提出了自己的看法。她说,要选择适合自己的职业方向,"同学们刚进入工作单位时,往往会觉得自己和别人有很大差距,会着急、会焦虑,这个过程是每个初出茅庐的学生都会经历的,最重要的还是要多学多看、多跑现场,这样往往能学到很多书本上没有的东西,参透不理解的图文。"她还分享了一段之前到其他公司参观指导的经历:"前段时间到一个年轻的设计公司去,给我触动蛮大的,在帮忙指导方案的时候,觉得那里的年轻人相当有朝气,讲解的时候他们的眼睛是有光芒的。外面的世界那么大,有机会常去看看,开阔眼界、活跃思维。如果年轻人有条件、有资源,最好多给自己机会出去闯闯。"她说,机会都是要靠自己抓住的,每一次学习和实践的机会都是宝贵的。

园林人的手上功夫很重要,唐潇说,学历只是块敲门砖,园林人更看重的是手上功夫。"底气是要自己给的。多看、多学、多动手,磨炼自己的技巧,做设计没有捷径,只有踏踏实实地积累,才能融入自己的思想,创作出属于自己的作品。"

最后,唐潇还现身说法,说实习的时候,自己认了一个师傅,虽是做室内专业的,但每一位前辈都有值得我们学习的东西,要自己找师傅,这很重要!

罗彬：发现问题就是进步，解决问题就是创新

【人物名片】

罗彬，1995届无线电专业校友，现任台州路桥区供电公司综合能源中心主任。曾被授予"浙江工匠"荣誉，并领导劳模创新工作室赢得国家发明专利1项、实用新型专利16项，发表9篇技术论文。荣获浙江省电力公司及以上奖项13个，其中2021年获全国电力企业管理创新实践优秀论文一等奖，2015—2017年连续三年获国网浙江省QC成果一等奖。

采访时间：2023年7月12日

采访地点：台州市路桥区供电公司综合能源中心

作　　者：周　妍

指导老师：衡秋歌　王雷雷　李明珠

台州路桥区位于浙江沿海中部，在 274 平方千米的繁华背后，交织着大大小小的开关站、变电站和绵延数千千米的电力线路，无数电力工作者默默守护着台州路桥区的万家灯火，把故障和问题消除于萌芽。罗彬便是台州路桥区电力系统工作者中的一员。

奠基：好学 + 善学

罗彬现年 50 岁，是台州路桥区供电公司综合能源中心主任，智慧运维创新涉及的方方面面都归他管，他总是忙碌于第一线。他说，技术工人就是需要平常一点一滴的积累。工作以来，他不断学习电子方面的实用技术，先后获得电气工程高级工程师、维修电工技师、通信线路技师、华为 A 级工程师等职称。2019—2021 年，他曾获得"杰出台州工匠""台州工匠"、台州市五一劳动奖章、"路桥区第六届拔尖人才""浙江工匠"等荣誉。在他看来，这些荣誉更多的是一份责任，一份提醒他不断完善工作技能、不断向大众传播工匠精神的责任。

上学时，物理是罗彬学得最好的一门课。"我小时候最喜欢蹲守在隔壁邻居家的自行车铺子里，看他们修自行车，一看就是一整天。"大学学习的无线电专业，更是与物理息息相关。回忆起在校读书的时光，他说："当时条件很艰苦，但学习也更努力，时常跟着老师做项目，提前接触了相关电力研究。"

罗彬说，当时学校虽然规模不大，但提供了非常丰富的课程。专业主要分为无线电和计算机两个方向，还有线路板制作等实际操作课程，加之他非常喜欢钻研和动手实践，这些都为他后来的职业生涯打下了牢固的基础。此外，学校后期开设的通信和焊接实训课程、学生在课余时间组织的兴趣小组等，都对学生综合能力的提升非常有帮助。

成长：刻苦＋坚持

1995年，罗彬一毕业就来到路桥区供电有限公司工作，从此扎根一线，一干就是近30年。零点作业、半夜抢修、节假日加班，这些对罗彬来说都是家常便饭，长期积累的基层工作经验，锻造了一位台州电力建设的老兵。

初入职场时，罗彬便开始在通信领域发展自己的特长，并逐渐转向光缆领域。光缆的熔接制作与维护看似平常，却蕴含着无穷的技术与智慧。在这个领域，他不断追求卓越，从学校的线路板制作，到职场的光缆工程，再到自己独立开展的智能光衰耗器和多功能应急电源制作项目，他始终以工匠精神探索着工程技术的奥秘。

台州夏季台风多发，突如其来的灾害常给电力设施造成威胁和破坏。2019年，超强台风"利奇马"登陆。为了防止雨水倒灌公路下沉通道，罗彬带领同事在台风来临前就驻守在水泵站中。台风来袭当天，罗彬冒着大雨及时启动发电机，接通电源，才避免了极大的损失。"那几天，罗彬几乎没怎么休息，一直在一线参与驻点，累了便在水泵站里的椅子上稍作休息。"一位同事回忆道。

长期一线工作的经验，培养了他坚持"问题导向"的工作思路，善于利用手头有限的资源，创造性、"接地气"地解决问题。"我们到现场抢修经常会碰到停电故障，小型发电机难以满足供电需求，且污染严重。"为解决抗灾抢险所需的应急电源，罗彬花数千元购买了整组锂电池，每天下班回家后仔细琢磨，经过几个月的组装调试，成功研制出了一款多功能应急电源。应急电源就好比是抢修队有了一个大功率的充电宝，方便抢修人员随身携带

罗彬（左二）与校友寻访团成员合影

应急抢修。在过去几年的台风抢险救灾工作中，多功能应急电源为电网的快速恢复作出了极大贡献。

智能光衰耗器、带电更换仪表、智慧电务监测系统、风机遥控装置……新的技术和产品接二连三在他的手里诞生。"发现问题就是进步，解决问题就是创新"，这是罗彬的座右铭。

工匠：质量＋创新

在罗彬看来，工匠精神不仅仅是追求卓越的态度，更是一种坚守初心、不断学习的人生信条。他鼓励年轻人保持好奇心，不断学习新知识，提升自己的技能。同时"要善于解决问题，找到问题的根本原因，并努力改进。只有如此，我们才能在工作中取得更好的成绩，得到更多的认可。"

"心里有梦想，脑中有办法，肩上有担当，脚下有力量"，这是罗彬对学弟学妹们的期许。一直以来，他埋头研究创造，勇攀质量高峰，在传统"工匠精神"的基础上添加了多个从"0"到"1"的创新。"将产品当成艺术，将质量视为生命"，正是如罗彬一样的诸多"工匠们"，不仅擦亮了"浙江制造"的底色，激发了实体经济的活力，更是以一个个平凡人的力量，加速推进浙江从"制造大省"走向"制造强省"。

情系树人

单永华：上善若水，沉稳向前

【人物名片】

单永华，1996 届钻探工程专业校友，钻探高级工程师，房屋建筑专业国家注册一级建造师。2019 年 1 月被聘为上海市建科委深基坑评审专家，2021 年 5 月起被聘为上海市地质学会岩土与地下工程专业委员会委员。

近年来，在钢支撑轴力自动补偿系统方面，他主持并获得国家实用新型专利 4 项、计算机软件著作权登记证书 1 项，已参编并颁布实施的规范 6 本，分别是浙江省工程建设标准《城市轨道交通结构安全保护技术规程》、上海市工程建设规范《GS 土体硬化剂应用技术规程》、上海市土木工程学会标准《轴力自动补偿钢支撑技术规程》、山东省工程建设标准《建筑与市政工程基坑支护绿色技术标准》、中国岩石力学与工程学会团体标准《基坑工程绿色技术规范》、上海市工程建设规范《土体硬化剂应用技术标准》。

目前，还在参编的规范有 4 本，分别是中国工程建设标准化协会标准《装配式预应力张弦梁钢支撑技术规程》、中国技术市场协会标准《城市轨道交通地下车站绿色建造技术规范》、中国工程建设标准化协会标准《预应力混凝土支撑技术规程》、上海市勘察设计行业协会团体标准《工程废弃泥浆资源化利用技术标准》。

采访时间：2023 年 7 月 9 日

采访地点：上海善于建筑科技有限公司

作　　者：王　涛　谢函希

指导老师：赵　阳　徐　萍

1996 年，单永华毕业后被分配到浙江省第一地质大队浙江地矿上海分公司，多年的工作经历让他对职业发展产生了新的想法。2015 年 6 月，为实现创业梦想，他融合各方资源，离职创办了上海善于建筑科技有限公司。

作为一家新兴的地下工程施工领域服务商，公司主要致力于上海及周边地区地下施工方面新技术、新设备、新工艺、新材料的应用，各种桩基及围护工程的施工与管理，各类地下工程的咨询服务工作。

近年来，公司重点引进和发展具有较高科技含量的地下施工领域新设备、新工艺及新材料，包括钢支撑轴力自动补偿系统（也称轴力自动伺服系统）、MJS（微扰动超大直径旋喷桩）施工设备等，累计完成钢支撑轴力自动补偿系统工程近 100 个，完成混凝土支撑轴力自动补偿系统工程 20 个，完成套数约 12500 套，累计完成 MJS&RJP 加固项目 20 个，加固土体约 65000m³，完成地下工程技术方面咨询项目 10 余项。

单永华以学生时代静心钻研篆刻为例，倡导遇事冷静应对。他热爱篆刻，曾在学校获奖。他认为学校环境自由，鼓励尝试各种爱好和想法，有助于个人素养的提升和职业发展。

走进单永华的办公室，可以看见正对着办公桌的墙上挂着"上善若水"书法作品。单永华说，"上善若水"既是公司的企业文化，也是公司的经营理念。人的最高修养与美德应该像自然界的水一样滋润万物，给万物提供生命而从不与万物相争。这既是企业文化，也是单永华对自身的要求。对初来乍到的实习生，他会贴心地安排食宿；对进入公司的新人，他从不苛求；对于员工和合作伙伴，总是友善对待；对工程创新技术，他不占为己有，大方分享；对于同行也保持互相尊重，不刻意过度竞争；对于需要帮助的朋友，总是尽心尽力。宽容、善良，是单永华身上的闪光点。

创业这些年，单永华的公司人员慢慢增加，资质逐步提升，产值稳步上升，行业影响力逐步扩大。当初他们想做的几方面业务也都做起来了，而且都有一定的知名度和美誉度，在地铁以及复杂环境保护方面作出了一定的成绩，特别是伺服系统在混凝土支撑上的应用。2021年底，上海海泰项目，单永华的公司在混凝土支撑上首次应用轴力伺服系统，他深入现场，用心钻研，改进设备，并与相关单位密切配合，最终取得了出乎意料的效果，得到上海申通地铁的好评，吸引了上海建科委几十位专家到场观摩。之后，很多周边需要保护的深基坑项目混凝土支撑都设计了轴力伺服系统，应用越来越广，取得了较好的效果。

时代在变，行业在变。锐意进取，与人为善，顺势而为，知足常乐，是单永华这些年的人生经历和心路历程。

何丽：创业是一场人生大考

【人物名片】

何丽，1996 届国际贸易专业校友，余姚市华伦进出口有限公司总经理。

采访时间：2023 年 6 月 30 日

采访地点：杭州华伦对外贸易有限公司

作　　者：邵　昱

指导老师：董自光　张彩霞

在创业之路上，她曾面对无数挑战和困难，但她从未退缩，而是以坚定的信念和不懈的努力，创造了令人瞩目的成就。她的成功不仅是个人的荣耀，更是对所有女性创业者的鼓舞和激励。何丽，一位成功的女企业家，在国际贸易领域取得了不凡的成就。

在采访中，何丽谦逊地表示，她的成功仅仅是赶上了时代的浪潮，还有父亲的言传身教。

何丽说，她父亲是一位老国际贸易人，对这个行业充满热情，并将自己的经验传授给了她。受父亲的激励和引导，何丽毅然选择了国际贸易专业。她毕业那年，是我国最后一届实行计划分配，那时也是社会经济大发展的时期，机遇和挑战并存。在这样的背景下，何丽选择了创业，并通过不懈努力，逐渐把企业带上了发展的快车道。

何丽还强调了"专注"的重要性。疫情期间，许多行业都受到了冲击，但她始终专注于自己的领域，最大限度地缓冲了疫情对企业的影响。此外，她认为选择熟悉的产业也很重要。比如她将自己熟悉的物流和外贸两块业务结合起来，创立了自己的公司。这两块业务相辅相成，能够更好地发挥自己的优势，实现公司的持续发展。对于取与舍的问题，她的观点是，在追求事业的时候，不能顾此失彼，需要平衡好事业、家庭和个人的生活。

让人颇感意外的是，在创业阶段，何丽还研究了各朝代开国皇帝的历史，借此了解创业所需具备的性格和品质。在守业阶段，她又研读了那些亡国君主的历史，以汲取教训。她认为，通过了解历史的兴衰和变革，能够更好地把握时代的脉搏和趋势，从而在商业竞争中保持优势。她建议青年人多读历史典籍，"以史为镜，可以知兴衰"，"只有不断地学习，才能跟上时代的步伐，才能在激烈的竞争中立足"。

在当今快速变化的时代，年轻人想要创业并取得成功并不容易，创业犹

何丽（右一）在接受采访

如一场大考，除了时代、环境、资金、资源等各种客观条件，对创业者本人综合素质的考核也是很苛刻的。何丽坦然地分享了自己的观点。

其一是敏锐的洞察力，年轻人必须密切关注市场与行业变化，以便迅速捕捉机遇。其二是经验积累的价值，她鼓励年轻人在适应社会的过程中，积极投入时间和精力，积累人脉和经验。其三是创新能力，她希望年轻人勇于尝试和创新，不断突破固有的思维和能力边界。其四是团队合作，她鼓励年轻人增强团队合作意识和能力，与他人共同实现目标。其五是坚持不懈的毅力和勇于面对挑战的勇气。其六是忠诚、真诚和德行等个人品质。其七是坚守，面对各种诱惑和困难，年轻人应坚守自己的底线，果断舍弃对自身不利的人和事，守护初衷，只有这样，才能在这个瞬息万变的时代中保持自我，坚守原则和价值观，实现个人的成长及对社会作出贡献。

"年轻人拥有无限的潜力和创新的思维，是社会的未来和希望。希望你们敢于追求自己的梦想，勇敢地面对困难和挑战，不断地学习和成长。"她相信，年轻人只有坚持不懈地努力，才能实现目标，创造属于自己的辉煌。

情系树人

潘春晨：勇往直前，揽胜天下

【人物名片】

潘春晨，1996 届外贸财会专业校友，揽胜天下运动户外用品有限公司董事长。揽胜天下总部位于杭州西溪湿地，系国家级高新技术企业，目前在杭州、哈尔滨、北京等全国各主要城市有 130 余家专卖店，近 300 家经销商，是北京 2022 年冬奥会官方支持商定制服装、杭州 2023 年第 19 届亚运会官方合作伙伴定制服装供货商，也是 SUPERDRY、NORTHFACE、TOMMY HILFIGER 等国际品牌供货商。

采访时间：2023 年 7 月 3 日

采访地点：杭州揽胜天下

作　　者：邵　昱

指导老师：董自光　张彩霞

潘春晨，一位成就斐然的企业家，其创立的杭州泛帛工业有限公司和揽胜天下户外用品有限公司，在市场上赫赫有名，成为各自领域的佼佼者。

在浙江树人学院就读期间，潘春晨便对外贸专业抱有浓厚的兴趣，并凭借自己的努力，取得骄人的成绩。为了进一步拓宽商业视野、提升管理能力，后来他又进入浙江大学攻读了工商管理专业，进一步完善了自己的知识结构和思维方式。

2003年，潘春晨决定创立杭州泛帛工业有限公司，专注于帛纺织品的生产和销售。凭借敏锐的市场洞察力和对品质的执着追求，他很快就将公司打造成了行业内的领军者，产品深受消费者喜爱。

然而，潘春晨并未止步于此。他敏锐地捕捉到户外用品市场的巨大潜力，于是在2011年12月又创办了揽胜天下户外用品有限公司，专注于体育运动服饰及户外产品的生产和销售。通过持续创新和品质提升，公司迅速在市场上崭露头角，赢得了消费者的广泛认可。

作为两家公司的总经理，潘春晨不仅注重企业的业务发展，也十分重视团队建设和人才培养，着力于打造一支专业、高效的团队，为企业的发展提供强有力的支撑。同时积极参与行业交流和学习，不断提升自己的管理水平和商业智慧。

采访期间，潘春晨深情地回顾了大学的学习生活。他说，那时的生活并不像如今这般五彩斑斓，有两次经历让他刻骨铭心。一是大学即将毕业时，他才第一次吃到肯德基。在那个物资匮乏的年代，肯德基不仅是一种美食，更是一种奢侈的象征。于他而言，这"第一次"满足的不只是味蕾，更是一次对新生活的体验。二是为了购买一条牛仔裤而省吃俭用。牛仔裤是当时的一种时尚标志，价格不菲，对于大多数大学生而言，都是一种难以企及的奢望。然而，潘春晨为了得到那条牛仔裤，硬是一分一分地"抠"，最终得偿所愿。

　　　　　　　　　　　　　　情系树人

潘春晨（中）与暑期社会实践团成员合影

潘春晨感慨地说，这些经历不仅仅是他个人的回忆，也是那个时代和社会的一个缩影，所以对如今丰富的物质和文化生活，他倍加珍惜和感恩，也希望年轻人能懂得珍惜。

2020年，潘春晨再次展现出他的远见卓识，将公司业务转向 BTB 模式（企业与企业交易的商业模式），公司的发展又进入了一个全新的阶段。他满怀激情地表示，自己始终怀揣着一个品牌梦想，坚信在当今中国，无论是设计能力、审美观念还是其他方面，都已与世界接轨，中国品牌的前景一片光明。

面对竞争激烈的市场，揽胜天下采取了一系列创新策略，比如他们与杭州风景区携手合作，利用良好的营商环境，将品牌与旅游资源巧妙融合，为游客提供卓越的产品与服务。同时，他们确立了"无界"的品牌核心理念，致力于满足各个年龄层消费者的需求，产品定位为日常生活中穿着的运动服装，注重性价比，力求为消费者带来超凡的产品体验。此外，揽胜天下还签约赞助了 5 支国家队，不仅提升了品牌的知名度和影响力，更彰显了其追求卓越、不断进取的企业精神。

潘春晨深信，优质的产品是品牌成功的基石，也是赢得消费者信任的关键。所以他对产品质量的要求是严苛的，他一直坚持选用最优质、最环保的材料制作衣物，力求在品质上与国际顶尖品牌一较高下。

谈到成功的经验时，潘春晨强调了积累与领悟的重要性。他认为年轻人首先要注重积累，不断汲取新知识、新技能，拓宽视野。同时，领悟也是成功的关键，要深入理解并应用所学知识和技能，将理论与实践相结合，将其转化为自身的能力。在这个过程中，要保持积极心态，勇于面对挑战，不断追求进步。此外，他还强调了努力和坚持的重要性，认为只有敢于付出努力、坚持不懈的人，才能在激烈的竞争中脱颖而出。年轻人应该不断提升专业技能，积极投身于工作中的挑战和项目。同时，纠错和反省也是年轻人成长过程中不可或缺的一环。通过反思和总结过往经验，年轻人可以认识到自身的过失和不足，保持积极的心态和正确的态度，克服困难，应对更多挑战。这也是积累经验、提升能力和素养的重要途径。

潘春晨还一直关注并积极参与公益事业。他认为，企业家应该承担起社会责任，为社会作出积极贡献。这种精神不仅体现了他的个人品德，也为杭州揽胜品牌赋予了更深的文化底蕴和社会价值。

汪建钢：梦想在野外地质勘测一线闪亮

【人物名片】

  汪建钢，1996 届地质区域调查与找矿专业校友，毕业后分配至浙江省第五地质大队（1997 年并入浙江省水文地质工程地质大队）。2023 年单位改制，就职于浙江省水文地质工程地质大队绿色矿业研究中心，从事找地下水工作。

采访时间：2023 年 7 月 3 日

采访地点：绍兴市嵊州新昌

作 者：项薏冰

指导老师：吴杨铠 刘 俊 叶怡铭

在那个充满理想与憧憬的年纪，汪建钢偶然被一篇《向沙漠进军》的文章所吸引。文中所描述的沙漠与地质队员的生活，犹如电影般在他的脑海中一遍又一遍上演，并促使他作出了人生最关键的选择：将自己的青春献给这一崇高的事业。

其实，在初中时，汪建钢便对地质勘测产生了浓厚的兴趣，对那个背着背包、手拿榔头在祖国大地四处勘测的身影产生了向往。初中班主任发现他的兴趣后，也及时给予了鼓励。在老师的建议下，他报考了浙江地质学校，并如愿以偿地进入了地质区域调查与找矿专业学习，系统地学习了地质学知识，对地质勘测有了更深入的了解，并更加坚定了自己的选择。后攻读浙江勘察工程学校（2001年并入浙江树人学院）地质机械维修与管理专业。

1996年，汪建钢毕业后被分配至浙江省第五地质大队。作为基层的地质勘测人员，他经常面临恶劣的自然环境和工作条件。在野外，他需要与队友们一起完成地形测绘、岩石采样、地下水探测等任务。这些工作不仅需要丰富的专业知识，还需要良好的团队协作和应对突发状况的能力。

有一次，汪建钢和队友们在山区进行地质勘测时遭遇突如其来的暴雨，

汪建钢（左）在接受采访

情系树人

汪建钢（中）与暑期社会实践队成员合影

他们不得不躲在简陋的帐篷里，忍受着狂风暴雨的侵袭。雨后，山路湿滑，能见度很低，但他们凭借着顽强的毅力和丰富的经验，克服了重重困难，最终完成了任务。

在多年的野外工作中，汪建钢积累了丰富的实战经验，熟练掌握了各种勘测技能和方法，能够准确判断地质条件、预测矿产资源。他曾带领团队在某山区发现了储量丰富的矿藏，为当地的经济发展提供了有力支持。

回忆起在母校读书的时光，汪建钢有说不完的话。当年实行大班上课，由此将两个班级紧密联系起来，同学感情日渐深厚。因为工作需要，汪建钢经常在宁波、温州、杭州、上海等地来回奔波，并与所在工作地的老同学保持联系。久而久之，他便自觉承担起了组织老同学 10 年、20 年、30 年等大小型班级聚会的责任。2023 年 3 月 25 日，他又一次成功组织了 9212 班相识 30 年同学会，两个班的同学师生情谊历久弥新。

"舟山东路""沈半路""151 路电车"……一个个熟悉的称呼，汪建钢脱口而出，因为这是承载他们求学时光的"独家记忆"。

汪建钢：梦想在野外地质勘测一线闪亮

王晨珲：怀赤子之心，驰岁月瀚海

【人物名片】

王晨珲，1997届建筑学专业校友。现为中瀚设计集团有限公司院长、上海骏地建筑设计事务所股份有限公司杭州公司总经理、阿拉善SEE生态协会江南项目中心副主席兼秘书长、杭州市乐清商会副会长、全国绿色建筑委员会会员。曾设计绍兴柯桥中纺织CBD时尚秀场、湖州凤栖大厦、温州瓯江实验室等，荣获2005年建筑产业增值创意奖、2010年中国创新设计先锋人物奖、第12届佛罗伦萨当代艺术双年展"文艺复兴奖"等荣誉。

采访时间：2023年7月

采访地点：中瀚设计集团有限公司

作　　者：郑子翰

指导老师：洪银芳　陈　怡　金晓琳

追忆青葱少年时

王晨珲说，他入学那一年，正值树人学院建筑学专业起步之际，学院汇聚了一批卓越的师资，其中大部分来自浙江大学。建筑设计、结构力学、近现代建筑史等课程的学习，为他未来的职业生涯打下了良好的理论基础。

然而，王晨珲也深知，真正的专业知识更多地来源于实践。因此，在大学期间，他便积极参与社会实践和设计院的生产实习，逐步积累了丰富的施工图设计经验。值得一提的是，在那个时代，建筑学正经历着从传统手工绘图向电脑绘图的转变，这对于他们这一代建筑学子来说，无疑是一次全新的挑战。

除了学业和实践，王晨珲还热衷于参加学生会的工作和学生社团活动。他曾担任树人学院学生会文艺部部长，负责了多场晚会的策划与执行工作。他矫健的身影还经常奔跑在足球场上，曾获得 1500 米跑的冠军。这些经历不仅锻炼了他的组织协调能力，更磨炼了他的意志品质。

勇闯峥嵘创业路

中瀚设计集团有限公司于 2005 年成立，现已在建筑设计、风景园林设计、规划设计领域积累了 18 年的丰富经验。2020 年，王晨珲携手国际知名建筑设计事务所——上海骏地建筑设计事务所股份有限公司，共同在杭州创立了新公司。两家公司各具特色，中瀚设计在政府投资项目方面占有显著优势，而骏地设计则更侧重于服务商业投资开发类企业。尽管他们的专业领域有所不同，但共同的目标是将每一个项目推向极致，打造卓越的产品。

1997 年，王晨珲大学毕业后，先回了老家温州，进入当地设计院工作。

王晨珲（中）向采访者介绍企业发展情况

这份工作被家人视为稳定的"铁饭碗"，但他渴望在设计领域寻求更多的突破与创新，于是毅然前往深圳，追求自己的梦想。2002年，一个偶然的机遇让他重返杭州，开始了创业之旅。

一转眼26年过去了，回首过往，王晨珲感慨道，创业初期，经常通宵达旦地工作，有一次半夜从杭州出发赶往苏州送图纸，在高速公路上遭遇了滂沱大雨，车辆爆胎，但他还是想方设法完成了任务。

王晨珲的第一个项目是东阳市南马镇的城镇总体规划设计。他笑称自己当时初生牛犊不怕虎，凭借着对建筑学的热爱和专业知识，成功地完成了这个项目，这也为他后来在浙江大学城市规划专业的深造创造了条件。

对于创业道路的选择，王晨珲分享了三点经验。首先是选择专业的目的性。他认为，一个好的职业规划需要基于对自己专业的热爱和自身能力特长的匹配。他鼓励学弟学妹们在选择专业和做职业生涯规划时要多思考和早规划。其次是坚持的重要性。在20多年的创业历程中，他说自己是凭借着韧性

情系树人

和抗击打能力走过来的。他希望当今的年轻人要学会坚持，勇于面对挫折。最后是创新能力的主动性。他认为，在竞争激烈的市场环境中，只有具备创新能力的企业才能突出重围，脱颖而出。

展望未来感悟多

在王晨珲看来，建筑学不仅是一门技艺，也是一场心灵的历练，因为建筑师必须在市场竞争的风浪中，从经济、市场、营销等多个维度锤炼自身，以适应不断变化的建筑设计舞台。王晨珲认为，要想站在行业的巅峰，必须紧紧把握时代的脉搏，拥有坚实的经济基础，并始终如一地勤勉踏实工作。现在建筑行业正逐步向全产业链发展，远超出了传统的"做设计"的局限。以中瀚设计为例，作为杭州市首批 EPC（工程总承包）试点企业之一，他们在 EPC 项目中取得了显著的成果和宝贵的经验。同时，中瀚设计与骏地设计的联手，在康养和文旅产业中开辟了一条新路。

面对 AI 时代的浪潮，建筑师们必须与时俱进。王晨珲的公司已经在 AI 领域探索了半年有余，不仅将 AI 应用于初步概念方案，更将其贯穿整个方案设计周期，甚至能精细控制建筑的每一个细节。"时代在飞速发展，我们必须紧跟时代的步伐，同时在思维上保持独立和创新。"但他也提醒，AI 只是工具，真正的灵魂仍是人的思想。

谈及自己从业以来的感悟，王晨珲提到了两点。一个优秀的项目想要呈现最佳的结果，需要多方的通力配合。以其公司设计的绍兴柯桥的中纺 CBD 接待中心与时尚秀场为例，该作品曾荣获第 12 届佛罗伦萨当代艺术双年展的"文艺复兴奖"。但由于业主疏忽，清水混凝土建筑表皮因多种因素未能达到预期效果，建筑效果因此大打折扣，略有遗憾。与此同时，想对自身原先的未知领域进行探索，则需抓住机会进行突破。他在超高层建筑设计领域的成就也令人瞩目，从三年前的零涉足到近三年的四个项目中标，展现了他的敏锐洞察力和果敢。

王晨珲在公益慈善领域也同样深耕不辍。他参与了众多公益事业，是阿拉善 SEE 生态协会的资深成员，并担任 SEE 江南项目中心的副主席兼秘书长。这是一个以企业家为主体、以保护生态为目标的社会团体。同时，他还是浙江省乐清中学杭州校友会的秘书长。他坚信，"人生不仅在于获取，更在于付出"，而付出往往不求回报，真正的回报在于内心的满足和成长。

倪惠江：研发是企业发展的最大引擎

【人物名片】

倪惠江，1997届无线电专业校友。杭州研特科技有限公司执行董事兼总经理。

采访时间：2023年7月17日

采访地点：杭州研特科技有限公司

作　　者：朱　超

指导老师：刘力赫　薛　瑾

回忆刚到学校读书时的情景，倪惠江有些兴奋。他说，那时的学校条件虽然艰苦，但学习氛围很好。平日晚自习时，他们常常在老师的带领下一起做各种小型实验，大家分工合作，热情参与，积极探索知识的海洋。老师们认真的教学态度和强烈的责任心，让他们记忆犹新。那些教授们不仅是知识的传授者，更是他们成长路上做人做事的榜样和引路人，教授们的言传身教，让大家终身受益。他对实践与科研的热爱和勇于创新的精神，也都是在学校里开始生根发芽的。

2008年成立的杭州研特科技有限公司，专注于智能仪器仪表及自动化控制设备的研发与销售，并从一开始便确立了让企业成为高新技术行业领军企业的愿景。如今，公司的产品已涵盖包装、造纸、印刷、纺织、机电等多个领域，产品畅销国内及东南亚地区，一些产品甚至达到了国际先进水平，企业已然成为在国内外颇具影响力的专业检测仪器仪表制造商。

然而，刚进入研究所从事维修工作的倪惠江非常清楚，只有中专文凭的他，要想跻身研发团队，还有很长很长的路要走。但是，他并没有退缩，而是知难而进。他一边利用业余时间参加自学考试，不断提升自己的知识和文化水平；一边深入了解产品，用心琢磨产品结构和性能，研究产品升级和改进的技术和方法，并逐步"摸索"出了门道。最终，他的努力获得了老板的认可，从而赢得了加入研发部门的机会，进而一步步接近他追求的目标。五年后，他成了研发主管。

倪惠江认为，公司的成功离不开所有员工的共同努力。技术创新，追求卓越，是他们坚持的目标。公司也非常重视员工的培训和成长，并强调员工之间的互助和团结。此外，他们积极与国内外的科研机构和高校合作，加强技术交流，不断推动产品的创新和升级。

值得一提的是，倪惠江很看重建立一家具有家庭氛围的公司。在他的公

倪惠江（右一）在接受采访

司，有不少员工从创业初期开始便一直在这里工作，有 10 年以上司龄的不在少数。他说，公司就是员工的大家庭，要努力为员工提供稳定的收入，保障小家庭的和谐稳定；同时要引导员工认真履行好作为小家庭"一家之长"的责任，努力提升小家庭的幸福指数，因为幸福的小家庭可以让员工精神倍增、更有干劲，让工作事半功倍。

对于公司目前所取得的成就，倪惠江并没有沾沾自喜，他深知公司的产品在国际市场上还没有足够强大的竞争力，还有很大的发展空间。

对于杭州研特科技有限公司的未来，倪惠江充满信心。首先，他们将持续加大技术创新和研发的投入，不断提升产品的科技含量和竞争力。其次，他们将加强与国内外客户的合作，拓展国际市场，争取更广阔的发展空间。同时，他们也将关注环保和可持续发展，推动企业的绿色转型，履行企业的社会责任。在未来的发展中，他们希望成为更多行业领域的合作伙伴，为社会进步和技术创新贡献更大的力量。

倪惠江说，兴趣和工作的结合，能够释放巨大的能量。对同学们而言，实践和科研经历非常宝贵，是真正掌握知识和技能的关键所在。他上学期间，学校就为他们提供了良好的实验场地。他建议大家在校期间就要积极参与科研项目，在解决问题时要亲自动手，以更好地理解理论知识并提高实际操作技能。科研项目通常需要进行实验和数据收集，这个过程可以为同学们提供很好的锻炼实践技能、深化理论知识的机会。此外，参加科研活动还可促进学术交流，增加团队合作的意识和协作能力。

对于母校的培养，倪惠江表达了深深的感激之情。他说，如果没有当年打下的基础，就不可能有今天的成就，特别是学校当年提供的很好的科研和实践机会。同时，他也希望母校能够越办越好，培养出更多富有开拓创新精神的学生，成为社会进步的推动者。

情系树人

何伟俊：人民警察为人民

【人物名片】

何伟俊，1997届国际金融专业校友。现任武义县公安局熟溪派出所所长、武义县应急管理局党委委员。自2004年3月参加公安工作以来，何伟俊本着对公安事业高度负责的精神，以人民满意为目标，恪尽职守，想群众之所想，急群众之所急，帮群众之所需，以实际行动践行"人民警察为人民"的庄严承诺。工作以来，荣立三等功一次，被武义县局嘉奖多次，获武义县先进个人、优秀公务员，金华市最美公务员，浙江省优秀人民警察等荣誉称号。

采访时间：2023年7月26日

采访地点：武义熟溪派出所

作　　者：胡成骁

指导老师：陆爱香　胡诗涵　李雨泽

不是亲人胜似亲人，十几年如一日接力帮扶困难家庭

"伟俊就像我的亲儿子一样。我有福气，有这么好的一个儿子。"这是一位独居老人陈宝赵对武义县公安局熟溪派出所所长何伟俊的赞誉。

他们的关系始于 2006 年，当时武义县新宅镇麻铺村发生了一起纠纷。吴某和陈宝赵之间存在误会，吴某多次找上门来纠缠不休，陈宝赵只好报了警。当时的何伟俊是武义县公安局新宅派出所的内勤民警，他在了解事情的来龙去脉后，前往双方家中，以情动之，以理晓之，最终让双方握手言和。

纠纷解决后，何伟俊仍牵挂着陈宝赵。因为她和丈夫都已年迈，儿子已因病去世，儿媳抛下年仅 7 岁的小孙女小颖离家出走。对于这个困难的家庭，何伟俊心里萌生了一个想法：一定要帮助他们！

此后，何伟俊经常从微薄的工资中拿出一部分给陈宝赵送过去，帮助他们度过生活困境。每逢节假日，何伟俊还会提着礼物去看望他们。平时经常打电话关心两位老人的身体状况，并鼓励小颖好好读书。他还为他们拍了一张全家福。至今这个无私的帮扶行动已经持续了 16 年。其间，何伟俊虽然已经调离了新宅派出所，但他的善举从未停止，并且还带动周围的同事一起参与其中，从新宅派出所、壶山派出所，到现在的柳城派出所，帮扶行动一直延续。

"2007 年，何伟俊调离新宅派出所时与所领导汇报并交托了帮扶陈宝赵一家的事。至今，新宅派出所历任所长和同事继续着这项帮扶工作。"现任新宅派出所所长徐杨鑫说。在一次偶然的聊天中，何伟俊的妻子陈平平知道了陈宝赵一家的情况，"我非常支持他的这个做法，平日里他很忙，逢年过节或者到了周末，我就会提醒他并准备好慰问品，一起去看望朱大爷一家。"陈平平说，夫妻俩还时常会带着儿子去看望朱大爷和陈老太，儿子也把老人

情系树人

何伟俊（中）与社会实践团学生合影

当爷爷奶奶一样看待。

朱大爷、陈老太也时常惦记着何伟俊，时不时特意从山区带来自家种的农产品来。如果何伟俊不收，朱大爷还会不高兴。

2019年，85岁的朱大爷因病去世，所幸小颖已经长大成人，并考上了吉林师范大学。小颖去学校报到前，何伟俊和陈平平一起前来为小颖送行，并且给她包了一个红包，像家人一样嘱咐她在外要注意安全、好好学习。

现在家里又只剩下陈老太一个人了，何伟俊和陈平平前来探望的次数又多了起来。有时还会通过视频与远在吉林的小颖通话，让她安心读书，如果想考研就去考，不要有后顾之忧，奶奶他们会照顾好的。看着手机屏幕里的小颖，陈老太挥着手开心地笑了。

9 名上海"驴友"牛头山迷路，警民奋战 36 小时救人脱险

2009 年 12 月 28 日 6 时许，此时的牛头山早已是冰天雪地，柳城派出所突然接到 9 名上海"驴友"被困一夜的消息。何伟俊在向上级领导汇报后，立即和乡政府领导商讨营救方案。武义县政法委、县府办、公安、林业、旅游、卫生及西联乡等部门单位共同联动，紧急组织武警、消防、民警及当地村民组成搜救队上山搜救。因为牛头山地势险峻，加上当天下起了大雪，搜寻任务加重，许久都没能确定"驴友"所在的位置。

直至 28 日上午，指挥部传来搜到被困驴友的具体位置消息时，一夜没合眼的何伟俊再次加入到救援队伍中。被大雪覆盖后的牛头山崎岖难行，搜救队伍艰难挺进，28 日 18 时 30 分，被困在武义县牛头山 36 小时的 9 名上海"驴友"，经 300 多名公安、武警、村民等搜救人员的共同努力，终于安全下山。

尽职尽责，以保护民众安全和利益为天职

在采访中，我们真切感受到何伟俊对警察工作的热爱。他坦言，警察的责任重大、任务繁重，但是看着社会在他们的尽职尽责中变得越来越好，是一件非常值得骄傲的事。他坚信，通过自己的努力，可以为社会带来正能量，能够更好地保护民众的安全和利益。

何伟俊说，大学期间他应征入伍，为期两年的部队生活对他现在的工作帮助很大。在训练中，他学会了严格遵守纪律、严格执行命令，学会了克服困难、承受压力，也增强了团队意识和协作能力，身体素质也得到了锻炼，意志品格得到了提升，这些都是作为一名警察极为重要的素质。

情系树人

翟岗巍：让学习成为创业和成长的动力源

【人物名片】

翟岗巍，1998 届国际经济与贸易专业校友。2001 年，成立浙江海洲国际货运代理有限公司；2016 年，公司推进集团化改革，成立海盟控股集团。目前海盟控股集团系国家 AAA 级物流企业、全国货代物流百强企业、2023 年度杭州市总部企业。

采访时间：2023 年 7 月 12 日

采访地点：海盟控股集团

作　　者：赵丁葳

指导老师：陆爱香　胡诗涵　李雨泽

"他不是在学习，就是在学习的路上"，这句话是创业伙伴、朋友们给予翟岗巍的评价。他在价值创造与追求上，始终坚持"社会价值、客户价值、企业价值和员工价值"四合为一；在业务运营上，坚持以工匠精神为信条，力求做到每一个环节都高标准严要求；在创新驱动上，以数智创新为动力，推动企业不断迭代升级。

锲而不舍　学而不厌

受家庭和父亲的影响，高中时期的翟岗巍便立志从事外贸行业。本着对家乡的热爱，他报考的大学就在杭州本地，选择了浙江树人大学国贸专业。之所以能取得如此成就，是因为翟岗巍的目标一直很明确，即使在大学时期也是如此。

性格外向的翟岗巍在大学里担任班级学习委员，一直努力学习，他有着很好的文笔，那时还参加了学校文学社。香港回归那年，他写的诗歌《回家》拿了"回归杯"征文赛一等奖。翟岗巍在大学期间积极参加社团活动，丰富了课余生活，拓宽了社交圈，增强了适应社会的能力，也锻炼了他的组织协调、人际交往、团队合作的能力。

稳扎稳打　蓄势待发

翟岗巍的父亲在萧山的一家进出口公司工作，是分公司的经理。1998 年从学校毕业时翟岗巍才 22 岁，为了实现自己出去闯一闯的想法，他没有选择父亲所在的公司，而是进了萧山国际货运有限公司。

刚进公司的翟岗巍，对于公司分配的各项工作都悉心承接，努力执行。

情系树人

他发现在工作上需要重新学习的东西很多，所以一边工作一边继续学习。在公司待了2个月之后，他便得到了一份比较固定的工作。"我们那时叫作'跑单'，相当于现在的快递，骑着自行车出去收发文件。"即使在炎炎夏日38摄氏度的高温下，他"跑单"跑到满头大汗，也从不喊苦喊累。

在萧山国际货运有限公司工作了半年，虽然是重复在做一件事情，但是他觉得这"跑单"的工作还真是挺锻炼人的。正是凭借着学而不厌、坚持不懈的精神，翟岗巍出色地完成了一单又一单的任务，他还开玩笑说："我跑了半年，一开始看见别人都会脸红，后来是别人看见我脸红。"做事有条理的他在工作10个月时给自己定下了一个3年计划，从1999年开始，3年目标分别是"赶上""超越""成绩"。

翟岗巍还坚持每周写周记、写工作心得，那是他所追求的一种过程。3年里翟岗巍一直围绕着这个计划展开。"一分付出，一分回报。工作也好，做事也好，有时候就是要耐得住寂寞。"来到公司的第三年，翟岗巍以每月近3万元的销售利润成为公司最佳业务员。

翟岗巍（左中）在接受采访

人心聚舞　四流合一

2001 年，翟岗巍与 4 位合伙人以 100 万资金起步，共同创业，成立浙江海洲国际货运代理有限公司。时值中国加入世贸组织以及国际物流业的蓬勃发展，公司无论是经营业绩还是员工数量，都呈快速上升趋势。"这 100 万是种子，需要用心去培育。"翟岗巍回忆说。

翟岗巍在组织管理上具有超前意识，早在 2005 年，他就提出了"财聚人散、财散人聚"的管理理念，开始考虑如何更好地实现员工价值与企业价值的统一。翟岗巍提出了员工持股计划，经过与合伙人团队多次磋商，这一计划终于得以实施。"我始终认为，每个员工都有个'老板梦'。让他们成为股东，真正融入公司的经营和发展中来。"2013 年，包括创始人在内，公司持股人员共有 61 人，占公司近 1/3 的员工比例。这些持股员工多是公司的核心团队成员，很多都是关键管理岗位上的"一把手"。

这一举措不仅充分调动了员工的创业热情，还使更多员工实现了从打工者到创业者的华丽转身，也快速推动了公司创业孵化机制落地，构建了以物流、商流、信息流、资金流"四流"合一为载体，以全球采购和供应链整合服务为核心的综合型服务运营商，服务网络遍布全球 100 多个国家和地区。海盟也从原有的一家公司成功孵化出包括 4 家由体内拆分出的子公司和 3 家体外员工创新创业项目在内的 7 家公司。

高质增长　匠心驭变

疫情三年，对国际物流行业而言，是跌宕起伏的三年。无论国际物流航运形势怎么变，翟岗巍始终紧握着企业发展的舵轮，坚信高质量增长是推动

情系树人

海盟长期发展的必然选择，也是建成现代服务业强企的必然要求，更是海盟提升经济社会效益的必经之路。

为此，翟岗巍提出"创造客户价值，打造价值客户"的经营理念。"通过设计端到端全链路物流方案，可增强客户贸易主动权，降低物流成本"，翟岗巍解释道。通过专业极致的服务，既为客户降低成本，也为客户创造价值，从而推动海盟的高质量增长。

2021年，跨境电商行业迎来机遇，中国成为供应链的关键环节。翟岗巍又提出了全链路理念，将物流、商流、信息流、资金流贯通起来。"我们要把所有环节都考虑进去，让客户的每一次交易都能感觉到轻松和方便。"这一策略使得海盟在国际贸易下滑的情势下保持有效增长，并应对了疫情带来的挑战。依托浙江自贸试验区的政策优势，海盟进行了一系列布局，建立了标准化作业流程并实施机器换人策略，利用数字化连接客户，实现国际物流的可视化场景提醒和查询服务。翟岗巍带领的海盟控股集团不断调整生产关系，推动体制机制变革，以企业改革创新为中国经济发展注入原动力。

责任担当　持续驱动

作为萧山区人大代表，翟岗巍主动做服务群众的"代言人"，秉持"社会好，企业才能好"的理念，履行公益责任以及与大专院校开展合作。他持续关注跨境电商和自贸建设，连续两年在萧山区"两会"上提出了相关建议，为社会带来了许多价值和影响力。

此外，海盟还与杭州多所大专院校进行校企合作，让优秀员工为学生讲授实践课程，并提供教材。海盟作为国家级的"双师"教育实践基地，吸纳来自全国各地的国际物流和国际商务等专业的大专院校教师到公司顶岗实践，在理论知识与实践的充分结合下，助力院校教师更好地教学创新。

　　创业是一个艰难而漫长的过程，"我创业已经进入第 23 个年头了，我仍认为我还一直在创业的路上，不是三五年就可以停下来的，它需要一直坚持与不断学习。"翟岗巍说，年轻是大学学子最大的优势，要用好这个优势，第一要自信，自信并不是狂妄自大、目中无人，而是相信自己，聚焦问题，知难而进；第二要学会坚持，不啻微茫，造炬成阳。做长期主义，避免没有系统性、完全碎片化地获取知识。职业规划不能只规划几个月或者一年，而需要更长的时间，要让自己拥有"三年磨一剑"或者"五年磨一剑"的精神。他也用自己成功的创业史告诉我们：立身百行，以学为基。人生贵在坚持学习，并将学习贯穿于一生，让学习成为创业源源不断的动力源。

刘炎良："全国工人先锋号"的领军者

【人物名片】

刘炎良，1999届矿山掘进与工程管理专业校友。现任核工业金华建设集团有限公司党委委员、副总经理，高级工程师，浙江省自然资源厅地质灾害防治专家。扎根浙江省中西部，长期从事地质灾害防治工作，带领团队每年梅汛、台汛应急出动300多人次，地质灾害防治培训1000多人次，带领团队先后荣获"全国工人先锋号"、全省地质灾害隐患综合治理"除险安居"三年行动成绩突出贡献等荣誉。

采访时间：2023年7月8日

采访地点：核工业金华建设集团有限公司

作　　者：王　涛　陈梦婷

指导老师：赵　阳　徐　萍

十年磨一剑

毕业后，刘炎良便投身于嘉兴、衢州等地的外业地质勘探工作。他怀揣一腔热情，以专业人员应有的严谨和专注，一步步从基层做起，逐步积累了丰富的工作经验。

2002 年，刘炎良转向地质灾害防治方向，跟随经验丰富的师傅，认真学习掌握了大量珍贵的实践知识和专业技能，并将所学知识应用到实际工作中，不断探索和创新，取得了显著成果。历经 11 年的磨炼，刘炎良凭借出色的工作表现和扎实的专业技能，成功晋升为副科级干部。

2013 年，刘炎良被组织派往衢州地方行政单位挂职锻炼学习。同时，他从省委党校在职研究生毕业，进一步提升了自己的专业素养。"要做一辈子的学习者和实践者"，被问及对职业未来有什么计划时，刘炎良认真地说。

地质灾害防治行业的发展更加注重科技创新，因此光靠在学校学习是远远不够的，需要不断提升自我专业素养和技能。为适应行业发展的需求，他计划在未来的工作中继续深入学习和研究，不断提高专业能力和技术水平，为中国地质灾害防治事业作出更大的贡献。为此，他在生活中始终保持着阅读的良好习惯，每日关注行业相关新闻，紧跟着行业的发展脚步。

用敬业和专业护卫生命

"从事地质灾害防治工作"，被问及最能实现自我价值的工作时，刘炎良脱口而出。他说，这是党和人民赋予的责任与使命，即使他所从事的工作面临太多不确定性和风险。在抢险工作中，他们常常会面对各种复杂的地形和气候条件，同时还要面对许多未知的地质结构和地下资源情况，这都需要工

情系树人

作人员具备极大的耐力和毅力去承受压力，需要不断探索解决方案，不断学习和掌握新的技术。

让刘炎良印象尤为深刻的抢险有两次。第一次是2014年汛期，他带领的队伍以最快速度赶往位于江山市最西侧的坛石镇。由于连续多日暴雨，大部分道路已被雨水淹没，交通受阻。团队不得不来回绕道，遇山铺路、遇水搭桥，终于在下午1时左右抵达。他们首先前往坛石镇上溪村坳里滑坡点进行调查，而后立刻赶到坛石镇鳌头村里泽垄泥石流点，在保证人员安全的条件下，以最快的速度进行作业，为后续救援队的工作打好技术基础。在泥泞的山坡上，他们坚守了好几个小时，查明地质灾害引发的原因，并分析其发展趋势，现场制定了地质灾害应急预案并及时发布，最大限度地将地质灾害可能导致的损失降到最低。

第二次是2016年"9·28"浙江丽水遂昌苏村山体滑坡。连续强降雨过后，苏村发生了特大型山体滑坡地质灾害。由于当地多山地且地势复杂，同时又恰逢两个台风相继而至，强降雨区重叠，现场塌方区域形成堰塞湖，救

刘炎良（左三）等在接受采访

援难度陡然大增。时间紧、任务重、灾情严重，苏村告急！回忆当时的情形，他仍记忆犹新：废墟中的苏村灯火通明，一辆接一辆的各种救援车、通信车、医疗车、物资保障车，从四面八方向苏村汇集，各种救援团队都在奔向苏村。而滑坡上方仍有 8 万余立方米不稳定岩体，崩塌滚石时有发生，在持续强降雨影响下有二次滑坡的可能。这些不仅对搜救人员构成威胁，也给搜救定位带来较大难度，因为搜救必须在严密监测确保安全的前提下展开。

"科学施救方案如何调整，堰塞湖如何消除，怎样应对即将到来的暴雨？一个个难题不断出现，得不断寻求解决方法，肩负责任就要守好这份信任。"刘炎良的字字句句有力地落在每个人心里。在省政府应急救援指挥部的统一指挥下，浙江省各区域的地质队员们面临着滑坡面石块滚落的安全风险和心理压力，背起沉重的仪器设备，在条件极其恶劣的情况下，布设20多个监测点，架起全站仪测量机器人，采用雷达、三维激光扫描、无人机等专业监测手段，精确监测到了山体局部位移，及时发出预警8次，其中2次中止现场施工作业，确保了所有救援人员的人身安全。

一份份科学的施救方案，凝聚着地质专家的专业水准，600 多份实时报告、30 多份综合监测报告、覆盖整个灾区的高分辨率影像挂图及即时影像与视频数据，为现场军地联合指挥部制定阶段性科学救援方案提供了准确科学的依据。

"母校是我们共同的骄傲和荣耀"

谈及母校，刘炎良长年在野外风吹日晒而变得黝黑的脸上展露出笑颜，眼里透露出一抹柔情。他说，老师用心教书育人使他不仅学到了知识，更重要的是学会了脚踏实地地做人做事。同学之间相处也亲切友爱，他一边说着一边看向坐在身旁一同工作的同学。"大家积极向上、努力学习、追求进步，这些难忘的校园经历，对我的职业生涯和人生都有很大的影响和帮助。"

刘炎良希望母校传承优秀传统与理念，注重实践与创新精神培养。他期望学弟学妹们不断学习和提升，勇敢面对挑战，把握机遇，为人生添彩。他珍视母校时光，希望每个人都能追逐并实现梦想，成为对社会和祖国有用的优秀人才。

张显科：青衿怀志，扬帆启航

【人物名片】

张显科，1999 届矿山掘进与工程管理专业校友。现任浙江启航园林工程有限公司董事长，民建会员，高级工程师，一级建造师，一级造价师，丽水市高层次人才，浙江省综合性评标专家，浙江省自然资源厅地矿专家，2010 年创办浙江启航园林工程有限公司并任董事长。2020 年获浙江省人民政府颁发的"地质灾害领域成绩突出个人"的荣誉。浙江启航园林工程有限公司获地质灾害治理工程施工甲级、市政公用工程总承包贰级、建筑工程总承包贰级等资质，是浙江省 AAA 级"守合同重信用"企业、浙江省地矿信用 A 级（优秀）单位。

采访时间：2023 年 7 月 6 日

采访地点：浙江启航园林工程有限公司丽水办公室

作　　者：王　涛　陈梦婷

指导老师：赵　阳　徐　萍

"提前"到位：奋勇争先立根基

谈及学生时代印象深刻的事，张显科首先想到的就是两次"提前"。第一次就是"提前到学校报到"，说到此事，张显科和赵阳老师不约而同地笑了，爽朗的笑声把他们带回到那段青葱岁月。那时张显科怀着激动的心情来学校报到，足足提前了一个星期。当时还是假期，老师还没到校，他已经来报到了，所幸时任班主任的赵阳老师及时伸出援手为他安排了寝室。

第二次是"毕业实习提前"。当时张显科被分配到浙江省第七地质大队，这次他足足提前了一个月到单位报到。当其他同学来实习报到时，他已能做其他同学的指导老师了。

这两次看似不经意的"提前"，显现了他勇于人先的性格，也为他之后一次次的"提前"创业埋下了伏笔。

说起在母校的生活，张显科脸上扬起了灿烂的笑容，让人仿佛又看到了那个意气风发的少年。他说，他们班27名同学和赵阳老师的情谊非常深，因为他们是赵老师带的第一个"和尚"班。当时他们是属于这个学校最调皮的一个班级，全班都是男生，但空前团结。犹记得学校运动会，全班还集资定制了奥运会中国代表团的紫红色西装和白色西裤，一出场便惊艳了全校师生。每年同学会，二十几个人基本都能到齐，现在大家联系也很频繁，虽然时间不知不觉地在各自眼角刻下了皱纹，但同学之间黄金般的情谊仍在时光中熠熠生辉。

创建公司：劈波斩浪扬风帆

工作10年之后，已拥有丰富实践经验的张显科，决心闯出属于自己的一片天地，2010 年 4 月，浙江启航园林工程有限公司宣告成立。

谈及创业经历，张显科反复强调要将理论与实践结合起来。他说，在母校矿山掘进与工程管理专业的学习经历，为他打下了坚实的理论基础，没有这些理论基础，很难在创办地质灾害攻坚行业时取得成就；母校的学习经历也为他进入地质队提供了宝贵的机会，让他得以在实践中不断提升自己的技能和知识；而在地质队工作的实践经历，又为他在创业时适应各种挑战带来帮助。他们通过招投标承接政府项目来做好企业口碑，树立品牌形象，同时通过高质量的工程服务来吸引其他客户。随着时间的推移，他们逐渐扩大了公司规模，并于 2019 年 6 月成功晋升为甲级资质企业。

如今，浙江启航园林工程有限公司已成为丽水地区数一数二的优秀地质灾害防治企业，也是行业标兵。公司扬帆起航，并在浙西南灾害防治领域崭露头角。

张显科（后排中）与暑期社会实践校友走访团成员合影

情系树人

童建华：创业路上的追求与坚持

【人物名片】

童建华，2000届计算机及应用专业校友，现就职于杭州村游网络科技有限公司。中国电子商会跨境工作委员会秘书长，杭州村游网络科技有限公司联合创始人，阿里巴巴金牌讲师，清华大学长三角研究院讲师，BAT天使投资学院副院长。

采访时间：2023年7月6日

采访地点：杭州村游网络科技有限公司

作　　者：陈奕涵

指导老师：衡秋歌　李明珠　王雷雷

蓦然回首：忆校园创业往事

童建华在求学时期，已展露出非凡的创业才能。他敏锐地捕捉到校园报刊的潜力，积极与舟山东路两侧的商家洽谈合作，凭借出色的沟通和谈判技巧，成功地将店面广告的登报费用降低到每月仅 100 元，从而确保学校里的师生都能看到这些广告。尽管广告面积不大，但其影响力不容小视。

当树人学院迎来三十五周年校庆之际，童建华和他的团队主动"叩响徐绪卿校长办公室的门"，自信地向徐校长提出他们可以承担校刊的编辑工作。在接下来的日子里，童建华充分发挥自己的创意和热情，尽管他的 PS 技术尚显稚嫩，但在他们的不懈努力下，最终编制出了一份精美的校刊，赢得了徐校长的赞誉，还为他们带来了一笔丰厚的稿费。

这段经历充分展现了他的创新思维、团队协作能力和出色的执行力，为日后的创业之路奠定了坚实的基础。

矢志不渝：创业路上不停步

童建华的家境并不富裕，因此上大学伊始，他便萌发了创业的念头。创业之路充满辛劳与拼搏，无论是暑假在电脑城打工，还是为学校制作校报、创办杂志等，处处都展示了他对创业的执着追求。

2004 年，他毅然踏上了创业之路。由于他拥有计算机及应用专业背景，最初他选择为他人制作网站。当时的他年轻气盛，凭借手中的客户资源，与搜狐、新浪等大公司洽谈，开始拓展杭州市场。

2007 年，童建华专注于为外贸企业提供代理项目，并敏锐地捕捉到了外贸市场的潜力。2008 年，他的公司被南京的一家公司收购，并担任了一年总经理。2009年，他再次出发，创立了自己的外贸型企业，继续深耕外贸市场。2014年，进军当时炙手可热的产业园区领域，迎来了新的发展机遇。2017年，与家人携手投资乡村振兴领域。2022年，与阿里巴巴合作，共同开拓阿里巴巴本地生活市场，在他的创业历程中又画上了浓墨重彩的一笔。

公司初创时必然面临多重挑战，比如规模小、人员少且管理体系不成熟等。然而，团队成员们都表现出了令人钦佩的勤奋和坚韧精神。童建华回忆道，当时在与客户合作的过程中，经常遇到项目归属不明确等问题，他们唯有加倍勤奋和努力。有一次，童建华凌晨4点钟便在萧山等候，当客户开门时，他是第一个出现在客户面前的人，由此顺利地拿下了项目。

童建华的成功不仅在于他的商业才能和战略眼光，更在于他对团队的关爱和培养，对市场趋势的敏锐洞察以及对客户需求的深入理解。他深知创业之路充满艰辛和挑战，但他始终坚信，只要心中有梦想，脚下便有力量，就一定能够战胜一切困难。

在未来的新征程上，童建华将继续带领他的团队迎接新的挑战和机遇，不断开拓创新，追求卓越。

盛国祥：园林人的传承与坚守

【人物名片】

盛国祥，2001届风景园林专业校友，高级工程师，现任杭州中艺生态环境工程有限公司总经理，杭州市上城区政协委员、杭州南浔商会副会长。2009年担任西湖申遗八卦田环境整治、雷峰夕照景区提升等项目经理，获中国风景园林学会"优秀项目经理"称号；2013年获杭州江干区"建筑业优秀人才奖"；2015年9月—2016年3月，担任G20杭州峰会杭州国际博览中心屋顶花园项目总经理；2016年3月—5月，担任G20杭州峰会杭州钱江新城核心区整治提升项目经理并获"服务保障G20杭州峰会先进个人"；2020年5月，获杭州市高层次人才认定C类。

采访时间：2023年7月11日

采访地点：杭州中艺生态环境工程有限公司

作　　者：戴栩惠

指导老师：赵竑绯　韩丹萍

盛国祥对母校有着深厚的感情，他学的是园林建筑专业，专业涉及范围很广，包括园林建筑、园林植物、园林诗词、园林文学等。"我的演讲表达能力不错，当时我们的童老师就鼓励我上台演讲，虽然我设计的方案相对普通，但汇报方案特别打动老师，非常感谢当时老师对我的栽培。我还曾拜大我两届的学长为师，后来也常去他的工作室帮忙，为我之后步入职场打下了基础。"

　　回忆多年的工作经历，盛国祥说，他23岁毕业，先是到植物园工作。他在树人学院时就拜了师傅，也是学园林的，比他大两届，所以一毕业就在师傅那里工作了。师傅有个自己的工作室。有一天去植物园，看到一家叫中艺园林的公司在招聘，当时中艺园林在植物园里有几个办公室，他应聘成功，之后在那一待就是20年。

　　刚进入公司时他做了一年设计，因为当时做的设计没有融入自己的想法，更多的是按照甲方的要求进行设计，他感觉自己变成了"画图匠"，没什么提升。想到外面尝试一下，就去了工地。第一个项目在朝晖九区，他在工地一待就是三年，学到了很多东西，也积累了很多经验。

盛国祥（左三）与采访者交流

经过这三年实践，他的兴趣更广泛了，也有了灵感，后来就去做标书投标。

"投标是一个企业的重头戏，我做得很开心，就一直做招投标。"职位也一步步提升。2015 年，他遇到了一个比较好的机遇——跟临平的一家企业并购上市，他也成了上市公司的股东。曾经有人来"挖"他，他权衡之后没有走。后来公司团队凭 G20 杭州峰会杭州国际博览中心"空中花园"项目拿到了"鲁班奖"。他说："现在我是为了团队，为了团队里的每一个人，我不能走，我走了，团队就散了，所以现在更多的是一种责任感。"

"你们毕业了考证很重要，因为从事我们这个行业，证书是你的证明，是外界对你的认可，也是你很重要的财富。同学们如果想在这个专业发展，需要有个长期打算。一开始肯定是做基础工作，因为刚从学校出来，缺乏经验，所以切勿眼高手低。有人以为园林就是种树的，我们自己首先要改变这个观念，要明白园林其实是空间的营造，还有道路系统、排水系统、铺装和小品等。小品要体现当地的特色文化。做好园林，要多听多学，勤跑现场。勤奋 3 年，你可能对这个行业就精通了；勤奋 30 年，你绝对是个专家。"

"园林本身是个艺术，属于艺术范畴，我们不能从纯粹技术的角度去理解它，所以在实施中要有即兴的发挥。"盛国祥说，他们做项目的时候，除了按照图纸去做，也会因地制宜，否则那就只是个工程，而不是一个艺术品。

王伟安：爱拼才会赢

【人物名片】

王伟安，2001届计算机及应用专业校友，祁联优品（杭州）科技有限公司创始人。2015年，公司成为APPLE授权经销商；2016年，公司被拱墅区评为"先进转型企业"；2019—2020年，公司的苹果产品在"淘宝"平台销售量持续居前二；2021年，被APPLE公司评为优质授权经销商，产品在拼多多平台综合销售量持续居前五，平板和电脑销售量持续居前三。

采访时间：2023年7月9日

采访地点：祁联优品（杭州）科技有限公司

作　　者：张雨梦

指导老师：吴杨铠　刘　俊　叶怡铭

不断学习：兴趣是最好的老师

1998 年，王伟安来到学校就读计算机及应用专业。令他回味无穷的是，业余时与同学们一起打《帝国时代》游戏。他说："我以前不会玩这个游戏，毕业时我的游戏水平已经很高了，他们请了外校的同学来挑战，也被我打败了。我对计算机也越发感兴趣，这种不服输的一股子劲影响着我今后的工作和生活。"

2001 年，王伟安从学校毕业后，进入杭州易伟电子计算机有限公司，从事计算机技术服务。由于平常做事多，电脑装机速度快、效率高，深得老板的信任，便安排他到政府机关从事计算机维修、装机、售后、产品到货、仓储等工作。在学校所学的显卡测试、主板测试等知识，对他的日常计算机维修工作帮助极大。这段工作经历，也令他受益匪浅。

在做好日常工作的同时，王伟安还坚持读书学习。他说："不能因为毕业了而放弃读书。我经常看中国人民大学张磊的书，他的创业经历对我产生了很大影响。他刚创业时很艰苦，最初打车钱都没有，但他懂得抓住机遇，不断学习提升自己，最终成为高瓴资本集团创始人、董事长兼首席执行官。"

艰苦创业："是金子总会发光的"

谈及创业初衷，王伟安说："最初的创业目的主要是生活。我刚去打工的时候，实习工资只有 500 元，房租就需要 600 元，实习工资还不够交房租。我只能拼命地干，想通过自己的努力成为公司的正式员工。我家庭条件不是很好，正式员工 1000 多元工资也只能解决自己的温饱。"

在巨大的生活压力下，王伟安辞去了公司稳定的工作，走上了创业之路。刚开始从事计算机组装、批发，进而开始接触电子类产品。凭着过硬的技术

情系树人

王伟安（左）在接受采访

和能力，加上吃苦耐劳的精神，他一天可以完成几十台计算机的装配调试，但常常工作到凌晨甚至通宵。他说："我的优点就是不怕吃苦，我也始终相信是金子总会发光的。"随着数码产品的飞速发展和普及，王伟安抓住机遇、转型发展，经营的产品越来越多，例如 U 盘、摄像头、拍立得、移动硬盘、游戏机等相关数码产品。

结缘苹果：选择大于努力

有一次，一位客户在购买电子产品时对王伟安说，游戏机已经有点落伍了，现在消费者比较喜欢苹果产品。于是，王伟安开始尝试进入苹果产品销售行业，做苹果门店零售。"既然零售生意这么好，那批发生意会不会也很好？"王伟安又开始尝试做苹果产品批发。

一次偶然机会，王伟安接触到苹果公司，并有幸于 2015 年拿到了苹果产品的销售代理权。当时，苹果是电子行业的佼佼者，销量增长也很快。随着互联网的不断发展，王伟安预测到未来线上销售会逐步取代线下销售，于是又抢抓电商机遇，逐渐由线下实体转战线上，在京东、天猫等平台销售苹果平板、笔记本电脑等产品，凭借专业知识和团队的共同努力，公司业绩不断飙升。2019—2020年，公司的苹果产品销售量在淘宝冲进前二。

目前，王伟安正充分运用电商企业的灵活性，发挥资源优势，不断转变销售模式，拓展进出渠道，全力打造在拼多多的销售平台，总体呈现向优向好态势。

努力不一定成功，但放弃肯定失败。王伟安已离开母校20多年，从一位刚毕业时推着平板车辗转文三路、学院路上几个电脑城的配送员，成长为如今的苹果产品销售杭州区域的领跑者之一。当被问及成功的秘诀时，王伟安说："成功没有秘诀，但需要注意以下几点。第一，身体是革命的本钱，在学校里要把体能练好，这很关键；第二，要有钻研的精神，把专业知识学好；第三，创业道路不会一帆风顺，永远都是艰辛的，要养成诚实守信、吃苦耐劳的品格；第四，选择大于努力，要抢抓时代机遇；第五，要多尝试、多实践，早日找到最适合自己并且自己最感兴趣的方向，遇到困难永不言弃，方可抵达成功的彼岸！"

王伟安（左三）与暑期社会实践队成员合影

盛国梁：脚踏黄土而行，秉持匠心而立

【人物名片】

　　盛国梁，2001届园林建筑专业校友。现任杭州中邦生态环境有限公司党支部书记、副总经理，园林专业、市政专业高级工程师，市政一级建造师，杭州市园林文物管理局选聘园林工程专家。十余年来，公司不断拓展新的业务范围，完成杭州市"丰收湖公园""上塘河绿道提升改造工程"等十余个项目，他担任项目经理的"丰收湖公园"项目获得杭州市园林金奖、浙江省园林金奖、中国风景园林协会科学技术奖银奖、浙江省优质工程钱江杯奖。他荣获2020年度杭州市园林绿化工程"优秀项目负责人"、2021年度浙江省风景园林协会"优秀项目负责人"等。

采访时间：2023年7月6日

采访地点：杭州中邦生态环境有限公司

作　　者：毛晓杏

指导老师：赵竑绯　韩丹萍

古人云："纸上得来终觉浅，绝知此事要躬行。"盛国梁经常驻扎在工地上，严格把好项目质量关。我们去采访时，也是在施工现场找到他的。

第一次进入正在施工的园林项目工地，感觉很不一样，当一张平面图纸变为立体的现实空间，给人的感觉是震撼的。盛国梁一边走，一边介绍部分已经竣工的场地，"那片湖是人工挖掘的。山、水、植物都是园林很重要的部分。树木和花卉要考虑搭配，从高到低、从里到外，要讲究一个空间关系……"

盛国梁还介绍了园林养护的问题，"我经常跟公司里的人说，书本总结的养护经验，是根据很多人的实践经验总结出来的，是很有用的，有些人习惯凭自己的经验做事，不去参照书本的知识，有时候也会出问题。比如我们公园的植物，如果养护不到位，损失是很大的。"边走边看边解说，在项目一线积累了丰富经验的他，分享了很多我们在课堂上学不到的知识。

谈到就业和创业的问题，盛国梁说："如果能找到工作，哪怕不是很理想的工作，也应该先去做，而不要急着去创业，一来有些历练是必须的，二来因为创业需要有很多资源。当然，如果你拥有相当好的资源，那也可以考虑直接去创业。"他刚毕业时也曾面临这个选择，最后毅然选择了创业，创办设计公司，在园林设计上奋斗了十几年，耐心打磨心性并不断积累。如今在杭州中邦环境有限公司从事公司施工管理工作，从设计到做工程，"做设计和工程本质上是一样的"。

"脚踏黄土而行，秉持匠心而立"，一直是盛国梁坚守的理念。他说，最早在衢州做项目时，有一个业主的项目都是由他负责，曾给了他莫大的鼓励和帮助。而业主看中的就是他不怕辛苦、诚实守信的品性。那时大夏天，他通常只戴了一顶帽子就埋头在工地上，不停地测量、观察，业主就觉得他这个做设计的很靠谱。

"对于工作，必须脚踏实地。无论就业还是创业，能否成功，最关键的是

情系树人

盛国梁（右）在接受采访

人品。"他说，刚开始工作时，通常会做很多基础性的工作，包括创业时期，出去跑项目也是常有的事，一份图纸不断修改，是家常便饭，路必须一步一步走。

盛国梁还分享了许多自己领悟的实用知识。"我们做园林行业的，整个人身体的尺度都需要知道，比如你的臂长是多少？你的步长是多少？这样哪怕没有尺的时候，你也能大概测出尺寸。学园林的人一定要多学、多看、多实践。"他说，"刚开始工作时，人家可能更看重的是你的学历，但是工作一两年以后，人家看的就是你的工作经验、你的优势了。无论做工程还是做设计，其实一上手就知道你的深浅在哪里，像我们这种行业，没有实地考察和经验，很难有创新性的设计。""选择适合自己的，这一点也很重要。"他坚信，适合自己的道路才是最好的道路，才能走得更远。

汤潇潇：一路奋斗追"新"人

【人物名片】

汤潇潇，2001 届计算机及应用专业校友，后攻读浙江工业大学工商管理学专业硕士，副高职称。第十届浙江省青联委员，浙江省网络文化协会副秘书长。曾获中央网信办中国正能量2019年"五个一百"网络作品奖，多次获中国互联网辟谣优秀作品奖，浙江新闻奖一、二、三等奖，树人出版奖等。

采访时间：2023 年 7 月

采访地点：浙江日报报业集团

作　　者：陈彤彤

指导老师：吴杨铠　陈乐敏　叶怡铭　刘　俊

汤潇潇现任职于浙江日报潮新闻客户端，是潮闻天下公司管委会委员、副总经理。2003年开始从事新媒体的研发和运营工作，是《浙江手机报》的创办人，先后主持开发了中共浙江省委宣传部理论在线数字系统、宣传部"礼堂家"农村文化礼堂智慧服务应用、宣传部"最美浙江人"重大应用等重大数字融媒项目。

无心插柳，蓄力前行

1998年，汤潇潇考入原浙江省电子工业学校。大一时与同学在武林广场购物，不幸遭遇了"小贩团伙骗钱跑路"事件。等一行人反应过来，小贩已经四散而去。其他同学自认倒霉，汤潇潇却不肯放弃，她居然找到了其中的一个小贩，还当场向周围群众曝光了对方的骗钱行为，当场把被骗的钱要了回来！

汤潇潇（左五）与采访团成员合影

回到学校后，为了警醒在校同学，汤潇潇将自己的经历写成小故事"武林门奇遇"，发表在校刊上。当时的电子工业学校校长徐绪卿在一次大会上，特别将这个故事讲给在校师生听，表扬了汤潇潇"不服输、敢斗争"的劲儿。

"这个事情我印象是比较深的，对我后来形成'敢打敢拼、坚韧不拔'的工作作风起到了正向的激励和引导。"汤潇潇说，她在读大学之前，性格比较内向。大学期间，老师和同学通过学生会、学校社团等为她创造了很多学习机会和展示舞台，让她变得活泼开朗，各项能力也得到迅速提高。"老师对我的鼓励和教育是我在树人求学期间非常重要的收获。"她特别谈到了王盛老师："王老师那个时候刚刚毕业当老师，特别年轻，在学院里能和我们学生打成一片。他经常会带我们几个学生组织校外实践活动，也会让我主持节目，对我能力的塑造影响很大。"校园内外的磨砺，锻炼了她的冲劲与韧性，也为她后来与浙报结缘埋下了伏笔。

应聘浙报，水到渠成

2001 年，汤潇潇从树人毕业，应聘《浙江日报》。学习计算机及应用专业的她，如何才能在众多应聘者中脱颖而出？事实上，除了学习专业知识，她之前已做了很多准备工作，她主动找到《今日早报》，做了很多编外的采访工作，积累了大量跨专业的学习和实践经验。

万事俱备，东风自来。当时正是浙江在线新闻门户网站（前身为《浙江日报》信息技术处）组建的当口，新闻网站作为一个与计算机技术息息相关的新生事物，急需引进大量新型人才。汤潇潇就读的计算机专业恰恰成为她踏进浙报的契机，她跨专业学习和实习的经历，更让面试主考官们眼前一亮。扎实的专业知识加上跨专业的实习经验，让她借着报业革新的东风，成功在《浙

情系树人

江日报》任职。在之后的工作中，她继续保持自己的优势，巧妙地将技术思维能力运用到文化宣传领域，不断推动《浙江日报》数字化改革。

独辟蹊径，推陈出新

2005 年是汤潇潇参加工作的第五年。这一年，数字电视、IPTV、网站流媒体等崭新的关键词，炒热了国内传媒市场半边天。汤潇潇再次果断出手，主动抓住风口，牵头创办了《浙江手机报》。

2005 年 5 月 17 日，《浙江手机报》在世界电信日推出，成为全国第一家省级手机报纸。手机报是以彩电为技术基础、实现媒体与新技术合作的一个创新性成果。在汤潇潇带领下，时隔一年，《浙江手机报》受众已近 10 万人。据她介绍，手机报规模最大的时候，用户量高达 1200 万人，相当于浙江超过 1/4 的移动用户都在使用这款产品，可谓风靡一时。

经过调查，她发现不同性别、年龄、职业的受众对信息的需求存在明显差异，对此，《浙江手机报》从单一综合版的早晚主报纵向延伸出个性化较强的子品牌，同时横向延伸出主营本土栏目、地方特点浓郁的市县报。此外，她还充分考虑到手机屏幕阅读带来的视觉疲劳以及受众"一目十行""读图为先"的阅读习惯，要求编辑对每篇选用的稿件进行精编，尽量将每一篇新闻篇幅缩短，用"百字"说明事件，用"图片"增强效果。

从 2005 年到 2023 年，从 2.5G 到 5G，手机报不断革新，"它是一个系统工程，不仅要提升内容、技术，还要提高带宽，网络环境要全部升级成 5G 的环境，终端也要适用 5G 的环境，这样手机端的新兴媒体才能真正推而广之"。汤潇潇不断思考，适时而变，后续持续推出"视频手机报""手机动漫""魔方书城""5G-RCS 消息"等手机新媒体产品，使新闻不断满足时代和用户的需求，真正践行"新闻推动社会进步"的目标。随着科学技术的不断发展，数字化改革也不断推进，各式各样的新媒体产品层出不穷。在这个万物求"变"的当口，汤潇潇带领团队一路追"新"。

"从过去到现在再到未来，我们其实一直都是在摸着石头过河。"2019年，《浙江日报》推出天目新闻客户端，颠覆了传统新闻的生产流程，是全国第一个全短视频瀑布流形式的新闻客户端产品。汤潇潇作为这个新平台的追随者，见证了天目新闻从创办到升级为"潮新闻"的全过程。"潮新闻"作为全省唯一的重大新闻传播平台，需要"深耕浙江，解读中国，影响世界"，新的要求对汤潇潇来说是一个新的起点，是浙报融媒体改革向深水区迈出的关键一步。

近两年，浙江在各个领域展开了轰轰烈烈的数字化改革，包括文化宣传领域。在浙报，很多涉及数字化改革的项目中都有汤潇潇的身影。"我能够参与的主要原因，我想也是因为我之前学的是计算机。我对一个项目的逻辑、管理这块，有自己的理解，进入得会比较快。"从策划、立项到执行、验收，汤潇潇带领团队深度跟踪每个项目的全过程。汤潇潇表示，宣传文化领域的数字化项目，不像一般的技术开发，不是一个技术公司就能简单做成的，它既需要团队有技术的逻辑思维能力，又需要有对业务和管理行业的理解。

多年的新闻行业和数字改革经验，让她和团队打造了一个个"出圈"的项目。在理论在线智慧平台建设中，她结合省委宣传部的理论工作、理论学习工作流程，将宣讲工作流程和课题研究、智库研究的工作流程整合到一个数字化系统中，虽然工程量相当大，但项目的成功落地让大家眼前一亮，获得了省宣领导的肯定和点赞。

她还带领团队积极开展多方面的媒体融合探索。2023年，她牵头联动11个地市，策划了"打卡亚运E起潮"主题采风活动，赢得了新华社、《人民日报》的关注。下半年，又牵头成功举办"首届潮新闻长三角美好生活节"，让潮新闻从线上成功走进线下用户中间。谈及未来，她充满信心："我们潮新闻一定能够在全国甚至在全球领域发出自己的'好声音'，发出浙江的'好声音'。"

"新媒体市场对我来说是一个常学常新的课题。"汤潇潇从多年的工作实践中总结出经验，"我发现，我们必须不停地去吸收社会上各种各样、层出不穷的新媒体应用的亮点和创意，才能把我们的工作不断推陈出新、推向前进。"这是汤潇潇的经验，更是她一路奋斗追"新"的经历与誓言。

余彪：穿上警服便担起了职责

【人物名片】

余彪，2001届计算机与应用专业校友，现任天台县公安局副局长。2010年荣获个人三等功一次；2021年荣获个人三等功一次，多次获优秀公务员荣誉；获2018、2019、2020年度单位优秀中层干部。曾带领城南派出所获得2018、2019、2021年度天台县公安局优秀单位；2019年荣获全省"青年文明号"；2021年城南派出所荣立集体三等功一次；2021年被浙江省委宣传部、浙江省公安厅评为全省最美警队，城南派出所民警被评为全国公安机关爱民模范。

采访时间：2023年7月

采访地点：天台县

作　者：邱铃媛

指导老师：吴杨铠　芮嫣楠

在城市的每个角落，有那么一群人，他们日夜兼程、不畏艰险，为了百姓的平安而奔波，他们就是人民警察，百姓平安生活的守护者。今天，让我们一起来认识一位人民警察——余彪。

以平凡铸就不凡

余彪说，每个男孩都曾有一个警察梦。自穿上警服的那一刻，他便立下了"为人民服务"的誓言。多年来，他始终牢记初心，坚守岗位，为维护社会治安稳定作出了积极贡献。他深知，作为一名警察，保护人民生命财产安全是他义不容辞的责任，因此，无论严寒酷暑，他都风雨无阻，始终坚守在岗位上，随时准备应对各种突发情况。

2004 年，余彪进入平桥派出所见习，不久便遇上职业生涯的第一个"大案"——抓获偷猪贼。为了捉回被偷的 100 多头小猪仔，中队民警们没日没夜地调查，付出了许多精力，最后成功帮助百姓挽回了财产损失。

入职后，加班加点成了日常，有时候案件一个接一个，有时候案件侦破毫无进展，让他压力倍增，他还曾怀疑自己能否胜任工作。但更多的时候，他不断反省，不断分析发掘问题所在，不断向其他优秀同事学习。从接到报案的那一刻开始，一步步发现线索、确认嫌疑人、与嫌疑人斗智斗勇、突破对方心理防线等。案件结束后马上进行总结,将经验和注意点传递给社区民警，再由社区民警开展日常的防范宣传工作，提高大家的警惕性。

群众之事无小事。余彪努力将村居巡逻、矛盾纠纷调解、志愿者等队伍做大做强；定期开展大走访、大恳谈、大宣传，广泛收集社情民意，增进与群众的交流；将群众反映的问题整改到位、责任到人；针对办理时间较长的案件，定期回访，让群众了解案件办理进程，减少因案件情况无人反馈导致

余彪（右）在接受采访

的投诉；面对辖区内个别特殊家庭，如重大疾病造成的家庭负债等情况，他积极与学校沟通，为病人子女减免学费，并组织全所民警募捐、联系政府申请慈善救助金，帮助他们度过难关。

余彪说："基层派出所的工作离不开群众的支持，只有持之以恒地做好群众的服务工作，才能拥有坚实紧密的群众基础，公安工作的路才会越走越宽。"在其位，谋其政，穿上警服肩上便担起了责任。余彪说，警察不仅仅是一份职业，更是一种梦想与情怀。每当他穿上警服时自然而然就有一种职业荣誉感，约束自己的言行，提醒自己要服务好群众，守护一方平安。

余彪还曾参与支持四川地震灾区的救援工作。2008 年，一场突如其来的强震降临四川，造成空前的灾难。浙江省公安机关连续组织多批警力前往灾区对口支援，他毫不犹豫地与另外两位民警一起奔赴重灾区青川县。

灾后的青川县几乎成了废墟，暴风骤雨，桥垮路塌，余震不断，泥石流频发。面对空前的灾难和艰苦的条件，余彪没有退缩，巡逻、安置灾民，一直奋战在一线。离死神最近的一次是在外出途中，遇上余震导致的山体崩塌，

情系树人

滚石就在眼前，擦着他的车辆落下。他说："去青川支援虽然苦，却是一件非常有意义的事情。"

以管理提升执法水平

2016年，余彪担任白鹤派出所所长。他从改善办公环境入手，改善所内设施，统一大家思想，明确工作目标，积极培育团结向上的团队精神，激发队伍活力；从单位规范考核、辖区社会治安情况、人民群众满意度、党委政府认可度四个方面入手，积极整改纪律制度，很快扭转了派出所执法质量考核、绩效考核落后的局面，白鹤派出所成为全局执法质量标杆。

2018年，余彪调任城南派出所所长，他总结在白鹤派出所任职时的工作经验，将执法规范化置于首位，通过发现问题、通报情况、监督整改等环节，实现闭环管理。为了提升执法质量，余彪建立了易错清单，鼓励民警对照清单进行自查自纠、填补漏洞，以减少或避免低级错误的发生。他还定期组织执法培训，并积极鼓励民警参加司法考试，提升法律素养；对于新入职或出现问题的民警，则实行一对一的指导与帮扶制度；由值班领导负责，紧盯每一位民警的工作进展，确保他们得到及时有效的指导和帮助；提高执法考核的比例，等等。系列举措的实施，大大提升了派出所的执法水平。

此外，余彪还精心制订了"城南派出所基础民警日常工作清单""基础防控中心监管提醒清单"等，详细规定了基础民警每天的工作内容，包括查看什么系统、走访什么人、走访的具体步骤和要求、检查什么单位以及如何才算检查到位等，确保每项基础工作都能得到有效落实。

2018、2019、2021年度天台县公安局优秀单位，2019年全省青年文明号，2019年天台县综治工作先进集体，2019、2020、2021年连续三年天台县公安

余彪（中）与暑期校友走访团成员合影

局群众安全满意度第一，2018、2019、2020 年度全县公安机关执法优秀单位，2018、2020、2021 年度全县公安机关信访优秀单位，2021 年城南派出所荣立集体三等功，2021 年被浙江省委宣传部、浙江省公安厅评为全省最美警队，2021 年全国公安机关爱民模范……一连串的荣誉背后，是全所公安民警数年如一日的坚守。

以老带新　薪火相传

"政治建警、改革强警、科技兴警、从严治警"，这是习近平总书记对公安工作提出的 16 字方针，也是公安干警工作的目标。在成长过程中，余彪深受许多前辈的关爱与教诲，也曾无数次感受前辈们在侦破案件中所展现的良好的专业素养和不懈钻研的精神。然而随着科技的飞速发展，前辈们的宝贵经验和传统技能面临着失传的风险。余彪深知老前辈的智慧和经验是公安事业的宝贵财富，也深知实践锻炼对于培养执法能手的重要性，因此，对于重大案件的侦办，他们会邀请经验丰富的老同志回来协助，并成立审讯团，通过以老带新的方式，让年轻民警能够快速学习到更多的实践经验。

"不忘初心，恪尽职守"，从基层学习处理邻里纠纷问题，到独立带领其他民警执行任务，再到打造辖区派出所成为全局执法质量标杆，一路走来，余彪学思践悟、实干笃行、敬业专业，为天台的公安事业奉献着自己的青春和智慧。

张敏华：社区居民信赖的"娘家人"

【人物名片】

张敏华，2001 届制冷专业校友。2005 年进入杭州市钱塘区白杨街道从事社区工作，2006 年 3 月始担任邻里社区党支部书记，探索杭州市首个外来务工人员集中居住公寓社区化管理模式，成功打造钱塘首个全国和谐示范社区、首个五星级文化家园，杭州市党代表，获浙江省首批社会工作领军人才、省千名好支书、省担当作为好支书、浙江省劳动模范等荣誉。

采访时间：2023 年 7 月

采访地点：杭州市钱塘区白杨街道邻里社区

作　　者：施雨颂

指导老师：吴杨铠　芮嫣楠

参天之木，必有其根；环山之水，必有其源。对于基层干部来说，"向下扎根"是一种勇气、一种担当，更是一种成长。

张敏华现任杭州市钱塘区白杨街道邻里社区党支部书记和居委会主任，她把自己比作是这个大家庭里的"大家长"。"我18岁就来到杭州，当过仓库管理员，也做过工厂人事。我知道，其实让外来务工人员在钱塘有家的感觉没那么难，只需要记住他们每个小小的需求并解决好。"在张敏华看来，让社区居民获得归属感靠的不是锦上添花，而是雪中送炭，"如果他们需要一棵树，我希望能给他们一片森林"。

张敏华进入社区工作已经快20年了，她成功把一个让人头疼的复杂社区建成为钱塘首个全国和谐示范社区、首个五星级文化家园。

初入社区，迎接挑战

1998年9月，18岁的张敏华第一次来到杭州，内心有些胆怯又满怀欣喜。在学校里，她积极加入学生社团，参与各种活动，将一天掰成两天过，白天醉心于学生刊物《初昕》的印刻，夜晚在教室学习，常常伴皓月与繁星而归。渐渐地，她明确了自己心中的目标，那便是成为一名为人民服务的社会工作者。

毕业后，张敏华半工半读，白天去工厂上班，晚上去夜校上课提升自己的学历。2005年，她来到白杨街道，满怀热血和赤诚，进入杭州首个完全由外来产业工人组成的产业社区——白杨街道邻里社区。这是一个全部由流动人口组成的社区，之前杭州从来没有这样的模式，这对张敏华来说无疑是一个全新的挑战。员工纠纷、环境治理、治安等问题层出不穷，然而她没有退缩，而是深入了解居民的需求和困难，与他们沟通交流，寻找解决问题的方法。她还特别关注居民的生活细节，从小事做起，逐步改善社区环境。

张敏华（左）向采访团成员介绍社区建设情况

　　此前，社区环境脏乱差，居民随意乱扔垃圾，整个社区弥漫着难闻的气味。张敏华看在眼里、急在心里，她明白要想改变现状，必须从源头上解决问题。经过深入调查，她发现居民随意丢弃垃圾的主要原因是垃圾投放点太少。她立即向上级部门申请增设垃圾投放点，得到批准后迅速组织人员施工，并一直监督工程进度和质量，确保每一个细节都得到落实，终于解决了居民乱扔垃圾的痼疾。他们同时加强宣传教育，提高居民的环保意识。渐渐地，社区的环境得到了极大改善。

　　矛盾和纠纷是社区经常需要面对的另一大难题。有一次，一居民因为家庭矛盾与邻居发生了激烈争吵，双方情绪激动、互不相让。张敏华得知后迅速赶到现场，先耐心听取了双方的诉求和意见，然后用平易近人的语言和真诚的态度打动了双方，最终促成了和解。

　　2006 年，年仅 25 岁的张敏华担任邻里社区党支部书记，她所在社区里有 30 家企业的 6300 余名员工，年轻的她不知不觉间已成为社区的"主心骨"张大姐。那年 7 月，时任浙江省委书记习近平来到邻里社区，并留下了"一定要善待民工、关爱民工"的殷殷嘱托。

情系树人

扎根邻里，心系居民

此心安处是吾乡。自社区筹建之时起，张敏华就把社区当成了家。早些年，"社区"这个专有名词，那些来自边远地区的人从没听说过。张敏华逢人便说"就当是你们老家的村子，我就是村主任。"慢慢地大家发现，这位"村主任"真办事、办实事且能办成事！

张敏华下一步要做的是打造社区文化。她说，刚到社区时，大家的归属感不强，把自己当作"匆匆过客"，把社区当成"集体宿舍"。"我观察了一段时间，发现工人们和宿管阿姨最亲，要和大家打成一片，就要像宿管阿姨一样，把人头摸熟、把底子摸清。"于是，她和班子成员用三个月时间做了一系列实事。如挨家挨户发民情联系卡，组建篮球队、合唱队等兴趣社团，与入驻企业开展员工入职离职双向抄告。在充分了解社区情况的同时，系列活动的开展也让"新杭州人"拉近了彼此间的距离，让居民在活动中感受到家的温暖，为此他们也创建了一个邻里社区外来务工人员的管理模式——"家

张敏华（右四）与采访团成员合影

文化"。

邻里社区有一个小候鸟班，至今已经开班 13 年，很受父母和小朋友们的喜爱。张敏华解释道："由于邻里社区完全由外来务工人员组成，社区担心初到城市的留守儿童因为无人照看而发生溺水、交通等一些意外事故，因此社区组建了小候鸟暑期班。"小候鸟暑期班集结了许多社会力量，在职党员、中小学老师、大学生志愿者和已经长大的候鸟们都纷纷前来支援。

在多方参与和谐共建下，邻里社区成了大家心目中的美好家园。18 年留杭年夜饭、每月集体生日会、重阳开百家宴、13 年"小候鸟"暑期培训班、除夕与没回老家的产业工人一起过年、"家乡味"美食广场，温暖与归属感让每一个"杭漂"得以身安、心安。

有了"人情味"，配套设施也要跟上，居民才能留得下、过得好。张敏华带着班子成员，把"民呼我为"的理念一一落到实处：设立警务室，大幅提升治安水平；开展卫生评比、督促物业整改，让居住环境越来越整洁；改造社区食堂，延长运营时间，让天南海北的居民都能吃到"家的味道"；建设嵌入式幼儿园，减轻年轻家庭的育儿负担……

"有事就找张书记"，成为大家对张敏华、对社区党支部工作的信赖与肯定，邻里社区也成了钱塘首个全国和谐示范社区、首个五星级家园。而对社区的居民来说，她是"张妈妈""张校长""张大姐"。在 19 年社区工作中，张敏华用青春与奉献，成为了社区居民信赖的"娘家人"。

作为 2023 年杭州亚运会的火炬手，张敏华通过火炬传递着亚运精神；作为社区的"一把手"，张敏华则通过办好一件件暖心事，传递着对每位社区"家人"的爱。"艰苦创业、务实创新、敬业奉献"的树人精神，根植于代代学子心中，成为服务社会的不凡力量！

周晓颖：插上小语种的翅膀自由飞翔

周晓颖，2002 届工商管理专业校友。毕业后留学牛津布鲁克斯大学，学成归国后于 2011 年在杭州创办西诺教育，现任杭州西诺教育咨询有限公司董事长。2016 年央视"赢在品牌"栏目组典范人物，2017 年度浙江教育优秀女性创业家，2019 年"中国高质量发展创新人物"。周晓颖一步一个脚印，努力实践、执着追求着自己的人生梦想，其公司已发展成为浙江省小语种培训行业颇具影响力的机构，拥有 2 个校区、2 个校内合作办学点，创业 13 年累计服务上万名留学生。

采访时间：2023 年 7 月

采访地点：杭州西诺教育咨询有限公司

作　　者：虞欣怡　杨思佳　陈　涵　占屹南

指导老师：廖华跃　杜　欣　杭亚静

同窗三载青春梦　回眸共叙岁月情

1999年9月，年仅17岁的周晓颖进入树人学院，在管理学院开启了为期三年的大学生活。"母校给了我很多锻炼，是我走向社会前一个良好的培育场所。"

进入大学前，周晓颖腼腆而又安静。进入大学后，她发现了自己的短板，决心改变，便报名参加了学生会。她擅长书画，成功进入学院宣传部。在工作中，她尽其所能完成任务，并尝试独立举办活动。那个曾经腼腆、安静的女孩逐渐变得热情开朗，很快成为部门负责人，继而成为学生会主席，省优秀毕业生、校奖学金、校十佳青年、优秀党员等荣誉接踵而至。

"这个过程就像你走向社会后，先成为公司的基层员工，带着未知的心，去尝试新的工作环境，有一个慢慢从不熟悉到熟悉、从不专业到专业的过程。等到你具备了能力之后，成为一名主管，再去招募一些新人，管理这些员工。然后是你自己独当一面，去运营整个部门。"她形象地概括了自己成长的历程。

在大学期间，周晓颖遇到了影响她一生的老师——李再伉，无论在学习还是生活上，李老师都给予了周晓颖莫大的帮助。2002年毕业前夕，周晓颖对未来感到有些迷茫无措，在李老师的鼓励和指点下，她重新审视自己的目标，选择了出国留学。"选择留学时，父母虽然给予了我极大支持，但因为当时网络并不发达，我们对留学也并不了解，是李老师帮我沟通联系，让我顺利踏上了去英国的求学之路。"周晓颖把将终生奉献给教育事业的李老师作为榜样，一直坚定践行着教书育人的初心和决心。

甘之如饴办教育　玉汝于成创新篇

周晓颖学成后便毅然回国，选择了自己热爱且擅长的教育领域，入职华通国际教育板块。短短五年时间内，她便从一名小小的文案成长为北美名校申请项目团队负责人。

本着"让中国优秀传统文化走出去，将外国优秀文化引进来"的信念，2011年，周晓颖创办了杭州西诺教育咨询有限公司。让周晓颖难以接受的是与合作伙伴分道扬镳。她把"西诺"比作自己的孩子，不想看着自己一手创建的公司分崩离析，于是，她拼尽全力、咬紧牙关，几乎重走了一遍创业路。

周晓颖明白，要想攻克各种难关，必须先用理论知识武装自己。她开始学习市场营销等专业知识，"我要像海绵吸水一样，不断地学习新知识、新理念，并把它运用于我热爱的事业中，实现自己的梦想"。不变的初心让周晓颖在变幻的人生中拥有了一种不凡的定力，而这种定力又成为她勇往直前的内驱力，终将杭州西诺教育咨询有限公司打造成了浙江省小语种教培行业颇具影响力的机构。

周晓颖（中）在工作学习中

"如果说我以前是一名冲锋陷阵的士兵，那现在我已变成一名运筹帷幄的将军。"经过多年的摸爬滚打，"终身学习"的理念已在周晓颖心中深深扎根，也使她更坚信"路是人走出来的"，从而更坚定了她的初心，并坚守了那份热爱。

初心不与年俱老　笃行不怠持长青

承担社会责任是教育者的本心，周晓颖也一直热心参与公益事业，为公益事业贡献"西诺力量"。例如与学军中学臻星 Like Us 社团、杨绫子学校的艺术老师们联合，与孩子一起开展"来自星星的孩子"孤独症关怀系列活动；与西诺学子们一起开展小海龟公益活动；为残障儿童提供教育；为浙江大学外语学院设立德语发展基金等。西诺用心做教育，从西诺走出去的学生又回来跟西诺一起继续教育事业，为孩子们带去生动活泼的趣味语言课堂，努力做好力所能及的事，向社会传递着温暖和爱心。

周晓颖（后排中）与采访团成员合影

情系树人

公司一直专注小语种教育，一直坚持做有特色的小语种培训机构，致力于世界优秀语言文化的交流与传播，帮助有需要的学生走向世界的舞台。为了给广大语言学习者提供学习和交流的平台，从 2017 年至今，公司已成功举办了七届德语风采大赛。2022 年，德语风采大赛由杭州市科学技术协会正式立项，而后大赛升级为全国级比赛。

西诺教育还联合浙江大学德国文化研究所、浙江大学学生国际化能力培养基地、联合国可持续发展教育（杭州）专业区域中心、德国汉斯赛德尔基金会、杭州市国际民间科技交流中心、浙江省绿色科技文化促进会等知名学术科研机构、社会组织，成功举办了"2022 全国可持续发展青年德语风采大赛"，得到了社会各界和国际友人的一致认可。

一路走来，一路求索，一路奋斗，一路创新，一路领航，一路高歌，西诺正开足马力，奋力驶向更加璀璨的明天。

林军波：乘风破浪的"船长"

【人物名片】

林军波，2002届装潢设计专业校友，注册高级室内建筑师，家家智能家居（杭州）有限责任公司创始人，杭州船长设计有限公司创始人，杭州悦意设计有限公司联合创始人，CIID中国建筑学会室内设计分会杭州专业委员会会员。主要作品有杭州江东雷迪森广场酒店、浙江金华世贸开元名都大酒店、浙江永康王力大酒店等。曾获CIID首届杭州年度青年设计大赛最高荣誉年度行业杰出创意奖、CIID第三届杭州室内设计大奖、学会工程奖娱乐类设计金奖、中国饭店金马奖等。

采访时间：2023年7月

采访地点：家家智能家居（杭州）有限责任公司

作　　者：庞佳怡

指导老师：洪银芳　陈　怡　金晓琳

接受采访时，林军波深情表达了对母校"崇德重智、树人为本"校训的认同。他认为，校训不仅教导学子们树立正确的人生观，还展现了老师在教学科研方面认真、严谨的态度。

1999年，林军波踏入树大校园，度过了几年充实而愉快的时光。在校期间，他担任学生会主席和班长，曾聆听了名誉校长王家扬老先生的谆谆教导。他说，学校和社会有所不同，学校更多的是关心学业和专业领域的知识与技能，社会则更关注职业规划、社会关系处理等。作为设计师，要发自内心地热爱设计，并将其视为值得发展的事业。

林军波非常热爱设计，并认为随着社会经济的发展，设计行业的发展空间将越来越大。但是，设计行业日新月异，每天都面临着机遇与挑战，为此，他鼓励设计专业的学子，保持初心，保持孜孜不倦的学习态度。

谈及校园时代与工作时期的不同时，林军波认为最大的变化在于身份的转变。相较于学生时代较为被动的学习状态，步入职场后，主动学习的意识变得尤为重要。他强调，良好的自我职业规划和工作技能的掌握，是事业成功的基石。

"职场是一个更为广阔的舞台，仅仅依靠学习能力是远远不够的，还需要培养独立思考的能力，学会与各种人打交道，并随时审视自己的不足，给自己清零。"林军波说，正如我们现在在校园中，虽然可能在图纸绘画等专业课上面临困惑，但通过不断的练习和打磨，思路会逐渐清晰，手法也会更加熟练，从而不断弥补自己的短板，这也是一种能力的学习和提升。

在职业规划方面，林军波认为考研深造具有极高的价值。他巧妙地比喻道，大学阶段如同"听"和"读"，是接受新知识、模仿学习的阶段，为专业学习打下坚实的根基；研究生阶段则好比"说"，是深耕专业、拓宽知识深度与广度的重要时期；走进职场就如同"写"，只有在前面"听""读""说"

积累的基础上，才能创造出独特而富有深度的设计构思。

　　林军波还根据自身在国外学习的经历，强调了"严谨"这一做人原则的重要性。他说，在欧洲，很重视艺术设计的创新和自我表达。能跨越文化地域差异，真正为了设计而进行设计，而不是为了迎合某种需求或特定群体，这至关重要。他认为，要成为一个长期主义者，必须注重微小积累，以实现厚积薄发；要避免因一时的输赢或得失而固化自己的能力认知，因为一旦思维固化，就会止步不前，潜能也将被埋没。

　　林军波还分享了自己在国外学习设计管理的经历，他认为每个项目节点都需要各工种间的紧密配合。他特别推崇 15 分钟工作模式，即任何事情如果不能在 15 分钟内解决就先放下，以缩小时间颗粒度，提高工作效率。他强调，要坚定执行自己的规划，珍惜时间，不断学习、思考和进步。他希望年轻人能真正关心以人为本的设计，关注人的需求和体验。

　　美学和设计是对美好生活的向往和解决方案的呈现。对于从事设计专业的学弟学妹们，林军波建议从小处着手，以点带面，逐步拓展自己的领域。

校友林军波（中）与暑期实践师生合影留念

梁华江：在家乡热土上扎根生长

【人物名片】

梁华江，2002届工程测量专业校友。2002年入职浙江省测绘大队，2007年赴嘉兴创业，2012年回到家乡嵊州创业，2014年创办嵊州市泰望测绘有限公司。农工民主党党员，绍兴市第八届、第九届政协委员。

采访时间：2023年7月7日

采访地点：嵊州市泰望测绘有限公司

作　　者：王　涛　谢函希

指导老师：赵　阳　徐　萍

岁月如歌，忆青葱年华

谈及大学生活，梁华江提到了印象深刻的几位老师。特别是史富贵、陈乃声、赵阳老师。史老师和陈老师传授给了同学们丰富的专业知识，当时陈老师年纪不小了，近乎全白的头发总是梳得一丝不苟，腰板挺直，穿戴整齐，衬衫衣摆永远塞进裤子里。前些年陈老师住院时还时常念叨着梁华江，但梁华江因工作忙碌一直没能前去探望，这让他满是自责和懊恼。赵阳老师是他们的班主任，她总是以包容、理解的心态对待学生，深得大家的喜爱。

梁华江充满感情地回忆起了学生时代的一些往事。测绘实习时涉及某村改造，需要测量住房面积，一些大爷大妈想让他们多报些面积，这可把当时涉世未深的学生给难住了。但是本着对专业严谨负责的态度，他们还是义正词严地拒绝了各种纠缠。其间发生的很多"小闹剧"，如今已变成大家回忆学生时代往事时的莞尔一笑。

关于学校课程的学习，梁华江不无骄傲地说，水准测量他学得比较好。"思维灵光，专业能力强，班长威信很高，是个全面发展的好学生"，赵阳老师也给出了高度赞扬。听到赞扬，梁华江脸上的笑容愈发灿烂。

踏实肯干，打好工程基础

毕业后，梁华江入职浙江省测绘大队。梁华江调侃道："我在测绘大队的时候，技术上可能不是一流的，但是一定是领导最得力的助手。"原因就是他在日复一日的工作中养成的良好习惯和敬业精神，也因此，第二年他就担任了测区负责人，带领30余人的团队进行地质勘测。

"测量学作为一门精确的学科，主要任务是确定地面目标在三维空间的位

梁华江（左）与赵阳老师合影

置及其随时间的变化，要求的就是严谨二字。"梁华江说，在校期间掌握了一个基本的理论框架，工作之后有了实践经验，再将理论与实际工作联系起来。在现代信息化社会，测量学的作用日益重要，测量成果作为地球信息系统的基础，提供了最基本的空间位置信息。

返乡创业，来时不忘归乡路

秉持着年轻就要敢拼敢打的理念，2007年梁华江带着七八个人一起去嘉兴创业，那段时光应该是最艰苦的时候。2012年，由于家庭原因，梁华江决定回嵊州，并于2014年创办了嵊州市泰望测绘有限公司。

"故乡是小时候拼命想要逃离、长大后却要花漫长的时间与之和解的地方。"梁华江说，当初因为"贫穷""基础设施落后"，好多人选择背井离乡求生存。返乡创业是一种情怀，因为故乡生活着我们的亲人、朋友。我们通过读书改变了命运，见过了外面的世界之后，特别希望能建设好自己的家乡。

梁华江：在家乡热土上扎根生长

如今的泰望测绘有限公司拥有工程师、助理工程师组成的专业技术团队，不仅承接外乡业务，更为家乡嵊州进行了大大小小山塘的水库测量、地形测量，为几百千米农村道路提升改造进行测量，为家乡建设铺好基石。他也当选为绍兴市第八届、第九届政协委员，为家乡建设出谋划策。

"在学校要多学习，走上社会后也要保持学习状态，学习的道路是永无止境的。还要多实践，理论和实践相结合，能上手，会干，肯干，年轻时要敢拼敢打。"梁华江还分享了当年陈乃声老师所说的话："我们中专的同学们（当时还未与树人学院合并）一定要吃苦肯干！"他一直牢牢记着这句话，"以前我们农村出来的孩子都是自力更生，现在条件好了，但是家里、学校只能送到这里，以后的生活更多是在社会上的，社会才是真正开始的地方，需要自己去面对，我们的肩膀必须能扛得住担子"。

对于想自己创业的学子，他说，创业所面临的压力和困难肯定会很多，不仅要学透自己的专业知识，更要学习一些其他科学文化知识。社会更需要的是复合型人才，不是说每个大学生都要样样精通，但是至少应该"样样懂，一门精"。除了技能，大学生自身的文化修养更是必不可少。大学毕业后很多人就要踏入社会，如何适应社会的发展，如何在社会中找准自己的定位，这些都只能自己去解决。因此，大学生必须抓住大学的学习机会，尽可能多地学习有用的东西，只有这样，毕业后才不至于被社会淘汰，才能成为时代的弄潮儿。梁华江还现身说法，说自己的专业是工程测量，这是他的"看家本领"，但他没有故步自封，而是虚心向身边专业人士学习，主动讨教其他相关领域知识，不断丰富自己知识面，从而避免了很多工作上遇到相关问题时茫然无知的尴尬。

张伟强：行稳致远，久久为功

【人物名片】

张伟强，2002 届工程测量专业校友。浙江运诚建设集团有限公司董事长，杭州市拱墅区工商联总商会副会长，杭州市青年企业家协会理事，拱墅区政协委员。毕业后，张伟强入职恒基建设公司，后进入丁桥管桩厂深造。2005 年开始创业，2010 年回归恒基建设并担任总经理，2018 年成立运诚建设集团。

采访时间：2023 年 7 月 11 日

采访地点：浙江运诚建设集团有限公司

作　　者：王　涛

指导老师：赵　阳　徐　萍

"忆往昔，博学石旁，母校的一草一木，老师的谆谆教诲，仍记忆犹新。在那绿色的校园里，我们手握春光烂漫的年华，编织着人生的七彩之梦。母校给予了我成长，我也倍加珍惜在母校的时光。"张伟强回忆说，他在学校的每一天都充满了激情和活力。

在学生时代，张伟强就对工程测量产生了浓厚的兴趣。他经常参加学院组织的讲座和实践活动，深入了解工程测量的知识和技术，期待将来成为一名优秀的工程师。毕业后，他马上开启了在基础工程行业的职业生涯，通过努力学习和实践，不断提升自己的专业能力和技术水平，他所带领的团队，高效完成了多个项目，他也很快成为一名备受赞誉的工程师。

谈及创业的感想，张伟强认为，人生需要有更多的责任感。创业之初，他曾遇到了许多挑战，如资金短缺、市场竞争激烈等，一度让他陷入困境。但他相信，只要努力、坚持，一定能够找到突破口。他充分发挥在大学期间积累的知识和技能，通过市场分析和定位，找到了合适的客户群体，并提供了独特的解决方案，工程质量得到客户的高度认可，逐渐在基础工程领域崭露头角。

"创业难，守业更难！创办企业后，你需要肩负的是全体员工的饭碗。"张伟强深有感触地说。他深知踏实、诚信和团队的力量对于创业者的重要性，因此始终坚守诚信原则，脚踏实地；鼓励员工不断学习和创新，并为他们提供良好的工作环境和福利待遇，增强团队的凝聚力和竞争力。他说，创业初期，公司以桩基建筑项目为主营业务，那时候一个桩基项目通常有二三十家桩基建设单位投标，这对当时刚起步的运诚来说，要突出"重围"胜出，无疑难上加难。而张伟强硬是靠着"比别人跑得快、跑得勤"，一步步发展壮大自己，一步步拓展业务范围。

身为基础工程行业的领军人物，张伟强从没有忘记自己的社会责任。他

情系树人

积极参与社会公益活动和慈善事业，捐资助学、资助贫困地区的教育、为弱势群体提供帮助和支持等，用自己的实际行动诠释了作为一名企业家的担当。他还多次代表中国基础工程行业参加国际性展览和论坛，向世界展示了中国的实力和成就，为促进中国基础工程行业的国际化发展作出了贡献。

"寒窗十载，题名应该。进入大学，努力依旧在。风雨千载，航遍学海，千磨百炼。博大胸怀，水洗浪淘，成功等待。"这是张伟强对在校学子的寄语。为此，他还特别分享了几点见解：一是踏实，踏实意味着努力学习，不断提升自己的专业知识和技能；二是切勿好高骛远，要学会设定合理的目标，并在实现这些目标的过程中保持专注和耐心；三是持之以恒，只有坚持不懈，才能在自己深耕的领域取得成功；四是诚信，诚信是工程行业的基本准则，讲究诚信才能建立起良好的信誉。

对于母校，张伟强始终怀着感激之情。他经常回校为学生举办讲座或培训，并为他们提供实习机会，希望助力学院培养更多优秀的人才。

张伟强（中）与暑期社会实践校友走访团成员合影

钟华琴：心之所向，行之所至

【人物名片】

　　钟华琴，2002届旅游管理专业校友。现任杭州优图碧化妆品有限公司副总经理，2007年UBONITO悠葆丽品牌成立，目前在上海、浙江、江苏、湖北、安徽等地设有100余个专柜。钟华琴通过自媒体创造共鸣、专注护肤、技巧分享、正能量传递，为女性朋友提供有价值的美妆信息，帮助她们重焕自信、绽放美丽。

采访时间：2023年7月3日

采访地点：杭州优图碧化妆品有限公司

作　　者：徐依晨　　王雅宣

指导老师：李永莒　　徐　萍

钟华琴大学期间学的是旅游管理专业，与美妆行业完全没有关系。但她利用自身优势，将自己变成一个传播者，向身边人介绍产品，由此开始了自己的职业生涯。

随着网络传播的普及，钟华琴也开始做起了自己的视频号。"刚开始我觉得自己已经45岁了，无法与年轻人竞争。但是后来发现，我可以去满足中年人的需求。生意刚开始做的时候，有一个150人定律，即当有150个人支持你的时候，你就可以开始干一点事情了。"她认为，学习就像琴弦一样，只有拉得紧紧的，经受日月拨动，才能奏出更多、更美妙的音乐。年轻人只学习一个技能是远远不够的，没有一个工作或者一个技能让你无忧一辈子，所以要终身成长，在不断学习的过程中去适应社会。

在大学时钟华琴是班长，表现优异，多次获得奖学金。刚进入公司时是一名培训老师，第二年便成为培训主任，后来参与了一部分新产品的开发，之后又成为主管营销的副总经理。每次身份和工作内容的转变，都意味着她的成长。

钟华琴（左二）与暑期社会实践校友走访团成员合影

对于创业，她这样说：一个人要创业，最关键的是你的产品或者服务必须能够满足一部分人的需求。就像我们做化妆品，能满足一部分人的需求，能让她们变得更美。同时还得让她们知道我的产品有什么特别之处，所以要推介我们的产品。对于创业者来说，首先自己要比别人更勤奋，并且能团结一群人。另外资金要做好预算，在自己和家庭能够承担的情况下，就可以去创业。她还分享了自己在大学时推销商品的经历，"卖东西时你会不断被拒绝，只有当你的产品比较好且能够满足他们的需求时，东西才能卖出去，这其实就是一个创业的机会"。

在大学时钟华琴曾参与了各项活动的组织和社会实践，这也让她的能力得到了提升。她还考取了导游证，并收集了杭州最顶尖的旅行社的地址电话，然后发去自荐信，表达了希望得到一个实习机会的愿望，并最终获得了一家旅行社的邀请。她也利用寒暑假带旅游团来锻炼自己。但当她发现这个行业不是自己喜欢的，就果断放弃了。但这些经历都大大丰富了她的阅历，打开了她的眼界。

"在校大学生除了借助学校的资源和老师的资源开展实践，也要多去了解自己感兴趣的行业的发展情况，刚开始不要太看重工资收入，而应更看重这个公司能不能带给你成长，跟你的未来规划或兴趣是否契合。"她说，她选择进入美妆行业，就是在多次尝试后作出的选择，自认为是最契合自己的。

海压竹枝低复举，风吹山角晦还明。这一路走来，钟华琴虽也曾遇到不少挫折，但"一个人使劲踮起脚尖靠近太阳的时候，全世界都挡不住她的阳光"。她说，只要有所坚持，岁月的旅途就会充满期待。

情系树人

韩国利：将设计图纸变成"城市地标"

【人物名片】

韩国利，2003届城镇建设规划专业校友，工程硕士，高级工程师，现任杭州市拱墅区城市发展集团有限公司党委委员、董事、副总经理。主持并参与新建了一大批保障性安置房、学校、农贸市场、医院、道路、公园等政府民生实事工程项目，坚守在城发集团工作岗位上，保障每一项工程的顺利实施、落地和交付，助力拱墅区城市建设完成精彩"蝶变"。

采访时间：2023 年 7 月

采访地点：杭州市拱墅区城市发展集团有限公司

作　　者：陈　珂

指导老师：洪银芳　陈　怡　金晓琳

自 2003 年 11 月起，韩国利便在拱墅区人民政府直属单位，专职负责拱墅区的城市开发建设工作。如今，拱墅区的城市风貌已发生了翻天覆地的变化，昔日的城中村已彻底告别旧貌，预计在 2024 年全面完成安置任务，为居民们打造出一个崭新、宜居的生活环境。

在 20 年的职业生涯中，韩国利参与了众多保障性安置房、学校、农贸市场、医院、道路、公园等政府民生实事工程项目的建设，并作为分管工程建设的核心负责人，与市、区各级审批和验收职能部门建立了紧密、高效的沟通机制。他始终秉持积极主动的工作态度，及时解决建设过程中遇到的各种棘手问题，确保了城市建设工作的快速推进与顺利完成。

谈及职业生涯中最引以为傲的成就，韩国利列举了自 2019 年至今参与的大运河亚运公园、运河中央公园、杭州最美安置房和亚运会保障工作等重大项目。这些项目如期并高质量完成，展现了韩国利及其团队在城市规划与建设领域的卓越能力，也为拱墅区的城市发展和民生改善注入了新的活力与动力。

在接受访谈时，韩国利说："我深深怀念在母校度过的那段美好时光。是母校赋予了我专业领域的深厚知识，也让我明白了奋斗是通往成功的唯一道路，为我后续的职业道路奠定了坚实的基础。"

回顾学生时代，韩国利说，那是一个相对单纯、压力较小的阶段，每天的生活三点一线，穿梭于教室、食堂和寝室之间，主要任务便是学习。进入职场后，面临的环境变得复杂了，他需要应对各种挑战、平衡各种关系，同时需承担起家庭和社会的责任。他深刻体会到，要想在职场有所作为，必须付出比学校时期更多的努力，去适应社会、融入社会大群体。特别是初入职场的年轻人，必须迎难而上，因为成功的源头就在于坚持和奋斗的精神。

"进入职场后，最艰难的时刻应该是我 2003 年从浙江树人学院毕业来到

韩国利（中）向采访者介绍项目建设情况

拱墅区城中村改造工程指挥部工作的时候。"当时，他们需要对 40 个城中村进行彻底改造，将其从原本脏乱差的状态转变为现代、宜居的城市环境。在这个过程中，他们需要与社区居民积极沟通，需要认真听取他们的意见和建议，确保改造工作能够真正满足居民的需求。工作期间所遇到的难题可谓是数不胜数。

韩国利还参与了运河亚运公园的建设工作。该公园是 2022 年杭州亚运会的重要场馆之一，对于提升拱墅区的城市形象和居民的生活质量，都具有重要的意义。公园占地 701 亩，上空有高压线穿越，场地内苗木要迁移，汛期还需截流施工，这些都给施工带来了极大的困难。韩国利带领参建团队边设计、边施工、边协调，与多个部门和专家深入沟通，采用科学的技术和施工方法，克服种种困难，确保了工程的顺利进行。经过两年多的努力，运河亚运公园终于如期竣工，成功举办了亚洲乒乓球、霹雳舞和曲棍球比赛。这个公园也成了拱墅区的地标性建筑，为居民提供了一个休闲、娱乐的好去处。

韩国利：将设计图纸变成"城市地标"

经过 20 年的不懈努力，韩国利已从一名普通员工晋升为拱墅区城市发展集团的党委委员、董事和副总经理，其职业生涯跨越了多个领域，包括前期审批、回迁安置、拆迁安置房建设统筹协调、工程建设管理等。

对于学生的职业迷茫问题，韩国利说，作为树人学院第一届城镇建设规划专业的毕业生，当初找工作并不容易，他曾在上海的一家私人设计院短暂实习过，那时画图还是手工完成的，与现在的电脑 CAD 时代截然不同。2003年底，韩国利进入现在的政府单位工作，开始负责全区的城市开发建设。他在单位的不同部门都锻炼过，从前期部、发展部、综合部到区政府安置办的安置建设科，逐渐形成了自己的项目管理专长，将设计图纸变为现实中的城市地标。他强调，人生的道路还很漫长，仍需继续努力前行。

韩国利特别强调，城建学院的学生应该注重实践，将书本上的专业知识与实际工作相结合，将美丽的画卷变为现实。此外，他也鼓励学生们多出去看看其他城市的发展变化，从大自然和各式各样的建筑中汲取知识和灵感。

金宇航：为美丽乡村建设"雕梁画栋"

【人物名片】

金宇航，2003届城市规划专业校友。浙江省省直建筑设计院有限公司第六设计分院副院长，城乡规划高级工程师。2016年主持《淳安县姜家镇章村村庄规划修编》并获省优秀城乡规划三等奖；2017年主持《兰溪市兰江街道厚仁集镇环境综合整治规划》并获省小城镇环境

综合整治优秀规划项目；2021年主持《余杭区仁和街道三白潭未来水乡概念性总体规划》并获杭州市2021年度优秀城乡规划项目推荐二等奖，主持《杭州市传统村落评价认定指标体系》并获杭州市2021年度优秀城乡规划项目推荐三等奖；2022年6月17日、2022年8月8日，其事迹先后被《人民日报》、浙江卫视报道。

采访时间：2023年7月

采访地点：浙江省省直建筑设计院有限公司

作　　者：陈　珂

指导老师：洪银芳　陈　怡　金晓琳

文化礼堂、农家书屋、特色农家乐、乡村康养游，越来越多的村镇在乡村规划师的帮助下，找准定位，实现人居环境的改善和产业的顺利发展，金宇航便是浙江乡村规划队伍中出色的一员。

2003年，金宇航从树人城镇建设规划专业毕业后，在恩师李英豪的引领下，坚定地选择了乡村规划这条道路，投身于"千村示范、万村整治"的一线规划设计工作。他深知，乡村规划师的工作远非简单地画几张图纸、写几页方案所能涵盖，他们需要长期扎根在乡村，与村民们同吃同住，深入了解他们的需求和期望，为乡村的未来发展出谋划策。

金宇航的第一个重要项目就是参与时任浙江省委书记习近平提出的"千万工程"。该工程旨在推动浙江农村的发展，提高农民的生活水平。他负责的是临安太湖源镇白沙村的村庄规划，是浙江省的第一个村庄规划。

乡村规划师是干什么的？大城市来的小年轻能给古村落做好规划吗？刚来到白沙村时，面对种种质疑，金宇航没有急着去过多解释，而是立即走村串户，深入了解村里的情况，然后团队提出了一系列具有针对性的提案，编写了《白沙村生态建设规划》，提出了建立"山核桃＋笋干竹＋茶叶"的农林复合经营栽培模式，通过发展特色产业增加村民的收入。此外，他们还开发了太湖源生态旅游景区，吸引游客前来观光旅游，进一步提升了该村的知名度和影响力。由此，曾经"靠山吃山"的白沙村逐步实现了从"卖山头"向"卖山货""卖生态"的转型，走出了一条"生态、生产、生活"共赢的可持续发展之路。

当问及印象最深的驻村规划师经历时，金宇航说："那一定是担任天目山镇的驻镇规划师时。"2018年，天目山镇正在创建美丽城镇，当时金宇航基本上每周都会安排2个工作日，驱车到距杭州市区80公里的天目山镇现场办公。

金宇航（左二）在接受校友寻访团采访

　　金宇航受聘之时，10多户村民刚分到自建房宅基地。房屋怎么建？大家各持己见，一时无法达成一致。金宇航将村民们的建房风格意向一一记录下来，分别制作了两张白鹤村建筑风貌效果图，摊在桌上供乡亲们比选。

　　"规划设计应充分尊重村民的意愿，努力做到集思广益。"金宇航说，在确保建筑整体风格基本一致的前提下，他还提供了10多款各具特色的房屋建设图纸供村民自主选择，并为村民建房全程把关，定高、定形、定貌、定色，让新居与村落自然环境和其他建筑风貌融为一体。如今，白墙黛瓦、飞檐翘角、前庭后院……步入天目山镇白鹤村，一栋栋新居错落有致，颇具江南水乡风情。

　　"乡村建设不是一味地拆旧建新，驻镇规划师要因地制宜提供最佳设计方案。"金宇航说。2021年初，天目山镇计划拆除一处闲置的校舍新建邻里中心。金宇航现场踏勘后发现，原有建筑具备较好的改造条件，便建议在保留建筑主体的基础上原址改造，并提出了楼体加固、加装电梯和适老化改造等细化方案。该设计方案既可避免大拆大建、缩短改造周期，又可大幅降低成本，最终被采纳实施。邻里中心改造期间，金宇航隔三岔五到现场踏勘，路面斜坡建多少度，儿童游乐区围挡建多高……施工过程中的细节，他在广泛征集村民意见的基础上，都结合实际情况提出了建议。

2021年10月，天目山镇邻里中心竣工落成。步入修葺一新的邻里中心，图书馆、健身中心、老年人娱乐室等公共服务配套设施一应俱全，成为村民及游客的网红打卡地。

自受聘成为驻镇规划师以来，金宇航已审查项目设计方案50余个，指导项目实施30余个，其间提交意见书80余份、意见建议100余条，获采纳率达90%以上。经他调整的规划设计方案，累计节省资金200余万元。金宇航还先后参与编制了《天目山镇城镇总体规划》《天目山镇小城镇环境综合整治规划》等，亲身参与并亲眼见证了许多山乡的巨变。

金宇航一直关注母校的发展，对学校在建设类学科上取得的卓越成绩感到无比自豪。今年，他的团队还吸纳了两名来自母校规划专业的应届毕业生，发现母校培养的学生不仅基础扎实，而且态度务实、潜力无穷。

针对当前严峻的就业形势，结合自己20年的行业经验，金宇航说，现在越来越多的项目趋向于复合型，这意味着仅仅依赖单一专业已无法完成复杂的规划任务，因此他鼓励学子们在专注自身学科的同时，积极拓宽知识面，尽可能多学习掌握其他专业的基础知识。另外，毕业后的3～5年是职业生涯中至关重要的阶段，这一阶段就像一块海绵被投入水中，应怀着迫切和饥渴的心态去充实自己，不畏艰难，不惧挑战，努力提升自己。

陈琼彪：工作的"安全感"是自己给的

【人物名片】

　　陈琼彪，2003届风景旅游管理专业校友，现任招商银行杭州滨江支行行长。滨江支行是招商银行杭州分行成长最快、表现最优的支行之一。

采访时间：2023年7月6日

采访地点：招商银行杭州滨江支行

作　　者：杨可臻

指导老师：陆海飞　孙旭辉

一个风景旅游管理专业的学生是如何成为一家银行的"管家"的呢？说起来这与陈琼彪在大学期间的学习与生活有关。在大学里，陈琼彪就是一个活跃分子，他是城建学院的宣传部部长。"部门内部氛围很好，每个人都积极参加活动。当时的宣传部是城建较好也是较为热门的部门，因此每一年都有新同学加入。"陈琼彪说。宣传部门的发展离不开每个成员的努力，也离不开陈琼彪这个部长良好的管理能力。

2000年，城建学院宣传部获得学校后勤部的认可后，成为"2000年树人书画展"的主办方。大学期间，陈琼彪策划过许多大小型活动，不仅丰富了自己的阅历，也锻炼了自己的学习与工作能力。陈琼彪说："只有不断强大自己，拥有更多的能力，去实践，去锻炼自己，才能更好地与社会接轨。"

"机遇可遇不可求，需要牢牢把握。"陈琼彪说。他的家乡温州永嘉是一个美丽的地方，有很多景区。陈琼彪曾经想着，毕业后在家乡景区卖门票，也是一个不错的工作。但2003年，卖门票的岗位也是事业单位编制，陈琼彪与这个机会失之交臂。后来几年，陈琼彪一直想要一份"安全感"，所以一直在寻找适合自己的工作岗位。

2003年，陈琼彪大学毕业后，先后在杭州某知名景点任营销部经理，永嘉某五星级酒店任营销总监。因为工作的不稳定性和成长度有限等原因，陈琼彪一直缺乏安全感。2006年，一个机会悄然到来——招商银行杭州分行招聘一名支行办公室主任。陈琼彪凭借出色的表现和良好的能力，正式入职，这一干就是9年。"一个真正强大的人，会向内去寻找安全感。"陈琼彪说，"一切都在变，只有让自己不断精进来适应变化。"陈琼彪渴望突破自我，2015年初通过干部竞聘，在招商银行杭州分行管理部门担任总经理助理。

2017年开始，陈琼彪先后担任招商银行杭州转塘支行行长和招商银行杭州文晖支行行长，当时这两家支行的业绩在分行系统内均处于落后状态。陈

情系树人

陈琼彪（左）在接受采访

琼彪赴任后，一方面，努力学习新知识和技能，不断提升自己的业务水平；另一方面，千方百计寻求各方面工作的突破。因此，他很快赢得了上级领导和同事的认可，工作上也有了起色，两家支行的业绩快速提升。2022年，陈琼彪被调任招商银行杭州滨江支行行长。滨江支行是系统内的"优等生"，陈琼彪赴任前，滨江支行在系统内是业绩排名前三的明星支行。陈琼彪说，高位接盘，压力不小。经过陈琼彪和团队的共同努力，2023年滨江支行的排名继续攀升，取得了系统内第一的骄人业绩。

"那种依靠自己的努力，在工作中学到一个个技能，真的让自己的心越来越踏实，越来越有安全感。"陈琼彪说，其实人生最大的安全感是自己给的，想要安全感，就必须把自己培养成一个强大的人。"当我们强大到能够通过自我能力获得安定、满足的时候，我们的内心便可以获得真正的自由。所以，自己强大，是获得安全感的最佳方式。"

陈琼彪：工作的"安全感"是自己给的

王科：做温暖城市的一道光

【人物名片】

　　王科，2003届家政学专业校友，中共党员、社会工作者、国家社会工作师，温州市第8届、第9届青联委员、温州市民政局社会组织联合党委委员，首批浙江省志愿服务专家库成员、浙江省慈善联合总会行业发展委员会委员、浙江省社会组织领军人物。先后发起创办了温州爱心屋网络公益宣传服务中心、鹿城区益荟社会工作服务中心等多家机构，被评为浙江省十大杰出志愿者，荣获"最美浙江人——2015青春领袖"提名奖、浙江省"战疫群英"优秀个人、温州慈善奖、最美温州人、温州市社会工作督导人才等20多项荣誉。

采访时间：2023年7月9日

采访地点：温州爱心屋网络公益宣传服务中心、温州市鹿城区益荟社会工作服务中心

作　　者：邢雨芊

指导老师：史永红

"你未必光芒万丈，但要始终温暖有光。"王科说，我们的一生都在寻求进入一个光明、美好的境地，一个充满爱与温暖的国度，世上只有一种英雄主义，就是在认清生活真相之后，依然热爱生活。

从王科到紫苏，她一步步走向公益

2005年，王科加入爱心屋，以"紫苏"作为网名参加了第一次助学走访。这次文成山区助学走访行动，让王科感受到公益的价值，在心底埋下了做公益的种子，在事业之途兜兜转转之后最终选择投入公益事业中。

大学毕业后，王科从银行客户经理到医保中心办事员，又在媒体工作了11年，创办了浙江省首家媒体人发起的公益类民非机构，2022年又离职投身为全职公益人。大学时的班主任吴汉龙老师曾戏谑地说："你是我们班最不可能干社工这份工作的。"但偏偏是她，将公益事业作为了自己的毕生追求。

2023年5月20日，在毕业二十周年班会上，吴汉龙老师以她的经历作为寄语，说："因为你不知道在什么时候，有人因为你走出黑暗，所以你心中永远要保持善良；因为你不知道在什么时候，有人因为你走出绝望，所以你一定要保持心中的信仰；因为你不知道在什么时候，有人因为你走出迷茫，所以你一定要相信自己的力量；因为你不知道在什么时候，有人因为相信了你，他才开始相信自己，所以在任何时候，我们都要用生命去影响生命。"因为这个社会需要阳光，于是，就有了一群温暖的人，就有了王科和她的公益伙伴们。

做点有意义的事，别等离开时才后悔

坚持做公益的这 18 年来，王科和她的小伙伴们给泰顺山区的孩子们送过冬日的暖衣暖鞋，资助山区的贫困学生读书，并为他们拍照，留下成长的印记。她对他们许诺："只要你们努力读书，爱心屋就支持你们读到最高学府。"时光飞逝，那些曾经被资助的孩子也已长大，有本科毕业继续读研的，有毕业后已成家立业的，也有回到爱心屋实习反哺的……他们帮助过的人实在太多了，王科自己也记不全了，但她相信，善念播下的种子，终有一天会开花。

婷婷来自青田山区，患有先天性心脏病，因为家境并不富裕，手术的医疗费成为家庭扛不起的重担。在温州附二医儿童医院，王科决定资助医疗费时，婷爸激动得差点跪倒在地上。手术很成功，让大家都感到很欣慰。

婷爸原本是一个卖油条的小摊主，每次带婷婷回温复查，就会一大早炸好油条，拎着满满一袋，坐几个小时的大巴车送给王科，以最质朴的方式表达了一个普通家庭的感恩之心。多年后，婷婷通过手机号码重新找到王科。

王科（中）与暑期社会实践团成员合影

王科说，我看到婷婷恋爱了，毕业后在当地区人民法院工作，过上了正常人的生活，特别开心。

从助学起步，王科和爱心屋志愿者们累计结对贫困学生1000余人，受益学生逾10000多人，另成立了2个爱心敬老点、15个爱心助学点、4个爱心电脑室、14个爱心图书室、2个"微孝暖巢"为老项目服务点，累计捐赠图书5.2万册，捐赠各类财物价值2000多万元。

有些事，除了会想还要会做

在王科看来，公益不仅仅是简单的捐钱捐物，更应该掌握专业技能，能结合国家政策和社会资源，为困难群众寻找更多可持续的、有效的帮扶方式。在医保中心工作时，王科看到来自泰顺山区的血友病患者家属发出的一个求助帖。患者年迈的父亲为了给他治病，不得不卖房，并卑躬屈膝到处借钱甚至乞讨。王科在想方设法为患者筹款的同时，还运用自己的医保知识为他申

王科（右一）为孩子们建立爱心图书馆，送书下乡

办了医疗保险，让他每年都可以享受到国家的医疗政策。

王科还推动温州市慈善总会打造了乐善365网络公益平台，使温州的互联网公益更规范化、透明化。平台累计帮助82家机构，发起项目及救助320个，筹款逾1600余万元，30万人（次）参与捐助，25万余人受益。

2011年，"7·23"甬温线特别重大铁路交通事故发生。王科和伙伴们立即建立了第一个民间志愿服务站，积极承担各类救助信息中转、伤员救护及家属接待照护工作，还发起"全城献血"接力行动，受到时任浙江省委组织部部长蔡奇的赞赏，"7·23"救援集体被评为"感动温州"最美志愿集体。最后离开温州的伤员是一位来自西安的女孩，她说，一直是温州人在帮助她、给她关爱。她康复后的第一件事就是做义工，她要把这份爱传递下去。

在王科看来，公益不一定要做到很大的范围，能让一个人、一群人感到生活的美好和意义也是公益。2013年，王科和摄影师朋友发起了"与子偕老"公益摄影服务项目，为老年人拍摄婚纱照和个人照。在过去那个贫穷的年代，很多人都没有一张像样的照片，更不要说婚纱照了。王科和爱心屋的志愿者们一起，为白发苍苍的老人们拍摄婚纱照，帮他们圆梦，也给他们的子女留下了岁月影像。后来，又从一张照片延伸出了一个"慈孝生日会"公益服务项目，这也是全国首个为80岁以上高龄老人打造的主题庆生特色服务项目。一张照片、一束鲜花、一张贺卡、一场互动、一次生日宴……在这个生日宴会上，"上慈下孝"的模式打破了年轻一代和长辈之间的代际隔阂，已是耄耋之年的老人精神焕发，青少年志愿者们则学习了孝道文化。此后，"慈孝生日会"成为鹿城区的慈孝文化品牌，王科和她的爱心屋也被评为"浙江省敬老文明号"。

在失独老人眼里，王科就是他们的女儿。结合"五暖行动"，王科和伙伴们一次次走访慰问和一次次小组服务，还成立了温州市首支全部由失独人员组成的"依鹿暖心"志愿服务队，让失独家庭从被助到自助再到互助、助人，重新筑起梦和希望。

成为温暖城市的一道光

王科说，她要做温暖城市的一道光。她做到了。她向温州市市长发起过"冰桶挑战"接力，让社会更加关注渐冻症和白血病等重症患者。"4·20"雅安地震时，她是那个背着50斤户外包、带着一台笔记本电脑和一部单反相机深入灾后救援和灾后重建的志愿者。她送去了救灾物资，建立了灾后的多媒体教室和爱心图书室。在新冠肺炎疫情肆虐时，她联合温州市慈善总会等单位发起了"抗击疫情，共守温州"项目，筹集对接各类物资价值553万元，助力抗疫、复工、复学，累计发放各类防疫物资362488件，惠及350多家单位和学校，受益人群近20万。同时还向意大利、伊朗、韩国、塞尔维亚等16个国家捐赠各类物资130800件，个人和机构事迹先后在人民网、浙江在线、钱江晚报等主流媒体上宣传报道，被评为浙江省"战疫群英"先进个人。

在王科的朋友圈置顶这么一句话：你未必光芒万丈，但要始终温暖。不是每个人都有机会走到舞台前让很多人看到，但希望每个人都能成为温暖他人的人。

肖伟：初心如磐的国防建设者

【人物名片】

肖伟，2003届制冷与空调技术专业校友。现任某研究所第五支部书记、质量部副主任，高级工程师，多个国家重点项目的质量师。参加工作后，他秉持严谨踏实的工作态度，不懈努力，先后获得优秀员工、优秀党员、集团"春雨人才"等荣誉。在核心期刊发表论文10余篇（其中第一作者7篇）、SCI三区二作1篇、EI论文四作1篇，获得专利5项、软著2项，参与编制国家军用标准1项。

采访时间：2023年8月3日

采访地点：线上采访

作　　者：池意荷

指导老师：应钰璐　李明珠

2000 年，肖伟踏入浙江树人学院大门。那年，原几所中专学校刚与原树人联合组建成立了新的浙江树人学院。当时校园的环境虽然并不气派，但充满着朝气蓬勃、昂扬向上的活力。篮球场、生环大本营、图书馆等都曾留下他的身影。

"我在校时印象最深的是我的班主任陈雪松老师。她把我们当小孩来教育，或者说我们把她当妈妈，无论学习还是生活上，陈老师都给我们无微不至的关注。"肖伟不无感慨地说，很幸运碰到了这些老师，他们治学的态度及对学生的关爱，都对他产生了深远的影响。

谈起自己所学的专业，肖伟说："至少我现在从事的工作，还有一些国防建设特殊环境下的工作，还是需要这些专业知识的。"他还记得，当时每周都有一门精工课，那也是他最期待的课程。在课堂上，他们一起锉铁块、钻孔、攻螺纹等，最终做成了一个完整的小锤头。他说："我现在还保留着当时在大学里做的那把小锤子呢！"

肖伟

在大学里，他认为自己最大的收获是学习能力的获得。"在大学里学的专业并不代表着将来一定会从事相关工作，但是在大学里学到的学习方法或者是学习能力，能帮助你更好地适应社会。"当时他在学生会认识了各个学院一些优秀的同学，他也成长为一名优秀的校生活部部长。他用工作中的PDCA循环来解释："在学生会，比如说你要办好一个活动，肯定要先策划（Plan），然后再去做（Do），在做的过程中要检查（Check）是否有问题或者说下一次策划某个活动时是否有需要提升的地方，然后处理好（Action）。"他深有感触地说，有些东西是书上学不到的，需要我们从实践中获得。

肖伟毕业后进入研究所。该研究所是我国重要的军工研究机构之一。谈及到研究所工作的机缘时，他笑着说："我毕业时有两个选择，一是留在学校做辅导员，二是来这家研究所。"当时，中国已经发生了翻天覆地的变化，人民的生活水平有了很大提升，但国防建设还相对较弱，所以他响应国家号召，选择来到这家研究所。在那里，他从检验师做起，一步步成长为集团人才。工作后，他还去浙江大学学习了计算机科学技术，参与了一些大国重器建设工程。他满怀信心地说："虽然我们的国防建设起步较晚，但我们有能力、有信心完成祖国交给我们的任务！"

对于母校近年来的快速发展，肖伟感慨不已，也感到非常荣耀。对于我们提出的大学如何学习问题，他的建议是：第一，认真学习专业知识；第二，大力拓展前沿知识；第三，学会做人。"希望树人学子们能找准定位，向着自己热爱的事业，一路前进。"

唐亮：创业，风险与机遇同在

【人物名片】

唐亮，2003届制冷与空调技术专业校友。2006年创立杭州瑶源丝绸有限公司；2011年创立杭州尚嘉嘉服饰有限公司，与国内外100多家知名高端服装品牌保持长期战略合作关系，并于2016年推出自己的服装品牌COCOCOZI；2014  年成立杭州矜羽电子商务有限公司；2017年开设COCOCOZI品牌天猫旗舰店，并于2019年荣获天猫"致IN"新商业品牌奖；2021年被列为天猫真丝女装垂直领域KA商家名单，为平台重点合作战略品牌；2022年被列为抖音平台"抖品牌"，为平台重点合作战略品牌；2023年5月，线下首店西湖银泰店开业。

采访时间：2023年7月14日

采访地点：杭州瑶源丝绸有限公司

作　　者：吾奕文

指导老师：陈克达　李雨泽

唐亮似乎从没想过要过安稳的生活，他从大二开始便在校外找工作，并在长期做推销员的工作中积累了丰富经验，锻炼了交际能力、沟通能力、应变能力、人际交往能力，为日后创业打下了深厚的基础。

　　现在，唐亮经营着服装企业，集中为国内外中高端品牌提供原材料，并创立了自己的品牌。"好材质、好设计、好价格"这九个字，成为他自创品牌的目标。创新、团队和毅力，是他创业成功的重要因素。

　　首先，创新是创业的核心。材质的创新、款式的创新，能让公司在竞争激烈的市场中崭露头角，差异化的产品和服务能吸引不同需求的消费者。在服装企业，他们通过独特的设计和高品质来吸引忠实的消费者；在电子商务模块，他们致力于构建智能化的购物平台，提供更便捷的购物体验，并与多个购物平台合作，被多家平台评为最佳合作品牌方。疫情期间的转型，也给公司带来了巨大的机遇与挑战。2022年，在3000多家品牌中，他们脱颖而出，成为获得天猫新商业品牌奖的6家店铺之一。

　　其次，选择合适的团队以及前期的市场调研至关重要。"如果你以为在

唐亮（中）与采访团成员合影

中国市场没有竞争，那么这个品牌最终会走向灭亡。"一位前辈说的这句话对唐亮影响至深。他很庆幸自己拥有一支志同道合的团队，他们都非常有能力且乐于合作，前期的市场调研、定位、细分，大家始终密切配合、分工合作、流畅运营，使企业始终稳立潮头。

最后，持之以恒是取得成功的关键。创业旅程充满坎坷和困难，竞争带来的挑战也是全方位的。特别是在疫情期间，"活下去"成了他们别无选择的挑战目标，有无数挑战者败下阵来，他们咬紧牙关、坚持不懈、披荆斩棘，终于成功闯关。

对于大学生创业，唐亮有几点建议。

第一，要有正确的态度，有足够的心理准备，才能应对各种困难和压力。身处一个快速变化的时代，还应有危机意识，始终保持学习和进取的姿态，不断提高自己的创业能力。

第二，与人为善，建立良好的人际关系。在互联网时代，良好的人际关系可以帮助你更好地推广产品，拓展你的商业网络。

第三，明确自己的产品或服务定位，找到自己的特色和差异化的竞争优势。要想在市场上立足或在竞争中胜出，必须找到自己的特色和亮点，独树一帜。

第四，要有足够的毅力和耐力。创业之路充满各种考验，特别是面对挑战和失败时，必须保持定力，只有不怕失败、勇往直前，才能最终获得成功。

在唐亮看来，创业是一个让人快速成长的过程。在这个过程中，他学会了如何思考问题和解决问题，学会了如何与人合作，组建一个优秀的团队。创业也让他变得更加独立和坚强，敢于面对困难和风险。但是，创业并非只有成功，失败也是创业过程中的一部分，失败并不可怕，只要我们从失败中吸取教训，保持积极的心态，努力奋斗，成功就在不远处。

蔡建煌：梦想从"旅游"启航

【人物名片】

　　蔡建煌，2003届旅游管理专业校友，现任浙江保利运通文化旅游发展有限公司（简称"保利旅游"）总经理，杭州市大学生创业导师，浙江省体育旅游促进会副会长，杭州市关爱孤儿基金会理事。曾任浙江万达旅游集团核心创始人兼总经理，浙江省旅行社协会副会长，浙江省第十届青年企业家协会理事，杭州市第七届青年企业家协会理事，杭州市第二、三届温州青联委员。

采访时间：2023年7月2日

采访地点：浙江保利旅游

作　　者：段允培　季源杰

指导老师：董自光　张彩霞

2000 年，蔡建煌基于对当时国内经济形势的判断，认为旅游将成为未来经济发展的增长点，因而填报志愿时果断选择了旅游管理专业。年少的他未曾料到，多年后，这条承载他少年梦想的航船将漂洋过海，驶向更辽阔的世界。

回忆大学的学习生活，蔡建煌说，除了收获专业知识，最让他受益匪浅的是形成了正确的人生观和价值观，为他后来的"建功立业"打下了桩基。在校期间，他对自己的大学生涯就有了清晰的规划。他说，大学生活是一生中最轻松最幸福的时刻，也是一个试错成本最低的平台。所以从大一开始，他就积极参加学校的各类活动，当选学生会副主席；大二时，他就将目光转向社团，踊跃参加社团活动，并逐步创办起自己的社团（现树人旅游协会的前身）。他在自己发光发热的同时也不忘带动身边的同学一起探索前进的道路，共创美好未来。蔡建煌还有意识地在校外寻找实习机会。可以说，他的整个大学生活是有条不紊、循序渐进的，一步一步向自己的目标靠近。

毕业后，他沉淀了六年。在这段时间里，他秉持多学多做的信念，深耕本专业，2009 年正式创立公司，成为浙江光大旅游集团的联合创始人。2015 年，与北京万达集团完成并购后正式更名为"浙江万达旅游集团"，接着完成了与万达的三年对赌协议，之后又完成了两年的竞业协议。2021 年，他离开浙江万达旅游集团。2022 年，他重新搭建了一个全新的平台——浙江保利运通文化旅游发展有限公司并担任总经理。保利旅游目前旗下有三个旅游公司和一个会展公司，分别为浙江星辰国际旅行社有限公司、浙江越捷假期国际旅行社有限公司、杭州星汇国际旅行社有限公司、杭州星汇会展旅游服务有限公司，主要经营出境旅游和国内旅游、疗休养、会务会展，以及入境旅游。

蔡建煌说，三年疫情对旅游业的冲击是巨大的，但疫情也让他停下脚步，有时间静下心来好好思考今后的发展方向并沉淀自己。

蔡建煌（中）与暑期社会实践团成员合影

　　有些人常常将旅游管理视为所谓的"天坑"专业，蔡建煌却持有不同的看法。他认为，这种现象其实并不仅限于旅游管理专业，这就像驾驶者对于车辆品牌的感知，开宝马的司机可能觉得路上都是宝马，而开广本的司机则可能觉得满街都是广本，这更多的是一种心理现象，而非客观事实。从更深层来看，这种现象反映了我们当前的教育体系和社会需求之间的某些不匹配。国家正在积极推进教育制度改革，包括大力发展技校等教育机构，以期解决这一问题。同时，学生的这种迷茫情绪也在一定程度上反映了当前社会的"内卷"和经济的快速发展。这种迷茫和焦虑是每一代人都会经历的，只是每个时代迷茫的焦点可能有所不同。

　　"面对这种迷茫和焦虑，我们应该学会区分哪些是关乎个人的问题，哪些是外部环境的问题。"蔡建煌继续说道，如果你内心有"坑"，那么无论你学什么专业，都可能觉得那是个"坑"。重要的是，我们应该专注于当下，努力解决自己的问题。学习的知识和经验、坚定的信念和稳健的心态，这些都是我们走向成功的关键要素。

来少君：在不断挑战自我中成长

【人物名片】

来少君，2003届酒店管理专业校友，曾任绍兴大禹开元观堂酒店总经理，现任嵊州剡都酒店经营有限公司等公司高管。

采访时间：2023年7月1日

采访地点：嵊州开元名都大酒店

作　　者：段允培

指导老师：董自光　张彩霞

毕业于酒店管理专业的来少君，立足并深耕于所学专业，不断以更高的标准严格要求自己，让自己的职业生涯丰富多彩。

来少君说，他当时选择了金融专业，后被调剂到旅游管理专业，也算是机缘巧合学了旅游管理。在校学习期间，他认为课程设置偏向实务，这对他的就业很有帮助。2003 年，他毕业后便进入大禹开元观堂酒店实习，从酒店的前台做起，转正后在基层摸爬滚打一年半，然后进入管理层，此后 10 年时间都在做部门主管，2014 年正式担任总经理。

来少君喜欢并善于与人沟通交流，在他看来，"酒店是一个城市的社交中心，更是一个社会的缩影"，来自社会各界、四面八方的人们入住酒店，酒店工作人员与人沟通与交流的能力就显得尤为重要。

我们不禁问道：是什么让他成长为五星级酒店高管的呢？他说，是"情商大于智商"。

自 2014 年开始，来少君就一直担任大禹开元观堂酒店总经理。他深入挖掘绍兴本土文化，打造独具本地特色的度假酒店，并致力于建设酒店所在的平城街主干道，为把平城街打造成别具特色、多元化、多业态的文化古街贡献自己的力量。

大禹观堂坐落于会稽山下，现址原为大禹后裔"姒姓"家族繁衍生息之地，大禹的后代世世代代在这守陵、耕耘，至今已有数千年历史。这里不只是酒店，更像唐风孑遗、宋水依依的江南水乡。白墙墨瓦的建筑和原生态的水乡氛围，吸引了众多游客慕名而来并在此留宿，观堂酒店也因此成了游客的落脚地。

在打造大禹观堂的过程中，来少君始终关注传统村落文化的保护，着眼于村落自然与人居环境的整体规划。大禹观堂一期不破坏一草一木，客房利用原有的老砖、老瓦、老窗、老院，不仅保持原有的建筑风格，还保留了村落房间的木头及砖瓦结构。具体而言，以白墙墨瓦的民居为主体，小桥流水

情系树人

来少君（右二）与暑期社会实践团成员合影

穿插其中，祠堂、戏台、天井、古街、石巷等景致相映成趣。

"我们每年都会投入几百万元用于整体老房子的保护。江浙一带台风较多，为了让老房子更加安全，我们会把大量精力和经费用于屋檐、墙面和地面的保护和修复。另外像古戏台、石拱桥，还有很多的檐廊，也是我们每一年修缮和保护的重点。我们一直对修缮工艺进行研发，力图修旧如旧，还原老建筑的肌理。"来少君说，除了重构乡村空间的美学面貌，如何给大禹村注入新血液，研究在地文化的故事逻辑和体系，也是摆在大禹观堂管理层面前的一个重要课题。一个优秀品牌的入驻，不只是对建筑文化的保护，还有自身品位调性的体现以及对本地传统文化的挖掘、解读、革新与呈现。

当来少君在大禹观堂酒店作出成绩后，转而来到嵊州开元名都大酒店担任总经理，他打算从这里重新开始，挑战不一样的自己。

嵊州开元名都大酒店是嵊州市地标性建筑，190米的高度刷新了城市的天际线。来少君说："人生就是要不断挑战自我，不断丰富阅历，让自己的职业生涯更加多彩。"

何彬：来自木玩世家的"木玩家"

【人物名片】

何彬，2003届国际贸易专业校友。浙江木玩世家玩具有限公司董事长，杭州定格文化创意有限公司董事长，浙江和信玩具集团有限公司总裁，中国玩具和婴童用品协会副会长，国家高级玩具设计师。浙江省共青团第十二届代表，云和县第十五届人大常委会委员。

采访时间：2023年7月13日

采访地点：杭州市上城区东方电子商务园7号

作　　者：沈丹凝　高心悦　童佳乐　蔡全齐　严赟佳　周　靓

指导老师：胡巧红　沈丹妮　邓成林

父析子荷 发扬光大

何彬出生于玩具世家。这个玩具世家的起源还得从一个小小的县城——云和县说起。云和虽不足 1000 平方千米，但有着大大小小 700 家木制玩具生产企业，全国 50%、全球 4% 的木制玩具都产自这里。何氏家族则带动了整个"中国木制玩具城"云和县的崛起和发展。

1972 年，何彬的爷爷何寿祯只身前往上海，克服种种困难，拿到了海外的加工订单，又研发了新的技术，最后成功通过验收，进入生产。随后云和县一批"二轻"、乡镇集体企业纷纷转产木制玩具，一家家玩具厂陆续成立，开创了云和木制玩具生产的先河。

1980 年，何彬的父亲何尚清接过何寿祯的担子，成为云和县赤石玩具厂厂长。爱钻研的他通过自学摸索，发明了多个木玩机械，仅用 8 个月时间，建起 3000 平方米的新厂房，并制定了管理制度，玩具厂也因此面貌一新。1985 年，玩具厂实现产值 17.8 万元，云和县和信工艺品有限公司随即成立。

1998 年，亚洲金融风暴袭来，何尚清的工厂也没能幸免，和信的资金链

丽水县二届一次手工业社员代表大会梅沅丽云小组合影

越来越紧绷，最紧张时，工厂食堂连买米的钱都没有。从 20 世纪 90 年代的明星企业，到几近濒临破产的窘迫，何尚清承受着巨大的压力。这次金融危机带来的影响，在何尚清凭借破釜沉舟式的勇气和积极努力下，依托香港带来的新机会，最终在两年后成功消除。

2003 年，大学毕业的何彬接班担任和信玩具有限公司总经理，全面执掌所有业务。一年后，何彬决定做自主品牌。他将企业的发展战略定位为借力电子商务，"贴牌＋品牌"相辅，"传承＋创新"并行。2004 年，何彬荣获阿里巴巴全球十大网商称号。在颁奖典礼上，何彬和淘宝上海联盟的盟主丁楠相遇，两人一拍即合。7 月，何彬注册线上品牌"木玩世家"，丁楠负责其线上的品牌运营，以授权第三方加盟的方式打造"木玩世家"线上品牌连锁店。淘宝低成本的推广使得木玩世家品牌迅速成长起来，很快这个新品牌就拿下了线上销售母婴类第五名的好成绩，这也成了何彬打造自主品牌的一个突破口。

从计划经济时代到改革开放时代，再到互联网时代，何氏家族使中国延续千年的传统工艺得以传承，而每一代人又在新的时代背景下实现突破与创新。作家马伯庸说过："一个家族的传承，就像是一件上好的古董。它历经许多人的呵护与打磨，在漫长岁月中悄无声息地积淀，慢慢地，这传承也如同古玩一样，会裹着一层幽邃圆熟的包浆，沉静温润，散发着古老的气息。"但家族也容易守旧，容易沉浸在曾经的优势、曾经的家族间的感情联系中。从第一代何寿祯的木玩生产加工订单，到第二代何尚清的管理制度改革，到第三代何彬的品牌文化战略，家族企业地理位置与营销模式也从乡村发展到大都市深圳，从代销发展到运用互联网的混合销售模式，每一代人都在上一代人的基础上实现创新，重新为企业注入活力，体现出家族接班人的勇气、睿智与眼光。

与时舒卷　思属风云

何彬毕业的时候，正值电商行业兴起，正所谓"所当乘者势也，不可失者时也"。他机敏地认识到机不可失，马上带着团队的产品进入了电商行业。当时的电商概念就像现在的直播一样，是一个"风口"。何彬和他的团队乘"风"而上，迅速产生了影响力，品牌的知名度也得到提高，2004年被评为首届中国十大网商，2005年再次获得阿里巴巴的十大网商奖项，何彬成为中国唯一一位两次入围十大网商的企业家。2007年，何彬被授予中国玩具业界精英称号。2007—2010年，连续四年被评为中国玩具行业杰出企业家，并荣获2011年度"文化新浙商"新锐奖。

"大学生涯是人生最宝贵的一段时光，也是在整个青春记忆里永远没有办法抹去的，哪怕在睡梦中也会时常梦到当年的青春时光。"回顾大学时光，何彬说，母校对他的影响和帮助非常大。当时，家族生意不太好，他父亲经历了一些挫折，希望何彬能够接手家族生意。因此他在树大学习过程中，非

木玩世家（中为何彬）

常认真地选择课程，并学以致用。树人非常注重学生应用能力的培养，课程内容非常务实，他从中受益匪浅。

正所谓没有一个冬天不可逾越，没有一个春天不会来临，熬过了最艰难的时光，终于迎来黎明的曙光。何彬毕业时电商行业正处于"风口"期，创业的契机如春风拂面而来，何彬带着他和团队的产品进入了电商领域。他牵头组织成立了云和木头人俱乐部，为云和县新一代的玩具人搭建起信息交流、资源共享的平台，树立了云和玩具人的新形象。何彬还注重品牌建设，先后创建了爱木、比好、木玩世家等自主品牌，积极开拓国内市场，陆续在全国各地开设了 70 多家"木玩世家"玩具专卖店。

"见过海啸的人就不会惧怕河流"

德国哲学家尼采说："凡是不能毁灭我的必使我更强大。"谈及在创业中最大的收获时，何彬说，人变得更坚强了，内心变得更强大了，就如那弄潮儿向涛头立，却能手把红旗旗不湿。一次次的成长蜕变，体现了世家的责任感，如今他也到了父亲当年的年纪，更体会到了创业的艰辛坎坷与来之不易的成功，世家是代代相传的荣耀，亦是后浪推前浪的责任。

在后疫情、全球局部冲突加剧的背景下，世界经济的严峻形势几乎波及所有产业，他们也不例外，持有的库存没有消化掉，国内的木玩产业也面临种种困境。何彬敏锐地意识到，木玩产业本身要突围，必须加快转型和提升。

纸上得来终觉浅，绝知此事要躬行。在何彬的带领下，他们开始了一些新的尝试和突破。他们创办了一个云和木玩展厅，利用这个展厅把所有具有自主品牌意识的企业集合起来，使他们的木玩现货产品可以通过抖音、网络达人、自媒体等进行销售。按照当时以国内大循环为主、外循环为辅的布局，先做好国内消费市场，何彬称之为"自律抱团"。

创业本就并非易事，何彬对新一代"后浪"的建议是：首先责任是第一位的，也是核心；其次要学会担当，企业家不仅要有商业目光，更要有担当精神；最后要懂得隐忍，方能有所成就。此外，有些时候可能还需要"偏执"，坚持己见。

见过海啸的人就不会惧怕河流。何彬的创业经历告诉我们，年轻人就该勇闯天涯，更需要一颗永远奋斗的心。

黄震喜：逐梦而行的创业文人

【人物名片】

黄震喜，2003届视觉传达专业校友，现任杭州立华广告有限公司、杭州迪赛包装科技有限公司和杭州大禹山房品牌管理有限公司总经理。2002年，创作雕塑"绍兴鲁迅故里""雪窦禅寺弥勒佛"；2003—2005年，受聘在浙江理工大学担任成教学院教师。浙江收藏家协会古籍部分会理事，杭州市青年文学艺术联合会会员。2016年，创立"大禹山房"品牌；2016—2021年，代表下沙经济技术开发区连续参加三届文博展；2018—2021年，在西泠印社参与编印《丁丑结余》《王福安印谱》《茶禄谱赞四集》《曼生手札》等20余本古籍；2017—2021年，带领公司团队，连续五年成功申报杭州市文创项目，并获得专项资金，成果众多。

采访时间：2023年6月16日、7月1日

采访地点：杭州下沙6号大街452号高科技企业孵化器

作　　者：孙伊佳　曹佳钰

指导老师：张彩霞　吴兴明　林　涵

黄震喜不仅在茶文化、瓷文化和香文化产品开发等方面深耕，成功创造出龙泉青白瓷、龙泉煮茶器，致力于创意包装的开发和研究，还在古籍收藏、保护和开发等方面颇有建树，在西泠印社参与编印《丁丑结余》《王福安印谱》《茶禄谱赞四集》《曼生手札》等20余本古籍。他办公桌上的青瓷温润如玉、晶莹透亮、纹理有趣，有些是古董，有些是他亲手烧制的。在畅谈中，黄震喜回顾了在母校学习与生活的点滴，也分享了自己毕业后的创业经历，并介绍了公司目前的情况。大禹山房致力于文化创意产品的开发，各类文创旅游产品、纪念品及衍生品的定制，集收藏、研究和出版为一体，旨在让文化"潮"起来、让传统"兴"起来。公司不断挖掘产品特性，延展产品功能，积极联络各方渠道，与各个行业合作，开发瓷器、艺术品，致力文化输出。

学习之路：活到老，学到老

黄震喜从浙江树人学院毕业后，又到中国美术学院继续学习雕塑和陶瓷技术，2002年创作了雕塑作品《绍兴鲁迅故里》和《雪窦禅寺弥勒佛》。艺术的道路既煎熬又辛苦，他铆足了劲不断提升自己，每天看版画、画油画，把自己的热爱当成一种使命。

黄震喜说："不要被传统束缚，要做逆行者。"在艺术创新上，他认为书本的知识比互联网更加深刻、更有中国传统文化底蕴。他是古籍爱好者，有了一定经济条件后，便开始着手收集古籍善本，并将残破不堪的古籍修复后，小心翼翼地收藏在自己的小房间里。他也是读书爱好者，不仅学习古籍中的知识，还经常请教老师，把所学知识投入到自己的创作中，如他桌上那个刻着《易经》八卦的陶瓷制品，便融合了他所学的各方面知识。

黄震喜一个月至少逛两次书店，从中寻找创作灵感。他既翻阅经济类的

黄震喜（左三）与走访团师生合影

书，以提升自己的政策敏感性和觉悟性；也翻阅艺术前沿类的书，了解艺术界各流派的最新动态，并深入研究，期望能触类旁通。他深知，必须心无旁骛、全身心地专注于一件事情，才能成功。

黄震喜的不断进步也离不开身边人的影响，原本不太爱说话的他，接触各行业的专家，就如同站在他人的肩膀上看世界。他将引起自己共鸣的画作收入自己的藏库，与画作产生"心灵感应"。他说："艺术是会有人欣赏的。"长年的积累和自身的学养，让他能独具慧眼地从成千上万幅画作中挑出优秀作品，也让他得以结识各行各业的专业人士。在商业经营上，他也不断积累经验，虚心向他人取经，并与其他公司合作，不断成就更好的自己。

<h2 align="center">创业之路：有志者，事竟成</h2>

每个创业者的成长之路虽各不相同，但其中的艰辛则大体相似：从无到

有、从小到大、从弱到强，最终走向成功。创业者最主要的品质也极为相近：不仅有勇有谋，还有胆有识。这在黄震喜的身上也得到了很好的体现。

在创业过程中，黄震喜经常给自己树立目标。他说："如果你的一个目标完成了，那么你一定会完成第二个目标。目标可大可小，不断倒逼自己，只要具备成功的基因，最终一定会获得成功。"设定一个目标，在实现目标的过程中，可以不断纠正自己，不断靠近成功。当然，志同道合的朋友也很重要，从朋友身上可以学到很多、得到很多，既可以开阔自己的视野，也能意识到自己的缺点和不足，优秀的朋友可以让自己变得更优秀。

黄震喜说："当你决定去做一件事的时候，一定要把它做完，而且一定要把它做好。"他是这样说，也是这样做的。2002 年，绍兴鲁迅纪念馆招标时，他突然来了灵感，觉得版画可以让效果更好，但当时的评标已接近尾声，于是他连续工作 7 天，甚至通宵达旦，困了就喝咖啡，喝完继续接着干，最终完成了这个项目的创作。当时，几乎所有人，也包括他自己，都对中标不抱太大希望，所幸功夫不负有心人，他最后成功竞得了这个项目！这件事对他触动很大，他意识到，如果你对自己狠一点，可能世界真的会为你改变。

2005—2006 年，黄震喜开始创业，创办了杭州立华广告有限公司；2013 年，又创办了杭州迪赛包装科技有限公司。创业并非一直一帆风顺，他也经历过一段艰辛的时光，但他始终没有放弃，最终取得了成功。2016 年，机缘巧合之下，黄震喜来到青瓷之都——龙泉，看到龙泉人把传统的陶瓷重新推到了前沿，受到启发，他也想让陶瓷更加商业化、礼品化，于是在 2016 年创办了杭州大禹山房品牌管理有限公司。

成功之路：铸新陶旧，与时俱进

企业只有出奇制胜，不断创造新系统、新产品、新市场，才能立于不败之地。黄震喜意识到，继续沿着传统的方法做包装很难再有突破，且竞争力不足。一次偶然的机会，黄震喜尝试着将青瓷与包装设计相结合，对传统的包装材料进行创新，突破纸类、塑料类等传统包装材料的限制，利用瓷器作为包装的材料。2012年，花西子品牌推出的"妆写"系列口红壳、散粉盒等，就是大禹山房公司设计制作的。该产品一推出就牢牢吸引住了消费者的眼球，这也是以青瓷作为包装材料首次引入了设计，它也成功地进入了人们的视线。

"在创新这条路上，一定不要有程式化的思路。"黄震喜跳脱"青瓷"一直是"青"的局限，烧制出红色、粉红色的作品，成功创造了龙泉青白瓷，并进一步把青瓷与其他材质结合，让青瓷更加商业化、市场化。

黄震喜的兴趣和爱好非常广泛，他爱瓷、爱茶、爱书，热衷于传统文化，所创办的大禹山房就是集收藏、研究和出版于一体，实现让文化"潮"起来、让传统"兴"起来的公司。"还图书以尊严"是大禹山房的一个宗旨，他们与出版社合作，参与编印20余种古籍，且在书的形式上进行创新，与青瓷结合，制作出瓷书。

创新要不走寻常路，才能找到自己从未见过的东西。黄震喜在对"瓷"的创新中，让青瓷重新进入人们的日常生活，而不再只是一个摆件，让"瓷"更加生动。"对一个东西感兴趣，不是浅浅地感兴趣，而是要去研究，还要花很多时间去研究，时间才是最好的老师。"

黄震喜这样总结自己的创业历程，既是自勉，也是对后辈校友的勉励："这是一个凝聚梦想的时代，每个人都怀揣着梦想，梦想有大有小，我们应该尽情地去做梦，激情地去做事，因为所有梦想的实现都是通过一步一个脚印走出来的。"功不唐捐，玉汝于成，黄震喜带着自己的梦想，从容走向未来。

情系树人

朱旭亮：在学习中成长，在困境中变强

【人物名片】

朱旭亮，2004 届建筑设计专业校友。2003 年赴俄罗斯继续深造，2018 年曾成立浙江初识文化发展有限公司，与杭州市委宣传部、杭州市全民阅读指导委员会联合承办全民阅读，并获得"优秀组织奖"。2021 年成立浙企设计（浙江）有限公司，获得建筑工程等设计资质。已设计松阳县委党校、文成县委党校、文成县樟台中学、富阳东方茂、新湖香格里拉等项目。

采访时间：2023 年 7 月 3 日

采访地点：浙企设计（浙江）有限公司

作　　者：王雅宣　蒋雨欣　徐依晨

指导老师：李永莒　徐　萍

厚积薄发　勇往直前

朱旭亮的大学时代是他积蓄能量的重要节点。怀揣着对未知的探求和勇于尝试的心态，他积极寻找机会，勇敢地踏入创业的领域。而他的创业想法，竟来自身边不起眼的需求——牛奶，看准了这个市场机会，他与几位志同道合的同学一拍即合，做起了送牛奶的小业务。

"从一开始的几个人，到后来全校的牛奶都是我们送的。"送牛奶得到的经验，为后来创立公司打下了基础。在大学期间，他不仅发现了送牛奶的商机，而且更加认识到了学习的重要性，因此，在学校学习两年后，踏上了前往俄罗斯求学之路。

在异国他乡的日子里，朱旭亮的语言能力和抗压能力也得到了明显提高，他笑道："在不同的环境下，在对世界的不断探索与学习中，我们的思想会越来越开阔，内涵也会越来越丰富，这其实也是人生探索的一个过程。"从其求学经历中，可以看到他的勇气、果敢和厚积薄发。

百折不挠　坚韧奋发

如果说大学期间积累的经验为其创业打下了基础，那么面对困难时的坚韧，便是他成功的秘籍。

朱旭亮的创业历程充满曲折和挑战。大学毕业后，他便进入设计院工作，不久，他就意识到自己对于更广阔领域的渴望，于是辞去工作，加入了一家大型房地产公司。后来由于家庭因素回到杭州，与政府合作，又踏上了创办教育机构的探索之路。然而，突如其来的新冠疫情，让他的教育事业受到了沉重的打击。那时他有着 4 家机构、100 多名员工，因为疫情，孩子们无法正常线下上课，上课人员流失，营收无法保证。"失败后你需要站起来，而不能就此倒下"，这是他对自己的鼓励。也正是凭借这股韧劲，哪怕在最艰难的时期，他都没有放弃，而是选择面对，并利用一切力量来维持机构的运转，对所有员工以及学生负责。这份韧劲一直支撑着他，他的事业也终于如火如荼地发展起来。

脚踏实地　终有所得

从初出茅庐的年轻人到如今的公司董事长，多年打拼的经历，让朱旭亮深信：脚踏实地，终有所得。他认为，想要实现目标，需要坚定的信念和持之以恒的努力，认真地把每一件事做好。于国家而言，有计划地前进是其职责；于企业而言，承担社会责任、按时缴税是其职责；于普通人而言，踏踏实实做事，是其职责。年轻人要保持纯粹而勇敢的心态，沉淀下来，秉持诚实的态度去面对困难，当发现自己解决不了问题时，不妨停下来，试着提升自己，不必过多顾虑失败，付出的努力终会换来收获。

对于如何提高能力的问题，朱旭亮认为，提高能力的第一步便是提高思想，而提高思想的第一步是吸收了解当下的各种知识、信息，然后尝试分析问题、独立思考，提高自己的境界。

马高峰：以工匠精神勇攀"高峰"

【人物名片】

　　马高峰，2003 届通讯与信息技术专业校友。现为余姚技师学院智慧技术支持中心主任兼教育机器人研究所所长，正高级讲师。在马高峰指导下，学校选派的学生先后获赫伯特·胡佛总统图书馆青年工程师奖，5 次获全国技能大赛、技能展示一等奖，获金砖国家中国区技能大赛一等奖，4 次获浙江省创新大赛一等奖。先后获得全国技术能手、全国技能大赛优秀指导教师、浙江省黄炎培职业教育杰出教师、浙江省英才奖等。出版教材 2 本，参编 5 本，获国家发明专利 2 项。2022 年 9 月入选"浙江工匠"培养项目。

采访时间：2023 年 12 月

采访地点：余姚技师学院

作　　者：吴舒可

指导老师：吴杨铠　芮嫣楠

精心打磨为助残

回忆起自己的大学生涯，马高峰说："让我印象最深的就是我住的寝室楼，12 号寝室楼在当时是最破的。"那时学习和生活条件虽很简陋，但他把大多数课余时间都一头扎入软件研发中心，每天沉浸在编程世界中。除了学习专业知识，写代码、做计算机程序，成了他最大的课余爱好。身为学校编程爱好者协会会长，他几乎每天都跟志同道合的协会同学们在一起，潜心软件研发制作，为日后在机器人技术领域的成就奠定了坚实基础。

2007 年，在马高峰的悉心指导下，学生团队设计的助残车荣获浙江省创新大赛一等奖。这一殊荣的获得，与马高峰始终强调作品的实际用途和社会价值直接相关。

一次偶然的机会，他们注意到颈部以下瘫痪的患者面临着巨大的生活困难，生活质量很低。为了让这些患者更好地融入社会，不被困于有限的空间，团队决定设计一款助残车。这款助残车设计的核心是通过头部运动来控制车辆的运行，从而让瘫痪的患者能够自如地驾驶。在备赛期间，团队遇到了许多技术问题和实际应用难题，马高峰凭借其丰富的机器人知识和教学实践经验，带领团队一一攻克难关。为了使助残车更加实用和人性化，团队运用陀螺仪等技术手段，使得助残车能准确地感应头部运动并作出相应的调整，确保驾驶的稳定性和舒适度。这一设计理念充分体现了理论与实践的结合，不仅注重技术的创新，更关注用户的实际需求。创新的理念和独特的设计，让他们的作品在比赛中脱颖而出，获得了评委的高度认可和社会各界的广泛赞誉。

比赛结束后，机器人兴趣班在学校迅速走红，吸引了大量学生参与，一时间，校园内掀起了机器人学习的热潮，不仅推动了学校科技创新教育的发展，也为更多学生提供了学习方向和技能探索的机会。

潜心教学育未来

身为教师，马高峰始终将提高学生的学习兴趣和专业技能放在首位。他变革传统的教育方式，通过引入生活化的教学实例，使学生更容易理解和掌握专业知识。他也深入学生群体，了解他们的兴趣爱好，学生喜欢喝什么东西，他也会尝试着去喝；学生喜欢看什么影视剧，他也会去关注……他始终认为，要真正走进学生心里，才能找到易于让学生产生兴趣、易于让学生接受的教学方式。

在国家政策的大力推动下，工业机器人领域不断升温，学生们面临着新的学习契机。马高峰认为，学生应把握这一机会，在本土文化背景下，努力提升自己的管理能力和高技能水平，同时培养与社会沟通交流的能力以及发现问题、解决问题的能力。

马高峰（左一）在讲解教学内容

情系树人

马高峰（左五）与暑期校友走访团成员合影

在谈到执教生涯时，马高峰借用王阳明先生"知行合一"的观点，认为学生仅仅学习知识和技能是不够的，只有将所学知识与实际应用相结合，才能真正掌握所学。正是这种不忘初心、无私奉献、任劳任怨的教育情怀，促使他静心教书、潜心育人，为教育事业奉献一生。

十年一日常专注

在每天完成六节课的基础上，马高峰将自己的大部分时间投入学校智慧技术支持中心和教育机器人研究所的工作中，致力于为学生提供更优质的学习资源和机会。他经常进入工业机器人实训中心，观察学生的实践操作，了解他们的学习进展和遇到的问题，指导学生进行实践操作和技能训练。

在马高峰的引领下，他所负责的工业机器人专业已在社会上享有较高的知名度。随着智能制造行业的快速发展，越来越多的本地企业家意识到这一领域的重要性和潜力，纷纷将目光投向马高峰领衔的工业机器人专业，希望通过培养学生在这一领域的专业技能，为企业的未来发展打下坚实的基础。

"干一行，爱一行，专一行，精一行"，马高峰以高度的责任感和使命感潜心教书育人。他深知，只有通过不断的努力和实践，才能够达到卓越的技能水平。他用热忱的匠心，托举着未来的希望。

李佰委：聚则一团火，散则满天星

【人物名片】

李佰委，2004 届工商管理专业校友，2004 年毕业后入职浙江特产石化有限公司，先后任职特产石化公司业务员、部门经理、总经理助理、副总经理等岗位，兼任公司下属企业浙江特产天地塑化公司总经理、宁波华是特贸易有限公司总经理、新加坡倍是特公司董事，与志同道合的同事一起，把公司营收从 2004 年的 2.4 亿元做到 2018 年的 106 亿元，多次被集团评为优秀共产党员、优秀干部主管。

2018 年离职创业，创建杭州宝青科技有限公司，经过几年努力，公司先后获浙江省科技型企业、国家高新企业等荣誉称号。目前公司业务涵盖心理测评、心理咨询、企业 EAP、心理咨询师成长实操等线上线下业务。

采访时间：2023 年 7 月 14 日

采访地点：杭州宝青科技有限公司

作　　者：虞欣怡　杨思佳　陈　涵　占屹南

指导老师：廖华跃　杜　欣　杭亚静

青春不设限　奋斗正当时

"充实、充分、温暖"，是李佰委对大学生活的概括，虽然毕业已近 20 年，但在李佰委心中，大学生活仿佛就在昨天。他最想感谢、印象最深的便是当时的班主任廖华跃老师，因为廖老师的举荐和鼓励，他有了担任班团支书的勇气，之后的工作也越做越好、越来越得心应手。"可能一开始觉得只要专心读书就好了，但是后来发现大学的学生干部经历跟高中截然不同，更多的是成人化的一些交流，面对事情的态度、方法也有了更细致、更周全的考虑，并且看问题的角度也不同了，学会了换位思考。"三年的学生干部经历，给他带来了个人综合能力的提升，也使他度过了一个充实温暖的大学生活。

对大学时的兼职经历，李佰委也深有感触。那时他寒暑假基本没有回过家，都留在杭州兼职。他说："寒暑假是社会经验弯道超车的好时机，也是奋斗的重要时刻，假期兼职实践是非常充实且有意义的经历。"

欲穷千里目　更上一层楼

2004 年，李佰委毕业后进入浙江特产石化有限公司工作。那时的他只想着能认真对待每件事情，尽自己最大的努力把分内事做好，他也从一名业务员慢慢晋升到业务主管，再到部门经理、总经理助理、总经理。在他和同事们的共同努力下，公司的营业额也从最初的 2.4 亿元上升至 106 亿元。

李佰委回忆道，刚工作的时候很累很忙，每个月大概有半个月是在出差。当时他所在的浙江特产集团又属于供销系统的子公司，他做销售的同时还要跑供应，而公司那时候上游供应链主要是在大西北，如内蒙古、新疆、宁夏等地，下游主要在浙江、福建、广东等地，一个北、一个南，地域跨度大，工作强度也极大。工作的状态是在出差的过程中把在办公室准备的想法实现，然后再回到公司，准备下一次的市场开拓。"好像每次一回到公司，又得为下一次出差做准备。反反复复，非常辛苦，没有休息的概念。"

在公司的一次战略调整中，李佰委抓住机遇，以旺盛的精力、敢拼敢闯的勇气在众多竞争者中脱颖而出，挑起了为公司开拓市场的担子。在2004—2011这8年时间里，他一步一个脚印，踏踏实实地从基层做到了公司的高层。

落日归山海　烟火向新晨

2013年，李佰委学心理学的爱人想创办一家心理咨询机构，他全力支持爱人并与她一同备考，成功考取了国家二级心理咨询师资格证书。为了学有所用、实现自己的价值，李佰委曾试着做了一些公益性个案咨询。

2015年开始，李佰委开启了三年的公益心理咨询之旅。其间他结识了许多医生、老师和资深的心理咨询师，从而找到了新的人生方向。

2018年，经过慎重考虑，李佰委决定离职创业，组建了杭州宝青科技有限公司。他想通过自己的努力向更多人普及心理学，让更多人了解心理学，期盼通过非药物手段和方式，帮助他人解决心理问题，进而帮助他人、回馈社会。

当被问及为何选择放弃稳定的职业去冒险创业时，李佰委笑着说："人的一生中风险无处不在，36岁时我决定离开公司，主要出于几个考量。一是对行业发展前景的考量。原先的业务我们是以做国内贸易为主，在没有金融市场的情况下，资源优势很强，但是由于金融市场介入，市场定价权转到了金融市场手中，我们作为产业公司的优势在弱化。二是对于外贸这条路径的考量。我们公司有能力进行跨国贸易资源的调配，也尝试过走出去，但最终

李佰委（左三）与暑期社会实践团成员合影

我们调整了这一战略，这让我对自己未来的发展产生了年龄与职业关系的焦虑。三是对于国内心理学发展这一块的考量。近几年，国家特别重视精神健康，于是我想着把职业的方向作一个调整，深耕大众心理学领域。决定了，就不想其他的，埋头攻克某一领域，这是我做事的特点。"

事实证明，李佰委的选择是艰难的，但也是有意义的。特别是在疫情过后，线上心理咨询的人数和需求增多，李佰委稳抓时机，积极开发线上心理咨询系统、测评系统等，拓宽心理咨询业务，联营线下心理咨询——安忺心理咨询机构，建立了线上心理测评及咨询机构——有度家心理。他和团队成员分工合作，开展线上测评技术、个案咨询、团体心理辅导、心理沙龙和企业 EAP 等各大板块。经过五年积累，如今公司在杭州已有 5 家线下联营门店。李佰委个人每月也会接受 10 ~ 15 次咨询，同时开设各类课程、讲座和活动，生活忙碌但很充实。李佰委说，为自己的理想而奋斗，感觉真的很"甜"！

初心不可忘　年华不可荒

在企业不断打磨发展和自己逐渐成熟的同时，李佰委牢记自己所应承担的社会责任，积极参与各类公益活动。他们成立了专门的安忺公益（钱塘团队），开设各类课程、讲座和活动，为有需要的人提供免费或者公益价的心理咨询服务，希望能缓解他们的心理压力，帮助参与者合理表达情绪，建立和谐关系。

毕业二十载，李佰委一直和母校保持着良好的互动，这不仅是归属感与组织感的体现，更是家的感觉。李佰委和曾经的恩师们依旧保持着亲密的联系，得遇良师，幸甚至哉，恩师难忘，铭记于心。李佰委也致力用自己的行动回馈母校，在他研究 2022 年下沙店的心理访谈者数据后发现，20 ~ 30 岁的咨询者中心理咨询的主要群体是大学生，于是他第一时间找到了自己曾经的辅导员兼班主任廖华跃老师，表达了想用专业知识为树大学弟学妹们带去

李佰委（右一）在树人学院开设讲座

一场心理讲座的想法，希望缓解同学们的心理压力，让同学们多一些"开心"，少一些悲伤，有个轻松愉快的心理成长环境。2023年4月7日下午，杨汛桥青春课堂，一场以"心理学融入大学生活"为主题的讲座开讲，两个小时的讲座，干货满满，氛围轻松愉快，同学们都获益匪浅。李佰委说，这只是开始，未来他希望用实际行动更多回馈母校。

"帮助别人，自己快乐"，这是李佰委说得最多的一句话。多年来，他是这么说的，更是这么做的，他用自己的专业与爱心，点燃了他人的生命之光，安忻心理咨询的公益团队如同满天星一般，发出自己的光和热。更令人欣喜的是，爱心在传递，公益路上不断有同行人加入这支光荣的队伍。聚则一团火，散则满天星，李佰委用温暖而明亮的心理之光照亮了很多人内心的幸福底色，为促进和谐社会发展贡献了一份力所能及的特殊力量！

钱巍巍：从"西装"到"农装"的蜕变

【人物名片】

　　钱巍巍，2004 届国际贸易专业校友。绍兴市第九届人大代表，绍兴市第九届党代表，绍兴市兴村治社好书记，柯桥区兰亭街道里木栅村党总支书记兼村委会主任，2023 年度"浙江省担当作为好支书"。任职 4 年来，他带领全村干部群众奋发实干、争先进位，奋力谱写乡村振兴新篇章。里木栅村先后获评浙江省 3A 级旅游村、浙江省民主法治村、绍兴市五星达标村等荣誉。

采访时间：2023 年 6 月 29 日

采访地点：绍兴市越城区天风证券

作　　者：季源杰

指导老师：董自光　张彩霞

"乡村振兴和共同富裕蓄势待发，我们每个人都是这段历史的创造者、参与者、见证者。行遍千山万水，最爱是家乡，只要用心，在乡村振兴之路上，我们里木栅村定能实现新的腾飞。"这是已完成从"西装"到"农装"蜕变的钱巍巍的心声。

2004年，钱巍巍自树人学院毕业后前往英国留学，学习国际先进的金融知识和投资理念。2007年，他学成归来，进入金融行业。在最初的几年里，他专注于摸索和吸取经验。进入南华期货工作后，虚心向前辈们请教，钻研业务技巧。2016年，他抓住一个新的机遇，加入天风证券，并筹建了天风证券绍兴杨绍线营业部，开始了新的证券从业之路。他坚持以客户为中心，推出了一系列创新产品和服务，为客户提供更好的金融服务体验。同时注重团队建设，培养了一支专业素质高、执行力强的团队，为公司发展奠定了坚实基础。随着时间的推移，天风证券绍兴营业部逐渐发展壮大，成为绍兴金融行业的重要参与者。公司的业绩稳步增长，品牌影响力不断提升。

在金融事业发展如火如荼之际，里木栅村党总支原书记胡志良找到了他。两年前，66岁的胡志良正在寻找接班人，他深知乡村振兴离不开优秀青年，心系家乡的钱巍巍成为镇党委和村里的首推人选。胡志良说："早就看上小

钱巍巍（右二）与暑期社会实践团成员合影

钱了，不仅学历高、能力强，还是一个有十多年党龄的老党员，愿意奉献。"他找到钱巍巍，邀请他回村发展，钱巍巍欣然应允。

钱巍巍就任基层党组织后，深知基层党组织需要上下沟通，他们的工作决定了政府政策的落地效果。他努力与上级保持沟通，同时将基层百姓的需求传达给上级，并争取政策的支持。曾在村中尝尽人间百味的他，也深切了解百姓的诉求和困难。农村是一个以人脉为主的人情社会，邻里之间的矛盾和冲突时有发生。作为一名党员，他积极参与邻里矛盾的调解，并通过有效的沟通和协商，帮助村民解决问题，促进社会和谐。在污水治理问题上，村庄之间曾经闹过不少矛盾。他积极探索解决办法，促使村庄达成和解，并推动了彼此关系的发展。

"我们在选择学业时，要以就业为导向。在此基础上，我们还应该关注自己的兴趣，因为兴趣是最好的老师。培养学科兴趣对我们的学业发展有着至关重要的作用。"对于学生提出的问题，钱巍巍谈了自己的看法。他还建议，年轻人要敢于闯荡，多参与学校活动，丰富经历，这有助于我们积累经验，提高自己的能力，为未来的就业和创业打下坚实的基础。同时，在创业过程中要不怕失败，失败是成功的垫脚石，只有从失败中吸取经验教训，我们才能不断完善自己，取得成功。另外，还要有一项自己喜欢的运动，运动能够锻炼我们的身体，强健我们的体魄；运动既是自己的兴趣爱好，也是我们走向社会的一种独特的社交手段。就像古人以武会友一样，以运动拉近人与人之间的距离，是一种为人处世的有效方式。

钱巍巍的人生丰富而精彩，无论是在金融行业还是在农村基层，都展现了独特的眼光和奉献精神。可以说，从"西装"到"农装"，钱巍巍品味着人生百味，他用实际行动告诉我们：精彩的人生并不仅仅是个人的追求和享受，更在于与他人分享和奉献的过程。

林玺：脚踏实地，行稳致远

【人物名片】

林玺，2006届建筑学专业校友。现任浙江华坤建筑设计院有限公司副院长、浙江省景观设计和建筑行业协会副会长。

采访时间：2023年7月12日

采访地点：浙江华坤建筑设计院有限公司

作　　者：马勇弛

指导老师：耿翠珍　柳亚杰

2003年，林玺来到树人报到后，对树人的第一印象是"朴实无华"。他回忆道："那时的宿舍虽无现代之舒适，甚至连空调都未安装，整个校园仅由三栋教学楼与一栋宿舍楼构成。然而，正是在这简陋的环境中，我们学会了踏实与坚韧。如今看到学校取得的辉煌成就，身为树人的一分子，内心充满了自豪与喜悦！"

大学，是一段充满自由的时光，但自由并不意味着放纵，而是意味着独立与自我规划。在大一这个容易迷茫的时期，林玺与许多同学一样，曾感到无所适从，通过不断学习与实践，他逐渐找到了自己的方向与目标。

"当时的学习条件虽然艰苦，但学习氛围异常浓厚，同学们互相激励、暗自较劲，在课业上丝毫不敢懈怠。大学时期学到的知识和道理，至今仍对我产生着深远的影响。那些与老师、同学激烈讨论问题的场景，在自习室埋头苦读的身影，以及在图书馆内翻阅资料的时光，都如昨日之事，历历在目。"在努力学习的同时，他也积极参与学校的各项活动，在各方面都得到了全面发展。

在步入职场初期，他觉察到自己的知识储备不足，理论与实践之间有些脱钩。为了迅速融入新的工作环境，他如饥似渴地阅读各类专业书籍，不断地提出问题、解决问题，思考和学习能力得到极大的锻炼和提升。"要抓住任何学习的机会，无论在何种环境与工作岗位中，都不能放弃学习。要珍惜现在的学习机会，稳扎稳打，然后在工作后快速实现成果转化，才能在步入社会后先发制人。"

对于建筑行业来说，证书不仅是专业技能的象征，也是个人价值的体现。考取相应证书，不仅是个人职业发展的需要，更是企业对其专业能力的认可。因此林玺在工作之余，投入大量的时间和精力去学习与备考并最终得偿所愿。

林玺（左）与耿翠珍老师合影

　　初入职场，最大的挑战无疑是工作的沉重压力和满负荷的工作量。他所在的公司，项目一个接一个，项目工期紧迫，留给设计的时间极为有限，加班成为他们生活的常态。因此，当我们惊叹于"基建狂魔"的辉煌成就时，可能并没有想到其背后每一个工程人默默付出的艰辛与汗水。

　　现在，建筑行业处于下行阶段，业务量锐减，但工作强度不减反增。设计院的转型之路更是充满艰辛。林玺等工程人不仅需要适应巨大的压力，还要不断调整自己的心态，坚定前行的步伐。

　　林玺已毕业二十余载，其间既有收获的喜悦，也有奋斗的艰辛。面对后辈，嘱托声声入心。首先要有良好的自制力，始终保持对学习的热情。学习是学生的首要任务，要坚定自己的理想，抵挡诱惑，做一个积极向上的青年。其次要明确客观现实的人生和职业目标。如果说高考是人生中一个重要的转折点，那么职业选择和进入职场则是另一个关键。要客观现实地评价和定位自己，明确适合自己的职业目标，可以通过假期参加社会实践，积累学习经验，丰富自己的阅历，提高自己的竞争力，增强工作责任心。最后要不断提升自己的学历水平，无论是出国留学还是考研深造，学历的提升在一定程度上会给自己带来更多的选择机会，只有能力和学历并行发展，才能在当今激烈的"内卷"中更从容。

　　林玺也表达了对母校的殷切期待和美好祝福，希望母校可以培养出更多优秀的毕业生，朝着更高的目标不断奋进，为祖国建设贡献我们树人的力量。

王正文："绿色建筑"发展的探索者

【人物名片】

王正文，2006届建筑设计技术专业校友。现为杭州市党代表，浙江宝业建筑设计研究院有限公司党支部书记，浙江宝业建筑设计研究院常务副院长，浙江绿色建筑与工业化行业协会双碳服务促进分会常务副秘书长，高级工程师，杭州市E类高层次人才。

采访时间：2023年7月5日

采访地点：浙江宝业建筑设计研究院

作　　者：马勇弛　曹慧萍

指导老师：耿翠珍　柳亚杰

2003 年，王正文踏入了树人校门，选择了建筑专业作为他未来的职业方向。在校学习期间，王正文对耿翠珍老师印象深刻。耿老师对他要求严格，认真负责，在耿老师的身上，他感受到了学术的严谨和专业的魅力。他始终坚信，自己必将在建筑领域有所作为，这种信念也成为他日后不断前进的动力。王正文凭借扎实的专业基础和出色的实践能力，成功拿下了学校第一个结构竞赛省赛一等奖，他还拿遍了学校的奖学金。

2006 年，王正文以优异的成绩毕业，并凭借坚定的学术追求和出色的专业表现，成功专升本，进入浙江工业大学继续深造。从浙江工业大学毕业后，王正文顺利进入了宝业设计院，开始了他的职业生涯，并通过不断学习和实践，逐渐成为行业的佼佼者。

2020 年 4 月初，安徽信息工程学院新校区扩建工程五期的紧迫设计任务下达，面对时间紧迫、任务繁重的挑战，王正文展现出了超凡的责任感和决心。他立即组建了一支高效的专项设计团队，并在接下来的 20 天里，高效绘制出了覆盖 15 万平方米的全套施工图。王正文不仅深入项目现场指导，还全程驻点施工现场，确保项目的顺利进行。项目建成后，凭借其高效、实用和美观的特点，获得了甲方的高度赞誉和一致好评。王正文用实际行动诠释了什么是真正的责任与担当。

忙碌的工作之余，王正文每天都会腾出时间来研究规范、标准和分析方法。他编著学术论文、制定标准规范，引领着行业的发展方向。作为主要起草人之一，王正文参编了浙江省住房和城乡建设厅制定的 DB33/T1222—2020《新建住宅小区生活垃圾分类设施设置标准》、T/ZEDA 004—2023 团体标准《装配式建筑构件碳足迹核算与碳标签评价标准》等多项国家级和省级标准和规范。他还牵头完成了浙江省建设科研项目住宅装配式精装修墙板管线分离体系集成与应用课题等多项省级科研课题，拥有一项《建筑施工图设计分析系统 V1.0》计算机软件专利，在《建筑学研究前沿》《基层建设》等国内知名期刊上发表了多篇学术论文，用实际行动引领和推进建筑设计事业的有序发展。此外，王正文所主持设计的项目荣获市级以上行业主管部门颁发的优秀奖项十余项，为建筑行业的规范化、标准化发展作出了重要贡献。

作为浙江宝业建筑设计研究院的领军人物，王正文始终将党中央的战略部署置于心中，积极响应国家"30·60""双碳"目标的号召，独具匠心地创建了宝业设计首个"30·60战略"主题展厅，为行业树立了标杆。仅仅一年后，他又牵头设计并成功打造了杭州市首个数字化碳中和（建筑行业）企业展厅，这一创新举措成为市民了解双碳工作重要性的窗口。他定期举办"双碳"事业讲座，用深入浅出的方式向公众普及双碳知识，引导大众共同参与到这场环保革命中来。同时，他积极推进碳中和公园、碳中和展厅、碳中和应用等项目，用实际行动助力"碳达峰、碳中和"目标的实现。

王正文（中）与耿翠珍老师（左二）及同学们合影

在建筑设计领域，王正文主张将绿色理念融入每一个项目中。他积极倡导使用绿色能源，投入研发装配式建筑、光伏建筑一体化等前沿技术，从设计源头减少环境污染，降低能耗。他坚信，只有通过设计端的努力，才能真正实现节水、节地、节材，让环境保护由设计图纸变成现实。在装配式建筑领域，王正文更是大力推进一体化设计，充分利用集团公司在该领域的优势，为装配式建筑的健康发展贡献力量。他的努力不仅提升了公司的设计水平，更为行业的可持续发展注入了新的活力。

在杭州举办亚运会之际，王正文也积极贡献自己的力量。他受邀参加杭州市"两代表一委员"视察检查城市环境品质提升行动，助力城市环境品质的提升和"迎亚运"城市基础设施建设的百日攻坚。同时，他还参与了北支江水上运动中心屋顶绿化低碳技术应用设计，将"零碳亚运"的绿色理念融入亚运场馆建设的全生命周期。他回忆道："这两次活动让我有机会与行业优秀的代表一同工作，是对我专业技能的一次很好的检验，也是一次很好的学习机会。"

王正文还是一位优秀的党员，他牢固树立严谨务实的工作态度，坚持勤俭节约的优良传统，爱岗敬业，勤奋进取，着力培养紧密协作、相互配合、互助互爱的团队精神，以劳模精神培育起"劳动最美"的文化自觉，潜移默化地感染着团队成员。他带领大家完成了多项高难度的设计任务，起到了先锋模范作用。他带领的团队还荣获杭州市人民政府颁发的 2022 年"杭州市劳动模范集体"称号。2024 年 4 月 30 日，在浙江省人民大会堂，他所负责的企业团队获得中华全国总工会授予的"全国工人先锋号"称号。

以树人为起点，借勤学为基石，持扎实之底色，绽人生之光彩。王正文以其坚定的信念、卓越的专业能力和不懈的奋斗精神，在建筑设计中实现了创新与突破，更在推动绿色建筑和"双碳"目标实现的道路上不断前行。

邓希希：青春在蓝天飞扬

【人物名片】

邓希希，2006届新闻传播专业校友。毕业后入职中国东方航空股份有限公司浙江分公司，成为一名空中乘务员，现为客舱部乘务长、检查员、客舱部纪检委员、杭州乘务一分部党支部副书记。先后获优秀党员、青年岗位能手、东航股份公司服务工作先进个人、东航股份公司十佳好人好事等荣誉。疫情期间，得知有运送浙江医疗队援鄂包机计划时，她主动报名接受包机保障任务，承担起民航人的社会责任；春暖花开时，邓希希再次请战，接医疗队回家。她本着务实创新、敬业奉献的树人精神，在民航岗位上持续发光发热。

采访时间：2023年7月14日

采访地点：浙江省杭州市萧山区靖江街道申达路399号

作　　者：王子萱

指导老师：龙　璐

在树人的那些日子

邓希希说第一次踏入树人感觉很亲切，虽然是第一次离开家来到一个陌生的环境，但是对未来的大学生活满怀期待、遐想无限。

走进宿舍，当年的宿舍环境还没有那么好，一层楼一个卫生间，一个宿舍六个人，有些同学一时难以接受，但她并没有太在意。六个室友来自不同专业，她们就像是彼此大学生活里的一束光，那些有室友相伴的日子，她们的心亦如窗外的景色般春暖花开。

进入新的班级集体，邓希希觉得像走进了一个温暖的大家庭。她和同学们亲切地称班主任老师为"十八兄"，彼此建立了非常深厚的师生情和同学情。直到现在，同学们和老师仍保持着联系，同学群里经常聊天互动，有空的时候也会举行聚会。她说，这份情谊是她在树人获得的无比珍贵的馈赠。

现在邓希希也经常会回杭州校区看看，舟山东路的美食街让她印象深刻，那条街会让她想起和同学们一起放松逛街的休闲时光。校园里记忆最深的就

邓希希（中）与暑期社会实践团成员合影

邓希希：青春在蓝天飞扬

是图书馆，当时的杭州校区图书馆是浙江省大学里设施最好的图书馆。再一次走在校园的小路上，她觉得既熟悉又陌生，她无忧无虑的大学时光仿佛就在昨天。

谈到大学时最大的收获，邓希希说首先是纯粹又真诚的友谊。也许平时不会经常联系，但会永远期待下一次见面。其次就是与班主任的师生情，朱老师是老师更是朋友。朱老师不仅教授了专业知识，还指导了人生的方向。得遇良师，人生至幸，师恩难忘。最后就是社会实践。作为新闻传播专业的学生，实践的作用比书本知识更加有效。她会和班级同学一起去西湖拍摄专题，寒暑假时会去做兼职。这些实践活动无形中丰富了她的社会阅历，积累了个人参与社会工作的经验，锻炼和提高了自己的能力。

如果大学生活能重来一次，她说会让自己的大学生活更加充实，更加珍惜在校内担任的社团职务。因为在校内纪检部的工作经历，让她在工作中养成了严管厚爱的工作作风，对她步入社会之后的工作帮助很大。再者就是努力学习专业知识，勇敢追逐梦想，珍惜老师同学们的情谊。

机缘巧合下的工作选择

邓希希毕业后原本准备从事专业对口的工作，但机缘巧合下看到了校园里张贴的空中乘务员招聘海报，出于兴趣，她报名参与了面试并成功通过。虽然专业不对口，但她的家人依然十分支持她。后来她逐渐爱上了这份工作，并在岗位上发光发热。

在多年的工作经历中，有一件事让邓希希记忆深刻。那便是武汉疫情最严重的时候，作为党员的她主动报名接送第一批医疗人员支援武汉。起飞前，她们对医护人员承诺道："我们会护送你们顺利到达，也一定会接你们平安归来！"当医护人员凯旋的时候，她们彼此都感到了一种无以言表的亲切感。当事后被问到有没有担心时，邓希希说其实并没有那么多顾虑，只是想把他们平安送过去，再平安接回来，这是她的责任。

除此之外，邓希希还参加过保障人体器官运输任务，成功处置过机上突发急救事件以及各类 VIP 专包机等。

我想对学弟学妹们说

邓希希说，首先恭喜学弟学妹们顺利通过高考来到我们优秀的树人大家庭，希望大家珍惜在校园里的每一分每一秒，学有所得，毕业后增强自己的社会责任感，争取为学校增光添彩。

其次邓希希也对学弟学妹们提了一些建议。最重要的就是先学好专业知识，无论将来是否从事与专业有关的工作，具备扎实的专业知识会给自己带来更多信心。然后多补充一些与未来职业规划相关的知识。要想出色地完成

邓希希（左）在接受采访

邓希希：青春在蓝天飞扬

工作，需要许多其他领域的知识，因此需要多拓展自己的知识宽度。再者就是要平衡好学习与娱乐的关系，不能两耳不闻窗外事而"死读书"，也不能一味享受"躺平"。大学就是要学与玩相结合，该学习的时候认真专心地学，空余时间可以放松放松，多出去走走也有利于身心健康。在大学里还可以通过丰富的社团活动来增长见识，不仅学到了，也玩开心了。社团可以让你从"菜鸟"变"大神"，也可以找到很多志同道合的朋友。还有，遇到问题或感到迷茫时，不能轻易放弃，要勇敢直面问题，不要逃避；必要时可以寻求老师的帮助，听取他们的建议。

最后，邓希希还建议我们在大学期间要有意识地提高人际交往沟通能力和团队合作能力。沟通能力是社会交往的关键，一个具有较强沟通能力的人，工作才能得心应手。与人交往时要注意相互尊重，学会站在对方的立场和观点上看问题，积极地在矛盾和冲突中找到共同点，提高沟通技巧。要积极参加社会实践活动，学会合作和提高团队精神，这对将来工作很重要。团队的凝聚力强大与否，甚至会直接影响事业的成败。

母校，我想对你说

邓希希说："纯粹、简单、美好的大学时光给我留下了许多美好的回忆。我很感谢我的大学三年，或许人生有许多重要的三年，但大学三年一定是我人生中最快乐、最无忧无虑的。"

在浙江树人学院即将迎来建校四十周年之际，邓希希祝母校四十周岁生日快乐，声名扬九州，学子满天下。祝学弟学妹鹏程万里，展翅高飞！

李晓晓：新闻战线的"全能特种兵"

【人物名片】

李晓晓，2006届新闻传播专业校友。毕业后，一直从事新闻工作，在基层电视台扎根15年，从一线记者到新闻部副主任，具有高度的工作热情和强烈的责任心，吃苦耐劳，勤奋刻苦，擅长消息、专题、系列连续报道、新闻访谈、纪录片、新媒体直播、短视频等新闻类型，是一名新闻战线的全能特种兵。多

年来，荣获台州市首届"名记者"称号、台州市重大主题报道先进个人、路桥区"好记者"、路桥区宣传思想先进个人等荣誉，主创的50多篇新闻作品获得省级、市级新闻奖、政府奖等奖项。曾在中央广播电视总台浙江总站多次挂职锻炼，得到了央视老师的好评和推荐。2023年4月，正式入职中央广播电视总台央广网担任记者。2023年8月，被提拔为中央广播电视总台央广网浙江频道主编，负责浙江省的新闻采编工作。因在内容建设工作中表现突出，获得央广网地方频道年度影响力奖。此外，因在杭州亚运会宣传报道工作中表现优秀，被中央广播电视总台授予个人嘉奖。作为一名深耕新闻行业17年的记者，始终以"铁肩担道义、妙手著文章"为己任，默默奉献，任劳任怨，讲好浙江故事、中国故事。

采访时间：2023 年 7 月 11 日

采访地点：台州市椒江区腾达中心

作　　者：伊家伟

指导老师：龙　璐

重拾树人时光

新生报到日，李晓晓满怀激动、期待和一丝忐忑，踏入树人的校园。刚到校门口，热情洋溢的学长学姐们便迎了上来，他们热心地引导她完成了报到流程。沿途，学长学姐们还详尽介绍了学院楼、宿舍楼和图书馆等地，最后将她带到了宿舍。这样的初遇和学长学姐的贴心帮助，让李晓晓深切地感受到了树人大家庭的温暖与关怀。

李晓晓擅长与人交流，与其他学院的许多同学都建立了深厚的友谊。她的好奇心也驱使她不仅学好本专业，还利用空余时间去旁听其他专业的课程，从而拓宽了自己的知识视野。为了更好地融入社会、锻炼自己的胆识，李晓晓在国庆长假时选择了留校，与两名舍友自主开展了社会实践活动，前往海信公司担任临时促销员。这段难忘的经历不仅极大地提升了她的自信和能力，更为她的新闻传播专业背景增添了宝贵的实践经验。虽然过程辛苦，但李晓晓感到十分满足，还收获了人生的第一桶金。

如果时光能倒流，让李晓晓重新规划自己的大学生活，她希望能尽情地拓展自己的兴趣爱好，希望参加更多的社团，接触更多的人，体验更多的新鲜事物，让自己的大学生活更加充实和多彩。同时，她也希望能加入学生会，通过更多的实践活动，锻炼自己的人际交往能力和组织能力，为未来的职业生涯打下坚实的基础。

在李晓晓看来，大学生活是一个充满自由和机遇的阶段。每个人都有自己独特的观念和生活方式，重要的是根据自己的特点和需求，找到适合自己的平衡点。她强调，大学学习不同于高中，它与社会紧密相连，不仅要注重书本知识的学习，还要通过社会实践等活动，积极与社会接触，为未来的职业生涯做好准备。

时光荏苒，毕业多年的李晓晓从未忘记过母校。闲暇时光，她经常会回到母校漫步，尤其是图书馆那片区域和舟山东路的小吃街，都成为她青春记忆中最美好、最深刻的一部分。这些地方见证了她曾经的点点滴滴，承载着她对母校的深深眷恋和感激之情。

书写记者生涯

对于工作后的生活与大学生活，李晓晓认为最大的差异在于压力的性质和来源。在大学里，面临的主要是学业压力，相比之下，那是一种相对单纯和可控的压力。步入职场后，所承受的压力变得更为复杂和繁重，来自社会、家庭和工作等各方面的要求如同重担一般压在肩上。这种转变既是挑战，也促使她不断成长。

初入职场时，作为一名"工作小白"，李晓晓在采访工作中常常感到捉襟见肘，面对完全陌生的采访对象，常常焦虑不安。然而，通过不断与陌生人交流，她逐渐克服了紧张情绪，展现出了越来越强的自信心。在获得了一些肯定和嘉奖后，她在采访工作中变得更加从容不迫，可以游刃有余地面对各种受访者，更学会了如何在困境中坚持和成长。

在职业生涯中，李晓晓也曾遭遇过"瓶颈期"。职场的明争暗斗让她倍感压力，甚至一度陷入崩溃的边缘。然而，正是这段艰难时光让她深刻认识到，

李晓晓（右二）与暑期社会实践团成员合影

要回应他人的质疑，最好的方式就是不断提升自己。她坚信，只有将自己该做的事情做好，才能让质疑者无话可说。因此，她努力提高自己的业务能力，力求在工作中展现出独特的价值。她学会了用心聆听每一个诉说者的故事，用真诚的态度去感染他们，引导他们分享内心深处的想法。这种技巧让她能够深入挖掘采访者的内心世界，发掘他们最真实的情感。

在17年的工作中，李晓晓采访了形形色色的人，接触了社会的各个阶层。这些经历让她深刻体会到，无论一个人的社会地位如何，他们在人格上都是平等的。因此，她始终保持着平等的心态去对待每一位受访者。在采访中，始终努力做一个善良的人，学会换位思考，站在他人的角度思考问题。这种人文关怀让她在采访中更加关注受访者的内心世界，让受访者感受到她的真诚和关心。

在众多的采访中，有几件事让李晓晓记忆犹新。一次是突发事件的现场报道。当时正在吃饭的李晓晓接到消息后，毫不犹豫地拿起手机冲向现场。

因为当地政府部门严格管控，她无法直接进入现场，便加入了民间救援队伍，一边参与救援工作，一边用手机记录当时的情况。面对废墟中的一具具尸体，她的内心充满了震撼。这次经历让她深切地感受到了生命的脆弱和渺小，也让她更加珍惜和尊重生命。

另一次惊心动魄的报道中，李晓晓几乎是以身犯险。那是一个台风肆虐的日子，她毫不犹豫地跟随救援队深入一线，拍摄那些被困在海边的养殖户。然而，救援车辆在泥泞中陷入困境，一车人顿时成了被救援的对象。作为队伍中唯一的女性，李晓晓感受到了前所未有的压力。然而，救援队的同志们却以惊人的团结和勇气，将她高高托起，用他们的肩膀筑起了一道坚不可摧的屏障。他们轻描淡写地说："要掉也是我们先掉。"这句话虽然简单，却深深地震撼了李晓晓的心灵，让她感受到了人性中最善良的一面。

在历经无数采访之后，李晓晓对那些采访对象也充满了感激之情。正是他们，成就了今天的她，让她在职业道路上不断前行，成为更好的自己。他们身上的闪光点，无形中也影响着她，让她学会了如何成为一个善良、真诚的人。这种人与人之间的美好传递，让李晓晓更加坚定了对记者职业的热爱。

记者工作充满艰辛，让李晓晓时常觉得自己像一个"女汉子"，但她乐此不疲。因为她每一天都在与新的人、事、物相遇，这让她对生活充满了期待与热情。在她看来，每一次采访都是一次心灵的洗礼，让她更加珍惜和感恩生活中的每一刻。正是这种对生活的热爱和执着，让李晓晓在记者的道路上越走越远，成了一名备受尊敬的优秀记者。

寄望学弟学妹

对于正在求学路上的学弟学妹们，李晓晓热切地寄语道："青春如同璀璨的繁星，闪烁着无尽的可能。希望你们能紧握这份宝贵的时光，勇敢追寻内心的梦想。大学四年，是自由探索与自我成长的黄金时期，不妨大胆尝试各种喜爱的活动，只要坚守原则，便可随心而动。同时，也要学会为自己的行为承担责任，这样的人生才会更加充实与有意义。"

在李晓晓看来，情商与沟通能力的重要性不言而喻。她鼓励学弟学妹们，即使面对陌生人，也要勇敢地迈出沟通的第一步，热情待人，以诚相待，方能收获他人的信任，敲开他人的心扉。"要学会倾听，不仅仅是表面的言语，更要洞悉背后的意图。这样的沟通技巧，将为职场生涯奠定基础。"扎实的专业知识是成就职业梦想的基石，她建议："学好专业课程，不仅是为了考试，更是为了未来能在工作中游刃有余。此外，实践经验同样宝贵。通过实习，你们可以提前了解行业环境，明确职业方向，为未来的工作打下坚实的基础。"

在树人即将迎来四十周年校庆之际，李晓晓深情地祝福道："愿母校生日快乐，桃李满天下！愿母校继续书写辉煌的篇章，培养更多优秀的人才，为国家和社会贡献力量。愿母校的未来更加光明，成为莘莘学子心中的骄傲！"

朱宝琛：既然选择远方，那就风雨兼程

【人物名片】

朱宝琛，2006届新闻传播专业校友，现为《证券日报》宏观部副主任。《证券日报》是《经济日报》报业集团主管主办的证券专业报纸，为38家中央新闻媒体之一。从业至今，朱宝琛见证并记录了创业板和科创板推出、注册制改革、沪港通开通等一系列中国资本市场的重大事件；参加了中共二十大、全国两会等重要会议的报道；采访过多位中国证监会主席等政府官员和众多国内外知名经济学家。连续多年被评为《证券日报》优秀员工、《经济日报》优秀个人，稿件亦多次被评为《证券日报》《经济日报》的优秀作品。

采访时间：2023年7月12日

采访地点：线上采访

作　　者：伊家伟

指导老师：龙　璐

朝花夕拾：难忘大学时代

朱宝琛高中时是学文科的，对写作兴趣比较浓厚。高考填志愿时，征求了父母的意见后，又经过反复讨论，朱宝琛觉得还是新闻学专业更适合自己，能够锻炼自己的能力。因此，朱宝琛就选择了树人的新闻传播专业。

他家在宁波，离杭州比较近，所以上学时是自己一个人过来的。刚进拱宸桥校门，他感觉还挺不错，学长学姐们的热情迎新、悉心招待，让他感受到了来自树人的热情。大一的时候，宿舍在23号楼，即现在图书馆的位置。虽然宿舍楼条件有些艰苦，但是随着与同学、老师的热切交流和亲密交往，他很快就渐入佳境。对于如今的绍兴杨汛桥校区，朱宝琛提到了一个标志性词语——拱宸桥校区和杨汛桥校区"双桥联动"。他感叹时光飞逝，如今的人文与外国语学院已经在绍兴扎根落户了。

在谈到大学里有什么收获时，朱宝琛回忆，首先是班主任朱继勇老师，绝对在他心里有着一席之地。这位老师大家都喊他"十八兄"。他对朱宝琛的帮助非常大。课堂上，一开始，朱宝琛对于朱老师课程的内容并不是特别感兴趣，但是朱老师一直很耐心地给朱宝琛讲解这门课的专业知识，朱宝琛特别感激他，后来就成了非常要好的朋友。

印象深刻的还有徐萍老师，教授新闻写作方面的课程。徐老师对学生的要求非常严，也会结合一些时下的新闻热点、自己的工作经历讲授如何学好新闻。此外，还有一位是负责教授新闻编辑与写作的洪老师，他一丝不苟地教大家如何写综述、写评论，如何改写稿件。朱宝琛十分努力，上专业课时，前面几排永远有他的身影。毕业之后，他和徐萍老师一直保持联系。

朱宝琛还谈到了小吴老师——吴汉龙在学习生活各方面都对他帮助颇多。在树人求学期间，在各位老师的教导下他的专业知识学得扎扎实实，这为他

情系树人

以后的媒体工作打下了坚实的基础。

如果重新回到大学，会如何规划大学生活？朱宝琛的回答是：最重要的一定是把所有专业知识学习到位，这肯定是学生的头等大事。朱宝琛说大一第一学期时，自己有一门课考得不是很理想，从那之后，就决心好好学习。如果可以重来一次，他在大一一定要学好基础知识，去了解自己的专业是什么，要怎么学，碰到难题要积极地向老师请教。除了老师，如今发达的自媒体也是我们了解专业的有效途径。此外，入学之时，就要对自己有一个规划，想要学什么、如何去实现这些目标等。因为有了规划之后就不会两眼一抹黑，不会感到茫然，可以少走弯路。假期一定要到媒体实习，因为做新闻工作，实践非常重要，学的理论与实践一定要结合起来，这样才能让自己快速成长。

职场打拼：风雨兼程砥砺行

对于大学生活和工作的不同之处，朱宝琛说，大学生活相对来说更加无忧无虑，只需要对自己的学业负责就好，相对来说较为轻松。工作以后就得对自己的各方面负责了。当时自己一个人在北京打拼，夜晚总要想想明天要怎么去努力，怎么解决自己的生存问题。成家之后，压力就更大了，还得为家庭、为孩子着想。工作上的压力也是方方面面的，比如领导要求手机24小时开机，确保随时能联系上，如果有什么突发新闻，要随时跟进。对此，朱宝琛说他要做的就是把自己的工作安排好，学会自己给自己安排工作，而且要全力以赴做到最好，切忌应付了事，"既然选择了远方，那就应该风雨兼程"。

谈到如今的工作强度，朱宝琛用一个"大"字概括。他的工作大致经历了三个阶段。第一阶段作为一名记者，主要跑证监会——这是《证券日报》对接的最重要的一个部委，还有上海证券交易所和深圳证券交易所也是对口单位，他曾创下一年写了将近 80 万字稿件的记录。第二阶段作为主编，是上夜班签发稿件，黑白颠倒地工作以及承担对所有稿件的责任。此外，在原来的要闻中心，朱宝琛还要处理一些时政方面的文章，文章的严谨性不容有失，使得他那些年心中的弦一直都是紧绷着的。第三阶段作为管理者，现在"95后""00后"已经成了职场的主力军，如何与这些年轻记者打好交道，如何与他们进行更好的沟通与交流，也压力不小。

有一次在外出差，朱宝琛连续三天白天开会、晚上写稿，每天的睡眠时间不超过三个小时，而且那时候的采访对象都是外国人，这无疑加剧了挑战。但是朱宝琛只能迎难而上，最终发表的稿件反响非常不错，得到了相关部委高层的肯定。

朱宝琛说，遇到困难，我们可以适当休息，做好调整，但不可以"躺平"，一旦"躺平"，就会有人来代替你。我们要做的就是去想怎样把事情做得更好，想方设法去解决那些困难，生活不会辜负任何一个努力的人！

说起工作中印象深刻的事情，朱宝琛觉得首先是 2022 年 10 月召开的中共二十大，作为记者，能够在现场聆听总书记的讲话，一种自豪感油然而生，毕竟能到现场参与报道的记者并不多。其次是资本市场的很多大事件，比如创业板、科创板的推出，沪港通、深港通的开通，全面注册制的落地等，朱宝琛或现场参与报道，或在后方做好统筹，这些都是职业生涯中浓墨重彩的一笔。

这些年来，工作上虽然忙忙碌碌，但朱宝琛情系母校，一直关心学校的发展与变化，比如树兰医学院的建立、人文学院和外国语学院的合并；他还会经常从学校的官网、公众号上了解学校的发展动态。

寄语学子：真才实学创未来

作为新闻学专业的学长，朱宝琛想对新闻学的学弟学妹们说：希望大家学好专业课，上课一定要认真听讲。不要为了修学分而应付了事，这种敷衍的态度是错误的。要成为一名新闻工作者，必须有扎实的专业知识作为支撑，稿件的采写离不开专业知识的武装。此外，暑假期间一定要去一些大型、专业的新闻媒体实习，这样才可能学到真东西。实习可以让你学到很多课本没有的知识。因为新闻工作是一份技术活，不能光谈感受，一定要有实践。实习以后一定会受益匪浅，对新闻学、对新闻工作会有一个更深层次的了解，特别是会获得一些在实践中才能获得的写作和采访技巧。

"十年树木，百年树人。"在树人学院建校四十周年来临之际，朱宝琛由衷地感谢母校对他的栽培，同时也希望母校能够培养出更多优秀的学生，为国家输送栋梁之材。最后，他衷心祝愿母校生日快乐！

潘坚云：我的职场探索之路

【人物名片】

潘坚云，2006届食品科学与工程专业校友。先后就职于易初莲花和平广场店、文一路华润万家、建德新安江华润万家、肯德基、安利中国临安分公司、世纪联华杭州华商集团、沃尔玛等企业。之后自己创业成为光明牛奶、美丽健乳业和新希望牛奶经销商。现任职浙江小王子食品有限公司研发中心，荣获2022年度北京首农食品集团"优秀科技工作者"称号。

采访时间：2023年8月3日

采访地点：浙江小王子食品有限公司

作　　者：黄　帆

指导老师：应钰璐　李明珠

回首大学难忘的人和事

在暑期探访中，潘坚云深情地回忆大学时光，感慨万分地表示，如果能有机会，真希望重返宣传部阵地，再次感受那份独特的情感。对于他而言，最让他激动和值得回忆的，无疑是身为学生干部在宣传部度过的那段日子。宣传部的阵地仿佛成了他大学生涯的战斗堡垒，是他流汗流泪、辛勤付出的地方。特别是每当黑板报需要更新时，他会召集干事和部门主要成员，常常一干就是一整天甚至两三天。尽管这些工作耗费了他大量的精力，但也得到了很好的锻炼。

谈及大学中最令他印象深刻的事，潘坚云提到了自己曾经作为学生干部获得推优入党名额的经历。大一时，他便加入了学院宣传部并担任干事，但由于没有很好地平衡工作和学习，导致期中考试成绩落后。因此，在当时的入党名额投票时，被一些同学投了反对票。这对他产生了较大的冲击，并开始质疑自己的付出是否值得。

幸运的是，学校并没有忘记他的付出。经过学校领导和老师全面公正的评判，他重新看到了希望。在这一过程中，他印象最深的是林依爽老师。作为他们这一届学生干部的导师，林老师不仅向部长了解了他的工作情况和做事风格，还向班长了解了他在班级中的表现。经过一周的评估，最终在学院办公室领导、学生会主席和班长的综合评估下，他得到了认可，成了入党积极分子。

这次经历也让潘坚云深刻反思，并努力在工作与学习之间寻找平衡点。经过两年考察期，他在毕业前顺利转正成为一名正式党员。

在职场的历练中不断成长

潘坚云的第一份实习工作是在上塘路的百安居，担任企划部美工。这份工作源于他在校期间在宣传部工作的经历，他对手绘海报上的美工字产生了浓厚的兴趣。这段经历锻炼了他的专业技能，也为他日后的职业生涯奠定了基础。

2006年，潘坚云加入萧山区正在筹备的易初莲花超市大卖场人力资源部，开始涉足卖场零售业态，负责前台管理部收银员管理工作。这有一个较大的专业跨度，但他凭借自己的努力和才能，逐渐适应了新的工作环境。之后，他转至杭州易初莲花和平广场店，重新回到美工岗位，继续发挥自己的专业特长。

随后，潘坚云又加入了位于文一路上的华润万家，从美工岗位起步，逐

潘坚云（中）与采访团成员合影

情系树人

渐晋升至生鲜部蔬果部助理。凭借前几个单位和岗位积累的经验，在杭州华润的三个月内表现出色，得到了领导的认可。之后，因建德新安江华润超市老店新开的需要，他自愿从杭州调往新安江，担任生鲜部代班经理。后来他又选择回到临安，先后在肯德基、安利中国临安分公司、世纪联华杭州华商集团、沃尔玛等企业任职，积累了丰富的工作经验。

在沃尔玛工作期间，潘坚云接触到大量的产品，开始萌生出创业的想法并付诸行动，先后成为光明牛奶、美丽健乳业、新希望牛奶的经销商。再后来，他来到浙江小王子食品研发中心，负责焙烤薯片品类的新产品开发工作。他的创业经历，不仅丰富了他的职业生涯，也让他更加明确了自己的职业方向。

回顾潘坚云的就业经历，可以看出他以自己的专业和兴趣为导向，不断寻找最适合自己的职业道路。年轻的他深知试错的重要性，愿意在尝试中寻找自己的价值和定位。他认为只有不断挑战自己、超越自己，才能找到最适合自己的职业道路并实现自己的价值。

深情寄语母校学子

面对即将毕业的学子们，潘坚云表达了自己的见解。

一是做好就业准备。"机会总是留给有准备的人"，他鼓励同学们要充分做好就业准备，对自己充满信心。每年都有大量的就业机会，国家也在积极推出政策措施来帮助毕业生就业。

二是发挥兴趣在职业发展中的作用。他认为，无论从事什么工作，保持足够的活力和冲劲是至关重要的，毕业生在工作中要发挥自己的想象力，这样才能在平凡的岗位中脱颖而出。

三是大学生在以学业为主的同时，需增加一些社会实践。企业更青睐那些踏实、刻苦并具备学习欲望的毕业生。他认为，热情可以帮助毕业生在面对问题时保持积极的心态，从而不断反思、总结、提升和完善自己的工作。

潘坚云在接受采访

情系树人

许泽梅：春意茶浓三月时，采梅煮茶正少年

【校友简介】

许泽梅，2007 届应用茶文化专业校友。2007 年 7 月入职中国茶叶博物馆宣教文旅部，一直从事茶艺以及茶文化推广工作，现为中国茶叶博物馆茶艺技能大师工作室领衔人，曾获浙江省茶艺技能大赛冠军、全国茶艺师职业技能大赛茶席设计组冠军、浙江省技术能手、浙江工匠等荣誉。

采访时间：2024 年 3 月 27 日

采访地点：浙江树人学院杨汛桥校区

作　　者：陈念淇　王怡秋　阮婧童

指导老师：芮嫣楠

一缕清香，犹如春天的信使，带着那份独特的芬芳，悄然间弥漫开来。在这春意正浓的时刻，品茶成了一种享受，一种与大自然亲密接触的方式。2007届应用茶文化专业校友许泽梅，就在这个初春为我们带来了这份特别的"贺礼"。

"'绿红黄白黑青'，这不仅是中国茶简单的六大分类，更是中国茶文化深厚底蕴的体现。"许泽梅站在台上，用她那特有的温婉语调娓娓道来。她的每一个字、每一个词都仿佛带着魔力，吸引着同学们全神贯注地聆听。

"今天我特意为大家带来了今年新采的龙井茶。"话音落下，她随即开始了茶艺表演。温杯、茶芽入碗、冲泡封壶、倾茶入杯，每一个步骤都显得那么优雅、从容，就像与茶融为一体，她的巧手捻泡出一壶壶芬芳馥郁、味如甘霖的绿茶。那一枚枚茶叶也仿佛有了生命，经过她的巧手捻泡，缓缓舒展开来，释放出浓郁的茶香。一杯杯绿茶，新叶翻滚间茶香四溢，整个茶室都弥漫着清新的茶香。虽然足不出户，但同学们在这杯春日茶汤里，细嗅到万水千山的草木鲜香。

许泽梅在讲课

情系树人

杭州，这座被誉为"茶都"的城市，人人皆爱西湖龙井茶。而在这座城市里，如果要论谁的茶泡得最香、最有韵味，那么中国茶叶博物馆的姑娘们当仁不让，而许泽梅又是其中的佼佼者。她在中国茶叶博物馆宣教文旅部工作，如今已成为中国茶叶博物馆茶艺技能大师工作室的领衔人。十几年来，她一直致力于茶文化的传承与发扬，初心未改。

许泽梅的故乡在浙江嘉兴海宁，那里是浙江唯一一个不产茶的地方，而她却与茶结下了不解之缘。小时候，她的爷爷喜欢用大大的搪瓷杯泡着茶，她总是偷偷地喝杯子里的茶。在家庭氛围的熏陶下，她渐渐喜欢上了喝茶。高考时，一家人坐在茶桌前，想不好志愿怎么填，闻着茶水清香，爸爸说，干脆学茶文化吧，修身养性。

大学期间，许泽梅利用空余时间来到博物馆担任讲解员，并积极参与了许多茶艺表演和茶活动。她近距离观看茶厂的专业制茶方式，深入了解茶文化的内涵，浓郁的茶文化学习氛围让她很快有了丰富的知识储备，开始在茶文化领域大显身手。时至今日，她依然清晰地记得当时人文学院副院长朱红缨说的一句话："茶有三次生命，第一次生命源于自然，第二次生命源于制茶师，第三次生命源于与水的融合。"这句话一直深深地烙在她的心里，引领着她用心泡好每一次茶。

2007年，许泽梅从浙江树人学院毕业后，顺利进入中国茶叶博物馆工作，主要负责展厅讲解和茶艺表演，她用专业的知识和热情为游客们带去一场场精彩的茶艺盛宴。茶艺表演看似简单，实则需要极高的技巧和修养，把一小撮茶叶变成一壶好喝的茶，其中的奥秘只有真正懂茶的人才能领悟。十多年来，观看过许泽梅茶艺表演的人多达几十万。

刚工作时的一次经历，许泽梅至今仍印象深刻。那是2007年，她第一次接待外宾表演茶艺。当时，她紧张而兴奋，小心翼翼地操作着每一个步骤。

许泽梅（左）在接受采访

然而，就在表演即将结束时，意外发生了，摆在桌上的玻璃水盂突然炸裂开来，热水四溅。面对这一突发状况，许泽梅努力镇定，指挥助手处理好碎玻璃。外宾们虽然也被惊吓，但许泽梅的从容和专业赢得了他们的赞赏。

之后的几年里，许泽梅又遇到过几次类似的"意外"，但她已经不再惊慌失措。有一次，在接待外宾的禅茶表演中，为了凸显禅茶的原汁原味，她特意挑选了铜壶并用炭火烧水。这场表演虽只有短短的15分钟，但她为此练习了十几天。然而，在表演进行到一半时，铜壶突然漏水了。许泽梅镇定自若地走到后台加水，直到表演结束，都没有人发现这个"意外"。

作为中国茶叶博物馆茶艺技能大师工作室的领衔人，许泽梅凭借其卓越的茶艺表演和教学能力，在全国茶艺师职业技能大赛茶席设计组中荣获第一名，这不仅彰显了她对茶席设计的独到见解和创新思维，也证明了她在茶艺领域的地位。她还在浙江省茶艺师技能大赛中勇夺冠军，并曾多次受邀参加国际茶文化交流活动，为中国茶文化走向世界作出了积极贡献。

许泽梅还是一位茶文化使者，她深入校园、社区，与孩子们、居民们面

情系树人

许泽梅（左二）教孩子们剪纸

对面交流，分享品茶心得，传播茶文化精髓。她参与国内外茶文化交流活动，与各地茶友交流心得、分享经验，为茶文化的传承和发展贡献着自己的力量。她的讲解生动有趣，互动环节设计巧妙，让人们在轻松愉快的氛围中感受到茶文化的魅力。

在中国茶叶博物馆的舞台上，许泽梅将每一片茶叶都视作生命，用精湛的茶艺表演诠释着茶文化的内涵。她的茶艺表演充满灵气与诗意，每一次表演都仿佛是一次与茶的深情对话，让人心驰神往。她的茶文化推广工作也充满热情与执着，她用自己的方式，让茶文化走进了更多人的心田。她用茶艺诠释着生命的韵味，用茶文化温暖着人心，全方位展现了一个茶文化人的风采。

项宗周：让时间在沉香的静谧中流淌

【人物名片】

项宗周，2006届应用茶文化专业校友。中国国际茶文化研究会学术与宣传部副部长，浙江省茶文化研究会茶艺师鉴定所所长，跨越千山万水探寻茶文化的一级评茶师。从初时气盛急躁的学生，到一人一茶对话自如的茶艺师，沸水的蒸腾沏出茶色的香味，沏出一个人脱壳般的成长。

采访时间：2023 年 6 月

采访地点：中国国际茶文化研究会

作　　者：陈　慧　胡至瑜　李盛琦

指导老师：田　欣　陈文江

当年填报高考志愿时，项宗周不知选何专业，对未来规划很迷茫，在老师推荐下就读了树人新开设的应用茶文化专业，权衡利弊后的项宗周抱着疑惑开始了自己与茶的羁旅。

2006年从应用茶文化专业毕业，在恩师的引荐下进入国际茶文化研究会工作，17年的工作岁月，让他在闻香悟道中不断学习、探索、成长。除了茶叶评审，现在他更多从事茶文化的交流和传播，作为九三学社杭州上城区三支社社员，他常常开展有关茶艺的文化讲座，旨在让更多人深入了解茶与茶文化的奥秘，让更多人主动去掀开这份千年传统文化的面纱。他觉得，"文化应该是潜移默化的，而不是生硬地传播，是让人主动学会自己以禅悟茶的文化与智慧。"

舀半瓢清水，留一缕清香，盖杯蕴茶，那斟茶之道便在其中。茶叶的质感与火候不可或缺，评茶的感官审视更为重要，同样的茶不同人喝有不同的结果，就好比相异的人生总能品出自己的口味。一口苦，二口涩，三口甜，说的是茶，道的是人生。

行到水穷处，坐看云起时

走进项宗周的工作室，最先映入我们眼帘的便是桌上一套完整的茶具：茶盘、水盂、茶巾、品茗杯……古色古香中透着简洁，叙述着眼前之人褪去浮躁的心路历程。

当年在树人读书的项宗周年轻气盛，加之初时对茶文化没有兴趣，和老师也有过处处较劲的经历。随着接触茶越深，接受茶文化的核心——"和"的熏陶越多，心态逐步端正的他意识到自己原先的脾气太暴躁，便有意识地开始磨炼自己的性子。

项宗周（左）在接受采访

　　"和的意象是什么？是和善，是平和。"所以即使刚踏入社会时意气风发的项宗周，也能随时保持平和的心态，在跌跌撞撞的前进中免于被浮躁所扰。心态向好后的他底子踏实了许多，更重要的是学会了沟通、善于倾听，无论是消息闭塞的过去，还是信息资源丰富的现代，有质量的聆听与交流是必不可少的，在个人发展的过程中足以避免许多的坑。项宗周评价自己的蜕变与专业息息相关，平和使得他在工作中身心愉悦，也希望春风得意的同学们能够让性子缓一缓、让心静一静。

读书虽可喜，何如躬践履

　　谈话间，项宗周讲述了一次让他印象深刻的经历。学茶时，他记得书上说铁观音的特点是绿叶红镶边，但毕业后几年里没有见过相应的实物，因为彼时的铁观音学习台湾地区的清香乌龙茶做法，打掉了红边，而教材上的知识停留于十几年前,如果没从书本上学过,就根本无法知道铁观音原来的样子,会误以为现今做的绿叶红镶边的乌龙茶是创新而非恢复。可如果仅仅停留于书本知识,在行业里也是不会有大作为的。项宗周认为,书本的最大好处是传播前人的经验,学习好书本的知识是必须的,但实地考察的实践更为珍贵,先进的知识往往在实践中汲取。

他曾多次赴贵州考察,很多地方的茶叶根本叫不出名来,因为书本上并未记载,也有些随着环境和时间的改变已经变化。依托茶文化专业,他在全国各地来来回回跑,见识了不少山水与风土人情,体悟了悠久深厚的茶文化,这些对于茶行业来说是烦琐而重要的。于茶行业而言,会茶而不会经营是书呆子,懂经营不懂茶又无用。一方面,茶叶的经济价值不能脱离物质的本性,如何不偏离本性又能兼顾利润,需要仔细考量。另一方面,市场环境瞬息万变,这几年可能大红袍流行,过几年可能肉桂风靡,之后又可能老白茶爆火,究竟选择何种产品,如果等到用时才接触便为时已晚。项宗周认为多尝试最为关键,读书期间也应多接触社会,多实地去看看、学学,躬行是更新知识和捕捉市场变化的渠道,如果说信息时差是行业里竞争的关键因素,躬行就是个人发展中基于已有知识快速提升的重要路径。

坐酌泠泠水,看煎瑟瑟尘

谈及学校的老师,项宗周不由感慨朱红缨老师带给他的一次重要改变。有一次在课堂上关于理念的问题产生了分歧,思想碰撞之后朱老师跟他讲了一段话:“这个问题可能没有标准答案,但在学校考试时你只能听我的,因为试卷是我出的,答案是我定的。不过出了学校,你可以讲你的观点让大家评评,所以今天也不能说你的观点就是错误的。”朱老师没有否定他的观点和学习态度，而是包容了他的想法，这些话影响了项宗周今后的思维方式和价值观念。

在学术界尤其是茶文化圈，很多问题都没有标准答案，只有各种理解感悟的差异和思想的碰撞。对于茶和茶文化，项宗周有自己的看法，面对一个问题时他总会开放性地从多角度去研究，想尽办法自圆其说。开放性带来的结果或好或坏，但至少可以让人对一个事物有了更深的认知。这种打破传统观念的意识和多角度的思考方式，使得项宗周在茶文化圈让人另眼相看，伴随着潜力的挖掘，他的计划也有了更多可期的创新之举。

项宗周很感谢平台提供的良好环境，更感谢杨老师、朱老师等一批专业教师对他的教诲。他认为当代最大的特点是去中心化。所谓去中心化，并非没有领导者和规矩，而是人人都能够作为储备意见中心，不同社会经历的人在各自擅长的领域提供他们的意见，所以去中心化意味着一方面需要聆听，另一方面需要基于自我的真正独立地思考。时代所趋，坚持独立思考和多角度看待问题将是人们必备的素养，项宗周鼓励大学生们一定要打破传统思维局限，找寻不同方面，多加独立思考，学会将自己不成熟的想法慢慢自圆其说，形成属于自己的理论观念。

无由持一碗，寄与爱茶人

对于茶文化专业和茶行业，项宗周认为本质上同是服务业，但并非单纯是端茶倒水。他也是从最基础的洗碗倒茶开始，再慢慢成为专业的茶艺师，一切皆需"勤勉"二字。茶涉及的方面有很多，评茶、贸易等皆需一步步从基础往上走。他说，很多人对此有偏见，宁愿坐办公室也不愿去茶馆做服务，归根结底在于自我认知的偏差，把服务业的工作看低，使自己无法正视自己，殊不知办公室与茶馆的工作同样在服务他人，只是对象不同。打破对工作的刻板印象，勤勤恳恳从基础做起，看重自己的岗位和自身能力，这实为年轻人所缺。

另外，茶行业对文化素养要求较高，一壶一品之间皆透露出一个人的文化气质。在茶行业可以接触到许多高文化素养的人群，交流中自己的眼界会拓宽、认知会提升，举止习惯也会发生改变，更重要的是个人的品位与气质会在茶圈的熏陶中提升。从事该行业之后明显发现，茶文化专业的管理者会更自信、更有文化素养。"如果自己都看不起自己，别人为何看得起你"，看重自己的工作，哪怕是端茶倒水，从底层勤勤恳恳干起，才可能有所作为。

茶之为用，味至寒，为饮，最宜精行俭德之人。在溢满茶香的交流中，我们透过那神秘面纱，接触了茶的文化底蕴、茶的行业状况、茶的人生百态，在芳香渐为淡薄间我们认知人生沉浮。随着人们生活水平的日益提高、专业人士需求的不断扩增，茶行业的前景愈发广阔。项宗周寄语茶文化的同学们，希望同学们能在平常的斟煮饮品里体会文化的魅力，在一啜一盖中遍尝人生滋味。最后，以白居易的《山泉煎茶有怀》中的名句作为结语："无由持一碗，寄与爱茶人。"

李柳英：将经历炼化为个人经验

【人物名片】

李柳英，2007届城市规划专业校友，现任铭扬工程设计集团有限公司院长，高级工程师，萧山区"三农"委员会专家委员，评审专家。

采访时间：2023年7月1日

采访地点：铭扬工程设计集团有限公司

作　　者：周小园　严依能　袁湘茹

指导老师：孙文彬　申屠婷婷

大学生活：读书、跑步和开心一样不落

"读书，跑步，开心。"说到自己的大学生活，李柳英记忆犹新，并用简单的六个字作了概括。穿越 17 年时空，李柳英的大学生活和我们现在其实差不多，不同的是现在的我们多了互联网和游戏。大学四年，读书、跑步、开心奠定了她的人生底色，主动学习，坚持运动，积极参加学校活动，是她丰富的大学生活的写照。

李柳英是学院学生会学习部部长，组织过很多学校层面的竞赛活动。她说，很感谢学院给她提供了一个这么好的实践与锻炼的平台。在学校中积极参加活动，通过实践成长成才，能为日后的工作带来很多帮助。在工作和生活中，我们难免会遇到一些挫折，但大学生活是值得回味的，有朋友，有困难，也很有意义。她还提出了"'软件'大于'硬件'""人生有很多可能性，不是只有一个标准的答案""学什么不等于做什么"等让人耳目一新的想法。在她看来，内驱力、上进心和创新力是迎接各种挑战的三种重要元素。虽然母校不能与"211""985"之类的重点高校相比，但也正因为如此，她更加珍惜难得的学习机会，一直很努力。大学毕业后取得的成就，与她自身强大的内驱力和上进心密不可分。

职场之路：挑战与机遇同在

大千世界，复杂多变；信息洪流，泥沙俱下。"迷茫和不安"常常是一些大学生毕业后的状态，有的不断跳槽，有的安于现状，有的不知所措。对此，李柳英说："一定要做自己喜欢的事，遵从内心，努力去尝试新的事物。同时对自己也要有一个准确的认知。"只有不断学习、不断迭代自我，才能

跟上时代的节奏和步伐。

谈到最让人记忆犹新的困难时，李柳英淡然一笑："不用'犹新'，去年我刚与合伙人分开。"当时的她，相当于净身出户，白手起家，其中的种种艰辛只有她自己知道。她用切身的经历告诉我们，遇到困难时一定要有信心，有时刻重来的勇气，当然最重要的是，要有克服困难的实力。

行业专家：十年磨炼修成正果

萧山区"三农"专家，是李柳英身上另一个耀眼的光环。但她谦虚地说，自己只是一个终身学习者，她还跟大家分享了自己的一些体会。

第一，自主学习。李柳英是学校图书馆的常客，在空闲时间，阅读和学习是她的常态，但她的学习不止于自己城乡规划专业方面的问道，还注重交叉学科的学习，形成自己的知识体系。尤为重要的是，要有针对性地补充我们通识教育的不足，在基础专业知识以外，去学习经济学、管理学、心理学、产品科学、历史学、批判性思维、科技前沿等内容，丰富自己的认知，提高自己的学习能力，这样可以最大程度地避免"毕业即失业"。学无止境，人的一生都要不断学习、善于学习，成为终身学习者，才能过一个自己说了算的人生。

第二，找准定位。漫漫人生长路，"淡泊与浓烈""嘈杂与清脆""热烈与寡淡"，皆取决于你对自己定位的认知与机会的把握。你必须了解你自己，清楚自己的爱好、特长以及理想，当然也应当允许自己试错，但绝不是一条道走到黑，或者糊里糊涂混一辈子。她分享了铭扬集团女老板的亲身经历：中专毕业，音乐老师，但她说"这不是我想要的生活"，她便从 2008 年创业直到现在，造就了一个"建筑甲、景观甲、规划甲"的三甲民营企业，获奖无数，评级优秀，在全国有 150 家分公司，去年产值已超 10 亿元。所以准确定位，才能更好地发展自己。她说初入大学时虽然懵懂，但是"不止于此"的内驱力，会促使自己不放弃并不断突破自我、发掘自我。学好基础，找准方向，不自我设限。找到自我定位后，努力打磨构建自己的知识框架，认清"我喜欢做什么"，明确"我靠什么生活"。有了正确的方向和道路，才会走得更加顺利。

第三，善于沟通。步入社会之后，不管是在工作还是生活中，我们每天都要应对不期而遇的人和事，需要与无数人沟通，这就需要我们具备良好、高效的沟通和协调能力。在与李柳英交谈的过程中，我们发现她说话思路清晰、有理有据，不管是论述观点还是倾听提问，她都用非常认真和谦虚的姿态对待，这使我们的采访得以顺利进行。她还推荐了《沟通的方法》这本书，希望大家储备好能力，提升自己的社会竞争力。

第四，脚踏实地。李柳英成为萧山的"三农"专家后，带队走访了 167 个村落且不下三遍。她说："我们做事时一定要落实到每一处，而绝非唱高调，大嗓门。"而在成为萧山"三农"专家前，她已连续三年担任了"美丽乡村"的评比专家。后来她参加评审时，对萧山未来建设的设计，有针对性地对村庄的色系源头、宗教文化、停车位的落地布局等提出了专业意见。最后评审组组长握住她的手说："我们要的就是你这样的人！"她用"别人看一遍，我看十遍"来形容自己对工作的态度，她说："名利不要看得太重，关键是能不能做成事。"

学习型人生：长期主义的园丁

李柳英始终以创新精神激励自己，她关注行业每个阶段的发展现状与趋势，不断更新迭代，紧跟时代潮流，勇于转变。她的个人魅力和职业品质获

李柳英（后排右二）与百日探知分队队员合影

得了大家的认可。她分享了一本叫《我的二本学生》的书，说这本书可以让我们真切地认识到社会生存的巨大压力和坚持学习的重要性。她初入职场时，虚心地向前辈学习，直到在领导眼中她不再是一个好帮手，而是一个被大家认可的"李工"。因为她奉行长期主义，她认为只有通过长期的坚持与努力，而不是局限于当下的得失，才能收获鲜美的果实。追求长期价值，心怀信念，保持清醒，建立起理想的认知框架。

在李柳英的手机上，有一条非常有意思的读书记录：2000 天中，连续阅读 1738 天、4803 个小时，读了 474 本电子书，听书超过 1000 本。她的体会是："有了一定的阅读量后，人可以变得通透，从而在复杂的系统中看透本质。"这是她长期坚持的结果。今天听到的不只是城市设计者的思路，也是在职场活出自己的人生的思路。她说，要注重内心的修养且内心平静地看世界并做好自己，不去迎合社会而是成为自己，重视我们独立个体的力量。

对企业她同样追求长期价值，铭扬集团也一直在践行"干在实处、走在前列、勇立潮头"的理念，践行"专业体现价值，服务实践价值"的宗旨，

情系树人

着力提升核心竞争力，促使企业发展蒸蒸日上。

李柳英用十余年的赤诚与执着，践行着热爱与担当的信念，在漫漫人生中保持初心、坚持自我，用如竹的韧性和坚持努力的光芒，打造穿越汹涌海浪的轮船和照亮自己事业的灯塔。无论过去、现在还是将来，她始终铆足了劲，用奋斗书写人生灿烂的篇章。

泮峰：回乡创业勇攀高峰

【人物名片】

　　泮峰，2008 届土木工程专业校友，安吉信达建设有限公司，安吉强达混凝土有限公司法定代表人。

采访时间：2023 年 7 月 14 日

采访地点：安吉信达建设有限公司

作　　者：曹慧萍

指导老师：耿翠珍　柳亚杰

泮峰，一位充满闯劲的创业者，毕业后毅然踏上了一段不平凡的征程。他投身于工程建设行业领域，积累了丰富的行业经验和人脉资源。在取得了令人瞩目的成就后，他选择回到自己的家乡安吉县，创建了安吉信达建设有限公司。公司迅速崛起，营业额实现跨越式增长，从最初的 1.2 亿元跃升至如今的 13 亿元，成为当地建筑行业的佼佼者。

有人不禁好奇，为何泮峰会选择回到县城创业呢？首先是基于他对家乡深深的眷恋和对未来发展的独到见解；其次是源于区域保护政策，为了贯彻中央政府的宏观调控意图，地方政府往往会采取一些措施来保护本地企业，为本地企业提供良好的发展环境，也为泮峰这样的创业者提供了大展拳脚的舞台。

当然，泮峰深知，要在竞争激烈的市场中立足，仅仅依靠区域保护政策是不够的，因此他在创业初期就决定前往大城市学习项目管理和运营经验，认识到了完善的规章制度和流程化管理的重要性，他回到县城后迅速将所学应用于实践，推动公司不断迈向新的高峰。

泮峰回忆道，大学时他担任土木工程班的团支书，经常带领同学们在美丽的西湖边开展团建活动，那段时光充满了青春的活力和激情。学生干部的经历也为泮峰带来了许多宝贵的经验和教训，让他深刻体会到细心的重要性，一个活动的成功与否，往往取决于组织者的细心安排和精心策划。同时也磨炼了他的意志，他明白，工作中难免会遇到困难和阻碍，必须具备不怕吃苦、勇往直前的精神。这也增强了他的自信，他认为，创业的勇气来源于自信，而事业的成功离不开务实的心态。在经历了创业的种种艰辛和困惑后，他提醒那些有志于创业的大学毕业生们："切忌冲动、浮躁和好高骛远。选择了创业的道路，就要坚持下去。在追求理想的同时，也要脚踏实地，在创业的道路上实现自我价值。"

泮峰（左三）与采访团成员合影

当被问及当代大学生应具有什么样的能力时，泮峰给出了四个建议。

一是成为复合型人才。现代社会科技发展的特点是学科交叉、知识融合、技术集成，这决定了每个人都必须不断提高自身的综合素质。

二是有一技之长。一技之长在任何时代都是谋生的重要手段，拥有更全面的能力则会有更广阔的发展空间。

三是找到兴趣点。兴趣是职业生涯选择的重要依据，对自己的兴趣有了正确的评估后，就可以预测或者帮助自己进行职业生涯选择，保证工作的稳定性，并大大提升事业的成功概率。

四是坚持终身学习。有言道："贫者因书而富，富者因书而贵，贵者因书而智，智者因书而乐。"只有把学习贯穿到生活和工作中去，才能不断提升知识水平、专业能力和适应社会发展的能力。

情系树人

骆烨：在文学创作之路上逐光而行

【人物名片】

骆烨（本名骆烨波），2008届物流管理专业校友、树人学院校友会副会长。知名编剧，民国史研究学者，鲁迅文学院第三十八届高研班学员，浙江省"五个一批"人才，"新光计划"电影类青年人才，入选"首批浙江省青年作家人才库"。中国作家协会会员、中国电视艺术家协会第七次全国代表大会代表、中国网络影视编剧联盟主席、杭州市作家协会影视文学委员会副主任、杭州市影视家协会理事、西湖青年编剧联盟副会长。现为浙江晟喜华视文化传媒有限公司骆烨工作室总监、制片人。出版有长篇小说《追梦者》《军旗飘飘》《战火》，长篇儿童文学《小奇遇》，小说集《战乱时期的爱情》《天堂里的贫民窟》《城市之光》，编剧作品有《武则天秘史》《隋唐英雄》《老虎队》等10多部。获得金荷奖·中国青年编剧双年奖、优酷大剧盛典最佳编剧奖、浙江省新荷计划潜力作家奖，作品入选浙江省文艺基金发展项目、杭州市文化精品工程扶持项目。《人民日报》《文艺报》报道其创作成就，历任《作品与争鸣》杂志编辑、《文化娱乐》杂志执行主编、《纪实》杂志主编等。

采访时间：2023 年 7 月
采访地点：线上采访
作　　者：潘　杰
指导老师：芮嫣楠

初见骆烨，眉清目秀，干净利落。他身穿黑色休闲装，脚踏运动鞋，轻松地走进了我们的视线，气质中透出一股"英雄出少年"的自信与坚毅。

自考成"牛人"

对于骆烨来说，写作并不仅仅是他的爱好，更是他找回自信和证明自己的方式。高中时期，他便对写作产生了浓厚的兴趣，喜欢在课余时间构思故事，然后在课堂上偷偷写作，他的第一部小说《问题学生》就是在这样的情况下完成的。他曾因成绩不佳而倍感压力，甚至一度想放弃，但当看到自己的小说被同学们传阅，看到他们因为故事而感动，他开始明白，自己并不是一无是处，"那时候我感觉到自己还不算是'烂'到家的学生，聪明也用在有价值的地方"。

2005 年秋天，骆烨满怀憧憬地踏入树人学院，那一刻，他便在心中为自己描绘了一幅清晰的职业蓝图——成为一名作家。这个梦想如同一颗种子，深深地扎根在他的心底，并激发着他创作的热情。

骆烨的大学生活，除了必要的课程学习，其余时间几乎都在图书馆度过，图书馆成了他的第二教室，也是他追逐梦想的起点。每天，他至少有 7 个小时在图书馆里，沉浸在书海中，寻找着那些能启发他灵感的文字。据不完全统计，骆烨在校期间共借阅图书 70 余册，借阅总时长高达 1312 天，阅读为

骆烨（左三）回校参加赠书活动

他打下了深厚的文学功底。

2008年4月至2009年1月，短短7个月时间，他成功通过了12门课程，3年时间一共通过了27门课程考试，这一成绩在学校自考生中引起了轰动，《钱江晚报》等媒体纷纷刊登报道。

骆烨的事迹迅速在同学间传开，他成了众多自考生的榜样。学院还掀起了一场名为"学自考牛人骆烨，做自信、自强自考生"的活动。

初涉影视圈

大学毕业后，为了生活，骆烨不得不选择在一家超市从事物流员工作。为了节约生活成本，他和朋友在杭州偏远的半山合租了一间简陋的房子。然而，正是在这样的困境中，他成功创作出了《天堂里的贫民窟》，表达了他对社会现实的深刻思考和对生活的独特感悟。

一个偶然的机会，骆烨在网上看到浙江大学中文系教授骆寒超老师的简介，凭借着自己对文学的热爱和执着，他带着自己的书稿，壮着胆子上门拜访了骆教授。骆教授也被这"初生牛犊不怕虎"的小伙子惊到了，看完骆烨的小说后，当即给予了高度评价，并推荐他到浙江长城影视传媒集团工作。

初入长城影视传媒集团，因骆烨的学历背景，他只能做一些琐碎的工作。可骆烨并未因此而气馁或抱怨，始终保持着敬业和专注的态度。为了能在事业上取得突破，他调整了作息时间，每天早上七点半，当大多数人还在享受清晨的宁静时，他已经踏入了公司的大门，开始了一天的工作。晚上六七点钟，当办公室的灯光逐渐熄灭，他才结束忙碌的一天离开公司。这种勤奋务实的精神以及他在各个方面的优异表现，终于得到了公司老总的赏识，后来还被破格提拔为副总。

妙笔著文章

出生于1986年的骆烨有着大多数"80后"的性格特点，拒绝保守沉闷，想法大胆新奇，热爱新鲜事物，对世界有着独特的感知力。2003年，骆烨开始发表作品，小说见诸于《北京文学》《中国作家》等刊物，短篇小说《父亲》在《读者》杂志（原创版）发表，并受"榕树下"等文学网站的推荐，得到广泛赞誉。此后，《天堂里的贫民窟》《黑夜，在西湖奔跑》以及长篇教育反思小说《问题学生》等作品，令他在当下小说创作格局中，开创了属于他的一片天地。《纪实》半月刊主编、《作品与争鸣》等杂志编辑，也成了他的主业之一。

随着文化创意产业的繁荣与发展，长城影视为骆烨提供了更宽广的成长空间，他也因此打开了剧本创作这扇结构艺术的大门，开始了在剧本世界中恣意穿行的神奇之旅。骆烨每天都会花五个小时独处，或者疯狂地写剧本，或者疯狂地阅读。他写剧本，有时一天可写完 1.5 万字；他看剧本，一天可以看完一整部连续剧剧本。成为编剧后，骆烨经常戏称自己干的其实是"体力活"。

2012 年，骆烨参与了在杭州西溪湿地和横店影视城拍摄的史诗巨制《隋唐英雄》的制作。2019 年，《军旗飘飘》被翻拍成电视剧《老虎队》。为了写好以淮海战役为背景的战争故事，全面展示从"老虎队"组建到我军获得战役的胜利，骆烨在创作前期大量查阅文史资料。为了真实了解淮海战役背后鲜为人知的历史，他多次飞往台湾，实地采访当年国共两党的老兵和将领的后人，收集属于他们的时代故事。历经一年多时间，经历无数个不眠之夜，2017 年 6 月，终于完成了这部脍炙人口的优秀作品。

《老虎队》上映后，平均收视率 1.82%，平均收视份额 8.76%，荣登 2019 年上半年 CCTV-8 电视剧收视率排行榜第一名、2019 年度全国网电视剧收视第三名。北青网评价这部剧是中国首部全面展现淮海战役的电视剧作品，风格突出，戏力万钧，被赞为"自由解放之战歌"，树立了战争剧的新标杆。

2023 年，"电商""舟山东路""树人学院"，这几个关键词出现在骆烨的长篇新作《追梦者》（百花文艺出版社出版）中。骆烨以独到的笔风，将自己记忆中的杭州奋斗史烙印在主人公叶西湖、余杭一代青年人身上，以"水煮鱼皇后"李叶为原型，聚焦女性，书写"杭州女子图鉴"，最大程度地还原了当下在杭创业青年真实的生存状态。

在《追梦者》的创作中，骆烨始终如一，他花半年时间做采访工作，与电商商家面对面聊天。《追梦者》不仅是骆烨饱含深情的青春回眸，更包含了他记述时代和描摹群像的野心以及对这座城市融入骨血的热爱和真诚。

在讲述自己的成功史时，骆烨的脸上总是洋溢着谦逊和腼腆的微笑。他不时地搓搓手掌，仿佛在回味那些艰辛而充实的日子。如今的他已经站在更高的舞台上，但他深知这一切都离不开自己的努力和坚持。他相信，只要坚守初心、勇往直前，就一定能够书写出更加辉煌的篇章。

施巍鹏：守绿水青山，做基层环保人

【人物名片】

施巍鹏，2008届电子工程专业校友。现任义乌易诺环境科技有限公司综合管理部经理。该公司主要开展环保技术开发、工业园运营管理、废水处理、环境治理等业务，负责义乌表面处理环保产业园的运营管理。现园区有115亩，厂房占地74000平方米，入驻公司20余家。

采访时间：2023年7月

采访地点：义乌易诺环境科技有限公司

作　　者：施佳豪

指导老师：吴杨铠　刘　俊　芮嫣楠

施巍鹏毕业后并未选择留在繁华的杭州，而是回到家乡义乌。一个偶然的契机，施巍鹏找到了他毕业后的第一份工作，成为生态环境局的一名雇员。"初来乍到，专业也不对口，什么都不懂，但只要你肯学习，就能够学会并掌握。"施巍鹏虚心请教，慢慢开始了解环保工作，命运的齿轮就这样与环保紧密"咬合"。

在环保监测的岗位上，无论高温天还是阴雨天，都需要扛着监测设备，上至数米甚至数十米高的烟囱，下至湍急的河流边开展取样监测工作，施巍鹏很快就习惯了两手沾灰、两脚沾泥的工作环境。

2012年，施巍鹏参与义乌市的"五水共治"工作，主要负责网上曝光台的运营，这个平台让市民可以随时上传发现的环境问题，相关部门迅速作出反应并及时解决。这一举措大大提高了工作效率，也激发了市民参与环保的热情。

施巍鹏还负责对义乌市各属地镇街"五水共治"工作进行考核排名。"有考核，大家就有动力去更好地完成工作，也有利于我们五水共治的开展，达到更好的整治效果。"

施巍鹏在工作中

情系树人

在环保这条道阻且长的路上，施巍鹏深知自己可能面临的各种挑战，也清楚不可避免地会触碰到某些人的利益。尤其是一些小微企业，"往往规模不大，但它们的安全隐患和环保问题却不容忽视"。在整治这些企业时，有些小企业主不理解、不配合，甚至阻挠整治工作；有些工人因为失业而情绪激动，导致群体上访事件频发。面对这些困难，施巍鹏始终坚守着自己的信念。在政府的支持和公司的协作下，他们耐心地与小企业主沟通，解释整治的重要性和长远利益；对于失业的工人，他们积极提供再就业培训和安置，确保他们的生活得到保障。施巍鹏与团队群策群力，妥善解决了一系列问题。

"守护义乌的绿水青山，捍卫这片土地的生态环境。"一转眼，施巍鹏已在环保这条路上走了十几年。近年来，义乌的生态环境取得了令人瞩目的成绩，水环境得到了显著改善，河流水质达到了相应标准，过去常见的雾霾天气也明显减少，无疑，其背后离不开像施巍鹏这样的环保工作者的默默付出。

2021年，施巍鹏走进义乌易诺环境科技有限公司，担任综合管理部经理。他坦言："起初，我对于如何撰写材料、如何做好宣传工作以及如何与其他部门更高效地沟通等，都感到十分陌生。"刚上任的那半年，他穿梭于各个部门，只为深入了解和学习所需的知识和技能。"有不懂的地方，我就去各部门请教，坚持不懈地学习，让我逐渐掌握了一些必备的技能。"

现在施巍鹏对岗位工作已经得心应手，并养成了良好的工作习惯。比如每天晚上，他都会花时间回顾一下当天的工作，梳理尚未完成的任务并分析原因，然后安排好第二天的工作计划。"对每天的工作有一个清晰的把握，可以更好地提高工作效率。"

回忆起在大学的日子，热闹的舟山东路、志同道合的同学以及亦师亦友的老师，都是他人生中难以忘怀的宝贵记忆。如果时光可以倒流，他表示将会更加珍惜大学时光，更努力学习。

对于即将步入职场的学弟学妹们，施巍鹏也分享了自己的体会。一是良好的沟通能力和为人处世能力至关重要。在工作中，无论是与同事、领导还是客户之间的交流，都需要我们能够清晰、准确地表达自己的观点和需求。二是情商的重要性，要善于观察和感知他人的需求，并在适当的时机给予帮助和支持。三是要有规划能力，能够在规定时间内完成任务，并分清工作主次，高效、精准地完成工作。

谈及最感谢的老师时，施巍鹏特别提到了吴杨铠老师。他说，吴老师平易近人，关心学生，总是热心地帮助学生解决学习和生活中的各种问题。虽然毕业多年，他仍然与吴老师保持联系，视他为人生中的良师益友。

多年来，施巍鹏始终心系母校的发展，努力推动校地合作。他希望通过与母校的紧密合作，在人才输出和实践基地建设等方面实现共同发展，促进科技创新和产业升级。

潘琼：她说自己是一位"既要又要还要"的律师

【人物名片】

潘琼，2009届涉外文秘专业校友。上海瀛东律师事务所律师、高级合伙人。该律所目前在职律师约200人，业务涵盖公司业务、资本市场与证券、金融保险、房地产与建筑工程、争议解决及知识产权、投资并购、劳动争议、婚姻家庭与财富规划、破产管理等多个领域。作为资深执业律师，潘琼及其团队主要服务企业，提供并购与重组、私募基金投融资、涉外业务、产业地产、跨境投资、员工持股激励的相关商业法律事务。

采访时间：2023年7月13日

采访地点：上海瀛东律师事务所

作　　者：钟婷婷

指导老师：龙　璐

高中时，潘琼原本计划报考艺术类专业，因此还曾去北京中央戏剧学院进修，老师给了她中肯的建议，于是高二暑假时，她调整了报考方向，转而攻读文科。

2006年9月，潘琼满怀期待踏入浙江树人学院校园，并很快为自己确立了清晰的目标。

在校学习期间，她积极参与各种文体活动，曾荣获"十佳歌手"第一名。多姿多彩的校园文化活动，不仅丰富了她的生活，也促进了她的全面发展。

课余时间，潘琼还积极投身社会实践活动。她曾跟随老师前往永康革命老区开展暑期社会实践，乡村的生活条件虽然艰苦，但那些经历也增长了她的见识，锻炼了她的胆量和能力。此外，她还前往台湾进行交流学习，进一步拓宽了视野。

从树人学院毕业后，潘琼以优异的成绩考入浙江工商大学，专业方向也从涉外文秘转向了旅游管理。完成本科学业后，她再次挑战自我，考入上海大学法学院攻读硕士学位。在当年的专升本班级中，她是唯一一个成功考取研究生的。尽管她在法律领域起步较晚，但她通过付出比别人更多的努力，逐渐缩小了与他人的差距。

潘琼说，自己的成功并非完全基于幸运，而是源于她不懈的努力和坚持。在准备司法考试时，她甚至梦中都在进行案例分析，足见她对学业的投入和执着。

她深知自己的专业基础相对薄弱，因此在努力提升专业水平的同时，也注重丰富实践经验。在研究生学习期间，她主动在宁海法院、上海虹口法院和律师事务所实习，并最终选择了律师行业。

研究生毕业后，潘琼加入了世界知名的大成律师事务所。这是一家全球多中心的律师事务所。面对超大的竞争压力，她以高昂的斗志，全力以赴地投入到工作中，凭借自己的努力和悟性，逐渐积累经验，渐入佳境。

作为一名律师，潘琼深知自己的职责，那就是全心全意为客户解决问题。因此，在与客户沟通时，她总是耐心倾听客户的需求和想法，善于从各种证据中找到关键信息，善于用通俗易懂的语言解释复杂的法律问题，善于将法律知识和实践经验相结合，为客户提供精准和高效的法律服务。

在处理案件时，她总是深入细致地研究案情，不放过任何一个细节。在与对方律师协商时，她能够迅速把握对方的意图和底线，为客户争取最大的利益。她还经常参与各种法律培训和研讨会，不断提升自己的法律素养和专业技能，成为一名"既要又要还要"的律师。

她回忆道，初入行时，自己曾如履薄冰，每一步都小心翼翼。经过多年的磨炼，已有了更多的自信和从容。她深知，每一次成功都离不开自己的努力和坚持，也离不开那些曾经给予她帮助和支持的人。

潘琼（中）与暑期社会实践团成员合影

除了繁忙的工作，潘琼还积极将自己的法律知识分享给更多的人。她在抖音和微信视频号上开设了专门频道，传播和践行"上医治未病，上律致无讼"的理念，希望能够为创业者们提供一些帮助。她坚信，一个好的律师不仅能够解决问题，更能够预防问题的发生或降低问题发生的概率。

作为一名党员，潘琼始终牢记自己的社会责任。她长期参与公益项目，担任上海儿童医院的志愿者，为孩子们带去关爱和帮助。她还组织了律所与云南砚山小学的爱心结对帮扶活动，为那些需要帮助的孩子们送去温暖和希望。

如今，十几年光阴过去了，潘琼也从校园里一名活力四射的大学生成长为自信、从容的法律专业人士。她想与学弟学妹们分享的是：在学科知识的学习上要狠下功夫；要积极把握实习机会，找到自己的兴趣所在；备战各类考试的同学，要心无旁骛地学习；要提高社交能力，真诚待人，但要避免无效的社交。

浙江树人学院即将迎来建校四十周年，潘琼为母校送上了美好的祝福，希望母校四十周年的风雨能够化作一片芬芳，学弟学妹们能不忘初心，为母校创造一片辉煌。

张寅："老板""村主任"双肩挑

【人物名片】

张寅，2009 届工商管理专业校友，岩屿村村主任。毕业后，在家乡创办了浙江灵巧餐饮管理有限公司，拥有数家分店。他为推动集体经济的发展和乡村振兴作出了积极贡献。同时，发起组建台州哈雷帮俱乐部。作为全国万里骑士俱乐部成员，骑遍全中国，与全国骑友建立了广泛的联系。

采访时间：2023 年 7 月 4—5 日

采访地点：岩屿实业总公司

作　　者：金　卢

指导老师：洪国延　汪妍青

张寅，既是一家企业的"老板"，也是一名称职的"村主任"。他在家乡台州市椒江区岩屿村创建了一家甜品蛋糕连锁公司——浙江灵巧餐饮管理有限公司，目前已拥有数家分店。作为一村之长，他带动了许多村集体经济和集体产业项目高效发展，为乡村振兴作出了积极贡献。

张寅与妻子周灵巧是大学时的一对恋人，毕业后两人成家，肩并肩共同开启了创业之旅，创下了不俗的基业，为社会的进步和繁荣作出了贡献。

张寅回忆说，在校期间，他们非常珍惜学习机会，课堂上认真听讲，认真学习各种知识和技能。课余时间积极参与各种活动和社团组织，培养自己的组织能力和领导能力。学校提供的充足专业课程与广泛实践平台，让他们学会了如何在市场中寻找商机，不断获取创业所需的经验。

他们毕业后创建的灵巧餐饮有限公司，是一家专门经营甜品、蛋糕和咖啡的连锁公司。目前公司已经成功开设了多家分店，建立了良好的口碑和品牌形象，走上了稳步发展的道路。夫妻俩还在家乡投资了一些发展集体经济

张寅（左三）与来自母校的师生合影

情系树人

和产业的项目，建立了农村合作社和村级企业等，为当地经济的发展作出了贡献。岩屿村获得了统战工作、社会综合治理工作、党建工作以及经济冒强村、充分就业村、平安村等诸多荣誉。

"我们的生活充满了无数的可能性，每个人都有无穷的潜能等待挖掘。你们每一个人都可以像我一样，在生活中开拓自己的天地，创造自己的价值。我要给你们的建议就是积极创新、勇于挑战，在实践中学习和成长，不断提升。创新带来的迭代升级，既可以让你们在创业路上获得竞争优势，也可以让你们在面对困难和压力时有更好的应对之策。"对正在求学和计划创业的学弟学妹们，张寅坦言道："每一个人都有潜在的韧性和创业精神，不要担忧未来，也不要害怕失败。失败并不可怕，可怕的是失去勇气和决心。希望你们敢于实践，敢于挑战，不断探索和创新，在未来的人生道路上走得更远、走得更好！"

在母校建校四十周年来临之际，张寅激动地说："非常感谢学校给我们提供的学习和成长环境，让我懂得了团队的力量，懂得了努力的价值。希望学校发展越来越好，为更多学子提供更好的学习环境和更广阔的发展空间。"

郑栋夫：无惧风雨，笃定前行

【人物名片】

郑栋夫，2010 届建筑学专业校友。现为浙江永泽咨询设计集团有限公司设计事业部副总经理，主要负责未来社区、未来乡村、城市更新等领域的课题研究、咨询策划、设计实施及数字运营等工作。曾先后主持完成全省范围内近 80 余个未来社区创建及验收。2022 年主持《社区邻里中心创新设计方案》，获浙江省勘察设计协会二等奖；2023 年主持《共富风貌驿创新设计方案》，获浙江省勘察设计协会二等奖。

采访时间：2023 年 7 月

采访地点：浙江永泽咨询设计集团有限公司

作　　者：钱亦成

指导老师：洪银芳　陈　怡　金晓琳

饮水思源忆母校

郑栋夫 2010 年毕业，转眼 13 年过去了。本次"青春筑想家"暑期社会实践团的带队老师陈怡，正好也是他大学期间的专业导师，虽然毕业后已有十余年未见，但久别重逢还是分外亲切。

一进公司，郑栋夫就热情地迎了上来。他一边回忆美好的母校时光，一边向我们介绍了公司的情况，还特别展示了公司策划的我校杨汛桥校区一期工程设计方案的模型。

郑栋夫老家在衢州，2006 年来杭后，他在这个城市学习、就业、安家落户、结婚生子。谈起母校，他有很多难忘的回忆，第一次参加学校社团活动、第一次登台表演、第一次去拉赞助、第一次被一大帮女同学围着打比赛、第一次体验通宵熬夜画图纸……第一个学期，由于没有美术功底，专业课程特别差，后来在一次建模课上，有如神助般地找到了开启学业的智慧钥匙——转变思维，找到了有效的学习方法，从此一步步成长为"品学兼优的好学生"。

记忆中的校园生活是非常美好的，他说："四年的专业学习培养了我独立思考和解决问题的能力、人际交往能力、时间规划能力。大学生活也让我从单一的对建筑的热爱，转变为对建筑行业更深入、更系统的了解，然后坚定信念在这个行业努力深耕下去。"

披荆斩棘破万难

你所做的恰恰是你所喜欢的，你所喜欢的恰恰是你用以生存的，人生之幸莫过于此。大学毕业时多数人都会面临两个选择：离杭还是留杭，专业对口还是另起炉灶。郑栋夫选择了留在杭州继续追逐自己的梦想。他说："毕业之后我不想进入传统的'流水线式'设计公司，而是希望选择一家相对综合的公司。"比较了多家单位后，他最终选择了浙江永泽咨询设计集团。这是一家初创公司，但又不同于传统的初创设计公司，它有着更高的行业站位和清晰的业务规划，致力于提供未来社区、未来乡村、城市更新领域的全流程服务，是设计行业中少有的能提供纵向全产业链服务的公司。从前端咨询策划、课题研究，到中端的规划、建筑综合设计以及数字化研发队伍，再到后端工程总承包及运营均有涉及。这种综合不只是项目类型的综合，还有它所笃行的企业理念，它是自由的、多元多维的、鼓励创新的。

从毕业时曾经的迷茫到如今的小有成就，从最初的助理设计师一步步成为主创设计师、项目负责人，他熬过夜、犯过错、碰过壁，也有过对理想与现实、对职业规划、对自我能力的怀疑。"记得刚开始时，大家对未来社区的认知都处于摸索阶段，没有标准可供参考，甚至没人愿意接受挑战，最终公司把项目交给我负责。"他也一度犹豫是否该接下这个项目。

"虽然我们团队当时有过特色小镇规划设计经验，但面对一个全新的领域，无论是工作模式还是工作强度，对我们来说都是巨大的挑战。"刚开始的一周也证实了这份担忧：超高的工作强度、全新的工作环境和工作内容，使他们团队一时间难以适应。多少个灯火不熄的夜晚，无数次激烈的思维碰撞，团队终于圆满完成了任务。

如今，郑栋夫已是永泽设计事业部副总经理，主要负责未来社区、未来乡村、城市更新等领域的课题研究、咨询策划、设计实施及数字运营等工作。大到杭州城西副中心总体规划，小到杭州河坊街公共厕所的设计，还有文旅、住宅、学校、医院、产业园、数字街区、社区改造等各种项目，他均有参与。

因参与了未来社区、乡村改造等相关项目，郑栋夫得到了业内较高的评价。特别是他先后主持完成了全省范围内 80 余个未来社区的创建及验收。

郑栋夫（左）与陈怡老师（右）合影

他还积极探索整迁安置小区如何结合"经济合作社"优化社区公共生活。比如在"衢州斗潭未来社区"项目中，他与团队探索城市中原拆原建社区如何实现资金平衡及公共服务设计集成落地，其中斗潭社区还获得了省领导的批示。

在 2022 年《社区邻里中心创新设计方案设计》中，他带队从人、地、文三个方面深入实地调研，以老百姓的需求为导向，聚焦公共服务设施集成落地，聚焦社区运营的可持续性，通过数字赋能、绿色低碳等手段打造综合性一站式邻里中心，获得了浙江省勘察设计协会二等奖。2023 年他主持的《共富风貌驿创新方案》，聚焦"中国传统村落名录"杨家堂村，针对村中的牛棚片区进行升级改造并新增茶文化体验馆，完成从"买风景"到"卖风景"再到"营体验"的转变，真正让设计赋能共富建设。该设计获得浙江省勘察设计协会二等奖。

就业是人生中一个非常关键的十字路口。郑栋夫在毕业后遇到的种种抉择和困难，也是每个学生必然会经历的。郑栋夫说："当年我选择永泽，是因为它的企业理念和我自己人生的规划一致，我非常庆幸自己的选择。经过那么多项目的磨炼，我得到了更多的机会和更好的发展平台，我遇到的项目综合性越来越强，对能力的要求越来越高，对不同的问题容错率越来越低。这些项目对我来说是挑战，更是机遇和动力，让我继续保持奋进的态度，不断学习、不断调整和提升，面对行业形势选择赛道笃定前行。"

笃学善思勇担当

作为学校首届建筑学本科毕业生，郑栋夫对学弟学妹们说："我只是一个比你们多工作了些年的人，只是工作经验长了一点，东西见得多了一点，对方向判断更准确了一点，思考问题更全面了一点。我认为，每个人都需要综合能力的培养，但不要急于求成。对于建筑这一行，越基础越底层的设计，越是对思维能力的锻炼，从底层开始一步一个脚印，成一步再上一步。"他认为，短短数年的大学时光如白驹过隙，我们应当珍惜这个能够"无所畏惧、理所当然"的学习阶段，培养自己的综合能力，找到自己的兴趣和人生方向，不断提升自我。

"不管在哪个行业、哪个岗位，首先要懂得责任和担当，这比任何能力都重要。每个岗位、分工，没有好坏和主次之分，它们都有对应的职责，这就需要我们有主动承担责任的担当意识，每当遇到困难挫折的时候，就应该主动站出来。"最后，郑栋夫用这段结束语与大家共勉。

情系树人

陈琪：媒体融合跨界发展的探索者

【人物名片】

　　陈琪，2010届新闻学专业校友。目前担任浙江法治报影视中心主任、浙江浙法影视文化传媒有限公司总经理，兼任浙江省微电影专业委员会秘书长。近几年，陈琪积极尝试传统纸媒介入影视产业，实现跨界发展。组建浙江法治报影视中心和浙江省微电影专业委员会，拍摄一批正能量的短片作品，策划执行一系列活动，带领团队朝着"视频精品化、赛事全国化、活动专业化"的目标不断前进，为推动法治报深入融合发展开辟了一条创新之路。

采访时间：2023年7月5日

采访地点：浙江法治报社

作　　者：邢雨芊

指导老师：史永红

"闻新"少年　为梦"追光"

陈琪热爱新闻，大一时就和一群志同道合的同学一起创立了闻新社，编写校报。他们自己出资、自己排版、自己印刷，写舟山东路趣事，写校园趣闻，读者涵盖了社团成员到其他同学老师。陈琪还自己拉赞助举办社团晚会，编写有关学校附近吃喝玩乐出行等生活方面的小册子送给新社员。就这样，闻新社一步一步成长，成了学校的五星级大社团。

陈琪热爱摄影，大二就创作了纪录片《牛哥的赶牛路》。那年暑假，回到老家余杭的陈琪，发现村里一个用牛犁地的师傅"转业"了。原来，随着新农村建设的推进，村里原本用牛犁地的师傅失业了，为了不让牛和牛哥失业，当地旅游公司想出了一个两全其美的好办法：让牛哥驾着牛车拉游客去游玩。这样一来，牛不仅不会失业，还成了国企的"员工"。陈琪想要用自己的方式把这个故事叙说给大众，让大家看到这种人性化的好措施，为其他进行推进新农村建设的地区作参考，于是拍了《牛哥的赶牛路》。不出所料，《牛哥的赶牛路》获得一片好评。

2008 年，陈琪又拍摄了一部以自己大舅为代表人物的纪录片《聆听2008》。陈琪的大舅是一位盲人，因为看不见，生活很是艰辛。为了谋生，大舅就学了一门推拿手艺。奥运会期间，大舅的店给所有顾客打折。大舅每天一边推拿，一边听着比赛。他虽眼盲，却心如明镜，他一直用自己的方式默默支持着奥运会。我们都在漫漫时光里演绎自己的人生，体验不同的灯火阑珊。有的人害怕黑暗，有的人却在黑暗中寻找自己的光明。陈琪拍的不仅仅是大舅，还是以大舅为代表的那个特殊群体，是他们难以言传的与命运抗争的强大力量。

大四那年，陈琪不再满足于个人创作的小天地，于是决定创立一个校内

情系树人

陈琪（左）在接受采访

摄影学生组织——追光影像工作室，将这份热爱传递给更多志同道合的同学。为了筹备工作室，陈琪几乎牺牲了所有的课余时间。他四处奔走，寻找合适的场地和设备，与学校沟通协商，争取支持和资源。同时，他还积极招募同样热爱摄影的同学，组建起一支富有创造力的团队。经过几个月的辛苦筹备，追光影像工作室终于正式成立，如今追光影像工作室的后继成员们依旧活跃于学校各大活动中，成为一个展示校园文化风貌的窗口。

"少年应有鸿鹄志，当骑骏马踏平川"，陈琪想拼的都去拼了，想做的都做到了，所以他热烈的青春比阳光更耀眼，那泛黄的纸上写着专属于他的年少轻狂。往前冲的才是青春，向阳开的正是少年。

跨界探索　乘风破浪

毕业后，陈琪凭着自己扎实的基础和年少的冲劲，一个人负责一个视频中心。后来成立影视工作室，组建浙江省微电影专业委员会，成立影视中心，成立浙江浙法影视文化传媒有限公司（以下简称浙法影视）。现在他带领浙法影视以打造全国党报头部影视公司为目标,拍摄制作了一批高质量的影片,其中由他执导的作品多次获得全国乃至亚洲第一的殊荣。他导演的作品《网战》荣获第七届亚洲微电影艺术节最佳作品奖、全国第四届平安中国"三微"比赛十大微电影奖,《茫崖之恋》荣获第九届亚洲微电影金海棠奖最佳作品奖,《护航1921》荣获中国红色微电影大赛最佳微电影,《月英的婚事》获得全国法院第八届"金法槌奖"最佳影片等。他通过影片传递正能量,宣扬法治精神,赢得观众的高度认可。

近年来，陈琪还先后策划执行了众多大型赛事活动，包括五届玉琮杯清廉微电影微视频大赛、五届平安浙江三微比赛、七届浙江省微电影奖、三届浙江电影"凤凰奖"等，这些活动都在业内产生了积极的影响。同时，浙法影视还荣获全国报刊广告"金推手"奖评选中的"优秀专业工作室奖"，为浙江法治报与影视产业的跨界融合打下了坚实基础。

展望未来，陈琪表示，将继续带领团队不断创新拓宽发展路径，积极探索正能量、有流量微短剧的运营。同时将浙法影视打造成为最具竞争力的政府部门影像产品服务商,构建影像内容产业新生态,实现浙法影视的政治价值、品牌价值、平台价值。

回顾自己的学习和工作历程，陈琪特别强调了实践的重要性。行之力则知愈进，知之深则行愈达。没有经历和阅历，就难以成功地表达心中所想,作品也会缺乏深度和广度。不做坐而论道的空谈者，要做起而行之的实干家,不驰于空想，不骛于虚声，既要抬头看天，也要低头看路，脚踏实地，定能行稳致远。

王歆：英雄远去，浩气长存

【人物名片】

王歆，台州市椒江区人，2010届通信工程专业校友，生前是台州市公安局路桥分局金清派出所民警。2019年10月15日，浙江省人民政府授予王歆和梁峰两位同志烈士称号。10月22日，人力资源和社会保障部、公安部追授王歆同志"全国公安系统一级英雄模范"荣誉。中共台州市委追认王歆同志为台州市优秀共产党员。

组　　稿：董雨洁

指导老师：刘力赫　薛　瑾

2019 年 10 月 2 日夜晚，王歆带队出警，当他们面对持有自制猎枪的歹徒时，王歆毫不犹豫地挺身而出，不顾自身安危，保护群众安全，在与歹徒激烈交火过程中，被歹徒击中，身负重伤，抢救无效，壮烈牺牲。

王歆的壮举感动了全国人民，他被追授为"全国公安系统一级英雄模范"，被评定为革命烈士，同时被中共台州市委追认为台州市优秀共产党员，成为广大公安干警学习的楷模。他以自己的行动彰显出公安干警对维护社会稳定和人民安宁的坚定决心。

为深入学习王歆同志的英雄事迹和精神，我校曾举办"守初心，学英模，担使命，争做时代先锋"的访谈活动。访谈中，王歆的大学同学和老师回忆起了许多难忘的往事。他的班长及室友汪敏伟说，因自己在篮球赛中受伤，王歆细心照顾他长达六个月。杨鑫说，王歆在大年夜时送来了暖心祝福。当年信息团学的学生会主席沙小舟说，王歆在团学工作中兢兢业业、无私奉献。辅导员沈志勇老师回忆了他们相处的过程后，动情地说："得知王歆牺牲时，我感到非常心痛，同时也为自己有这样的学生而感到十分自豪，他用实际行动践行了他的入党誓词和警誓，一心为民，平凡而伟大。危难时刻，王歆选择了站出来、冲上去。他是我心目中的一座丰碑，英雄永存！"

我们也邀请到了王歆的同事，他们讲述了王歆生前一个个震撼心灵的故事，一句句情真意切的话语，一幅幅感人至深的画面，真诚的语言、真挚的情感、真实的故事，深深感动着在场的每一个人。诚如习近平总书记所说："伟大出自平凡，平凡造就伟大。"王歆同志用 32 个春秋，谱写了平凡而伟大的一生。崇尚英雄才会产生英雄，争做英雄才能英雄辈出。英雄虽已逝，浩气永长存。

此外，我校开展了"学习英雄校友，争做有为青年"的主题活动，把学习王歆同志先进事迹作为深化"不忘初心、牢记使命"主题教育、强化理

情系树人

想信念教育、弘扬社会主义核心价值观、深入开展创先争优活动的宣传典范，充分发挥其典型示范作用，引导广大青年勇担责任、报效祖国、服务社会。

哪有什么岁月静好，只不过是有人替你负重前行。在保护人民生命安全免受侵犯的时候，王歆同志不顾个人安危，勇往直前，用年轻的生命谱写了一曲壮烈的英雄之歌。"作为一名党员，我们更应该汲取他无私奉献的精神，牢记自身的责任，坚守为人民服务的使命，并通过实际行动践行我们的承诺，为实现中国梦而不懈努力。""王歆同志以社会安宁为己任，在履行任务时主动站出来，展现了舍己为人、不畏牺牲、无私奉献和勇担使命的精神。"

"功成不必在我，功成必定有我"，王歆恪守职责，彰显了新时代新青年的卓越品质。也有人表达了深深的惋惜之情："原本他可以和他的老婆、刚出生的孩子一起过着平凡幸福的日子，但是危急时刻他毅然选择了保护人民、牺牲自我，这种舍己为人的精神，这种满满的正能量，值得我们学习和尊敬！"

英雄远去，浩气长存！

金鸽：内外呼应，岁月葳蕤生香

【人物名片】

金鸽，2010 届应用茶文化专业校友，现任韩国青茶文化研究院部长。她非常热爱所学专业，大学期间成绩出色。她每天清晨的第一件事便是在家里的茶几上泡上一壶茶，看着茶叶在水中沉浮舒展，原本无色无味的水变成有滋有味的茶，犹如灵魂散发出的香气。

采访时间：2023 年 7 月

采访地点：韩国青茶文化研究院

作　　者：陈　慧

指导老师：田　欣　陈文江

求学于树人，传承在韩国

在校期间，金鸽便已深深爱上了所学专业。毕业后，她在上海某画廊工作了一段时间，发现这份工作并不符合她对生活的期望和追求，于是辞去工作，决心寻找一条更加契合自己兴趣和追求的道路。

随后，金鸽赴日继续深造，学习各种茶艺技巧，了解更多茶文化知识，进一步丰富了专业知识、拓宽了视野。机缘巧合之下，她获得了前往韩国梨花女子大学继续深造的机会，并决定留在韩国发展。

在韩国工作期间，金鸽以部长身份，负责领导和指导青茶文化研究院的相关工作。她不仅致力于深入研究茶文化的历史、传统和技法，还积极参与茶艺表演和茶道活动，以培养更多人对茶文化的兴趣，传播更多茶艺之美和茶文化的真谛。

青葱岁月短，师生情谊长

转眼间金鸽已经毕业十多年了。回忆起当年，学校还在杭州校区，生活相对简单，每天都是简单而规律的三点一线生活。在学习茶道的过程中遇到的两件事，让她最终选择了从事现在的工作。

第一件事情发生在一次课上，金鸽和她的小组要向老师展示他们排练的茶艺表演。展示结束后，老师表扬他们的动作非常一致，具有茶道所独有的美感，观赏时给人带来愉悦的感受。老师非常感谢他们的努力，并且对他们喜欢茶道表示赞赏。这一幕深深地印在她的记忆中，也激发了她继续努力学习茶道的决心。

第二件事是每次上课前，金鸽都会提前到教室，久而久之，老师都认识

金鸽（左）在接受采访

她了。在上课之前的一次闲聊中，老师关心地说她太瘦了，需要多吃点东西，补充营养，这让金鸽深受感动。在外求学的时候很少有人像父母那样关心她的身体状况，这种关心不仅使她感到温暖和安慰，也进一步拉近了她与老师之间的关系。

茶道课上老师的表扬让她对自己的能力拥有了更多的自信，让她意识到自己在茶道方面有些天赋，并且愿意通过不断学习和努力，将茶道发展成自己的事业。老师对她的关心与关爱，让她感受到了家庭般的温暖，这种亲切的氛围使她感到安心和被珍视。她希望能够像老师一样，通过从事茶道工作来传递这份温暖与关怀，给别人带去快乐和满足感。在她看来，茶道不仅是一门技艺，更是一种传递温情和陪伴的方式，她希望通过自己的努力，将这份爱与关怀传递给更多的人。

敬长重道，精益求精

在韩国工作期间，金鸽体验到了韩国与中国在辈分关系和茶文化方面的

情系树人

差异。韩国人对辈分关系非常重视，特别是在讲课时必须对年长者表示尊敬，并遵循相应的礼仪规范。这种尊重还体现在其他方面，包括工作场合和日常交往中。如果受众中有年龄较大的长辈，必须使用适当的尊称来表达敬意，同时遵守相应的礼仪。入乡随俗，她充分尊重并遵守韩国的一些习俗，这也有助于她与当地受众建立良好的沟通与合作关系，同时提升她在韩国工作中的影响力和专业形象。

此外，金鸽还发现韩国人对中国茶文化的喜爱。中国是茶文化的发源地，拥有丰富的茶文化历史和深厚的茶道传统。韩国人对中国茶文化非常喜爱，认为中国的茶叶品种众多，在茶方面的研究知识也很丰富，因此，作为中国的茶文化专家，他们都认为她说的就是正确的，这也给了她更大的压力，迫使她更努力地掌握专业知识。为了在讲课时能够更好地与韩国受众沟通和交流，她课前都会做好充分准备，深入研究并充分理解讲课内容，确保自己的观点准确无误。同时还要了解韩国受众对于特定话题的关注点和偏好，以便能更好地满足他们的需求。

寄语学弟学妹

作为茶文化传播的一员，金鸽也给学弟学妹们送上了她的寄语：茶文化是一门博大精深的学科，有悠久的历史和深厚的底蕴；茶文化学习是一段充满乐趣、收获和思考的旅程。她希望学弟学妹们能珍惜学习机会，全身心地投入到茶文化的学习中，用心去领悟，在学习中感悟中国传统文化的博大精深，不断提高自己的茶文化修养，并且从中获得乐趣与启发。

茶文化不仅仅是关乎一杯茶的品味，更是一种生活态度和修养的体现。茶文化是一门艺术，无论是中国的茶道、日本的茶道还是其他国家的茶文化，都有其独特的艺术魅力。茶道强调的是内外呼应，注重心灵与自然的和谐，需要在学习中体会到这种宁静与和谐，并将其运用到生活的方方面面。学习茶文化，可以让我们懂得如何在繁忙的生活中找到内心的宁静与平和。

金鸽还希望学弟学妹们能够在学习中兼顾茶的科学性与健康性，作出更好的选择与判断。同时祝愿学弟学妹们在茶文化学习的道路上一帆风顺，取得优异的成绩，通过学习茶文化，拥有更加自信、明亮的人生。

情系树人

叶淑静：本硕博，她潜心社会工作一气呵成

【人物名片】

叶淑静，2010 届社会工作专业校友，硕士毕业于浙江师范大学社会学专业社会工作方向，博士毕业于华东理工大学社会工作（学）专业，博士毕业后任教于上海海洋大学。她热爱专业，是国内较早获得社会工作博士学位的工作者。

采访时间：2023 年 7 月 2 日

采访地点：线上访谈

作　　者：陈栩赫

指导老师：邓成林

初入大学，体验不一样的生活

2006年，叶淑静在一档电视节目中了解到了社会工作专业。"一眼定情"，她认为社会工作专业很符合她的性格，于是她报考了浙江树人学院的社会工作专业并被录取。

大学毕业实习对她影响尤为深刻。当时她不知道该去哪里实习，询问了本科毕业论文指导老师赵路国，老师安排她在学院办公室实习。这次实习对她而言是一次难忘的经历，她非常感谢学校和老师给了她这样一个机会去充实自己，为未来的工作道路指明了方向。

社会工作专业有一门课程是综合实训，这门课程让大家有机会去实践从而了解比较真实的行业"内幕"。她分享了自己的一次经历："小组工作实训的时候，我们选择了去萧山的学校，服务农民工子弟学校的自信提升，路途很远，但是那边学校的校长很配合，指导老师也很支持这次服务。最后我们终于完成了任务，很不容易，我对这个专业也有了更深的了解和理解。"她还和同学一起组队去了杭州市志愿者协会访谈，采访了很多行业内的人员，和同学一起去参加了一些暑期夏令营，如留守儿童夏令营等社会活动。这些经历都加深了她对社会工作专业的理解和体验感，她感觉收获很多。

硕博连读，在追梦路上加速

在本科阶段，叶淑静便给自己设定了一个目标：考上研究生。她说，一旦决定做一件事，就要用十倍甚至百倍的努力去完成，绝不会半途而废。这个强大的信念也是支持她一直读到博士的动力。

在自我评估时，她认为自己的自控能力不强，于是加入考研班来督促自己的学习。考研班有定期的测试，筛选不合格的学生并决定去留，这种测试压力"逼"着她加倍努力。当时她也产生过焦虑，有一次无意间得知一起参加考研班的同学已经将书看了七八遍了，而她一遍也没有看完，这让她烦恼不已。有一天，她终于绷不住大哭了一场。之后她认识到，一味地焦虑并不能给她带来任何进步，努力学习才能弥补缺漏。从此，她重整旗鼓，努力学习，终于追上他人，最后成功考入浙江师范大学社会学专业社会工作方向。

总结自己考研成功的经验，叶淑静用了八个字：天道酬勤，多问多学。复习备考的过程既是意志的磨炼，也是学习能力的成长。在努力吸收学问的同时，一定要用好考研班的资源，不懂的问题多向老师请教。在一次考研访谈时她说："原本枯燥的复习会因为兴趣所在而变得有趣，我每天都渴望能学到新知识，与最好的朋友每天坚持复习、相互督促。当然，也离不开树人提供的优秀师资、灵活教学、考研氛围、学校的鼓励与支持。"

硕士毕业的那个假期，她一度有些迷茫，"当时中间有个空档，我是补录取的，我一度以为自己要去找工作了，但不知道要找什么工作合适。好在比较幸运地可以继续读博。"

当我们问她取得什么成就时，她十分谦虚地说道："有一些经验，但不足以说是成就。"其实，我们知道她现在正站在讲台上为她的学生讲述社会工作，正在为更好的教学没日没夜地准备课题。虽然学业已经结束，但她一直在努力。

结束学业，步入奋斗的职场

结束博士学业后，叶淑静选择了上海海洋大学，成为社会工作专业的老师。当我们询问在学校学到的知识技能在她目前的工作中发挥了什么作用时，她告诉我们："作用其实很多，但会以一种潜移默化的方式在工作中体现，让工作完成得更好一些。"而对于叶淑静来说，这些知识与技能将继续传授给她的学生，将知识运用程度最大化。从本科一路读到博士，她的知识储备十分丰富。在工作中她主要从事社会工作理论与实务、社会治理等领域的研究，并已在核心期刊发表多篇论文。

谈起社会工作专业发展的前景，叶淑静表示："我看好社会工作，目前各个领域都出台了跟社会工作有关的文件，整个社会的导向也是这样的。社会工作可以发挥作用的空间越来越多，社工专业的就业率很好。"叶淑静对于社会工作的未来发展持积极态度，并且希望能够通过自己的努力和贡献来推动社会工作专业的进步和发展。

陈叶华：把社工专业精神植入儿童产业

【人物名片】

陈叶华，2011届社会工作专业校友。嘉兴市秀洲区儿童产业联合会创始会长，嘉兴市南湖区优秀党员。她用智慧和热忱，带领联合会开展了一系列富有成效的工作，为儿童产业的繁荣和进步贡献了力量。

采访时间：2023年7月4日

采访地点：嘉兴市东方童画少儿创意美术体验馆

作　　者：邢雨芊

指导老师：史永红

作为嘉兴市秀洲区儿童产业联合会的领导者，陈叶华充分认识到信息统计工作的重要性，通过收集、整理、分析产业统计资料，为政府制定产业政策提供依据，为行业经营决策提供贴心服务；通过组织培训、座谈、市场调研等活动，为会员单位提供学习成长的机会，更为联合会注入新鲜血液，推动产业蓬勃发展。

要推动产业快速发展，必须与外界保持紧密合作。为此，她积极组织儿童产业内外的交流与合作，为联合会注入新的活力。通过广泛的对外交流，联合会得到了更多先进的经验和理念，从而推动儿童产业持续创新和壮大。

为了保障儿童产业的有序发展，陈叶华带领联合会充分发挥桥梁和纽带作用，建立并健全产业自律准则，进一步规范产业经营行为，加强产业自律。

之前，嘉兴一直没有系统的与儿童产业相关的行业，直至陈叶华出现。陈叶华喜欢孩子的天真烂漫，喜欢孩子的无忧无虑。可是现在孩子的压力太大了，总有刷不完的题、写不完的卷子、上不完的辅导班，每天大半的时间都用在作业上，课余的休闲放松时间少之又少。孩子们活泼爱玩的天性被压抑，家长们看着也很心疼。陈叶华希望孩子们能拥有丰富多彩的体验和快乐的童年，能够找到自己的兴趣爱好。

总要有一个人来把大家聚到一块，让大家共同发展，才能越来越好。做一个新行业的领路人是了不起的，也是孤独的。好在社工专业的陈叶华在大学时候就掌握了很多与人相处、与人交往的技巧，这在创业过程中给了她很多帮助。

陈叶华说，虽然大学只有短短的几年时间，但印象很深，对她的人生影响也很大，尤其是在话剧社的时光。那时陈叶华是话剧社的社长，她和小伙伴们耗费了大量时间、精力，排了一部名为《暗恋·桃花源》的戏。这是他们心血的结晶，也是他们热烈青春的绽放。可惜，这场戏还未来得及在全校

陈叶华（中）在接受采访

师生面前上演，她的大学生涯就结束了。好在学弟学妹们并未辜负他们的辛勤付出，努力让这部戏成了校话剧社的金牌节目。

在这个剧目第一次上演时，陈叶华特意从工作单位赶回母校，见证了这个"历史的时刻"。

"踏上社会之后，就要直面工作的问题。"所以，陈叶华建议同学们在校时尽量多参与学生会等团体组织，去面试、去学习、去工作、去实践，在学校的这些经历以及策划活动的过程，都能够很好地锻炼自己各方面的能力。所以，千万不要畏惧困难，不要害怕辛苦，抓紧时间，把握机会，放手去做吧。

汪士钧：积蓄能量，一飞冲天

【人物名片】

汪士钧，2011 届国际金融专业校友，现是多所高校及 MBA 中心的客座教授，在浙江省青年创业创新促进会等多家商会担任会长、秘书长等职务。

采访时间：2023 年 6 月

采访地点：杭州市新烛文化传媒公司

作　　者：胡至瑜

指导老师：田　欣　陈文江

奠基："创业"从校园起步

采访伊始，汪士钧便谈起如今的学校，对焕然一新的学校连连感叹。他也清晰地记得学校周边的舟山东路美食街，还有外出乘坐的公交车。校园时光总是让人怀念。

在大学期间，汪士钧便创立了学校金融协会。这个协会是他一手建起来的，从两三个人慢慢发展到几百人，成为他走向社会之前宝贵的实践基地，锻炼了他的管理能力、沟通能力、活动策划执行能力，这些能力的提升又为他以后成为管理者奠定了坚实基础。

汪士钧说，协会之所以能顺利发展，离不开学院的支持，尤其是他视之为"伯乐"的现经济与民生福祉学院的书记张亚珍。当时的他并不认识张老师，有了创立协会的想法后，便去找张老师，想听听她的意见并获得一些支持。可是来到张老师办公室门外，他忐忑不安地站了半个小时，仍没有勇气敲门。没想到张老师一开门就看到了他，更没想到张老师听了他的想法后欣然表示赞成，并让他大胆放手去做，这令他十分惊喜。正所谓"千里马常有，而伯乐不常有"，张亚珍老师便成了他遇到的不常有的"伯乐"。

磨炼：两次转型十年打拼

2011年，刚毕业的汪士钧选择了先工作，以积累经验。他先后去了银行、证券公司、信托公司，三年潜心磨炼，为创业打下了坚实的基础。

2014年，汪士钧开始涉足影视行业，创立无极资本，参与投资《六扇门》《如果爱》等影视作品。他有着稳健的投资风格，注重安全性和收益保险性，不追求爆款，只追求稳定的回报。在驰骋影视投资领域的过程中，他结识了许多明星、导演等，积累了明星资源，为他日后探索与发展电商直播事业奠定了良好的人脉基础。这是他的第一次转型。

2017年，汪士钧开始接触电商直播。作为一个影视投资人，他敏锐地察觉到抖音电商的商机，开始投资直播生态里的一些高潜力公司，"如果不是早早知道了这一信息，也许就不会从事这一行业；或者说也许会进入但可能进入较晚，便不会获得机遇所带来的难以再遇的红利，不会在电商直播领域发光发热。"这是他的第二次转型。

2019年，汪士钧和阿里巴巴集团旗下的天下网商共同出资成立了天字网络，并在一年多的时间里就将天字网络打造成阿里生态内的百亿级别的TOP服务商。

2019年8月，汪士钧带着创立天字网络的成功经验，创立新烛传媒入驻字节跳动旗下的西瓜视频，并于2020年6月成为西瓜视频的官方签约服务商，2020年下半年成为抖音平台的电商服务商（DP）。在汪士钧团队的努力下，女装品牌伊芙丽的抖音账号30天粉丝从0涨至32万，GMV（商品交易总额）40天累计突破8000万元，打造了抖音品牌自播新号冷启动增长最快的案例。

汪士钧（左）在接受采访

2020 年，他曾说要在近三年内打造 30 个从零开始到年销售破亿的品牌，然而仅短短一年时间，新烛传媒孵化的品牌就有了 10 个，其中不乏知名品牌，如伊芙丽、百丽、爱慕、阿迪达斯、安踏等。他希望能紧跟平台电商步伐，通过低成本、高效率，将流量资源转化为电商销量，整合品牌宣传，配合流量投放以及内容制作，与运营形成直播闭环，更好地为品牌商服务，并在创业三年后成功实现公司年 GMV 破百亿。

从金融行业到影视投资再到品牌电商代运营，从擅长写报告、承揽业务的团队骨干，到整合综合资源的行业专家，他历经了许多困难。当被问及机遇与努力哪个更重要时，他说，在同等机遇条件下，要看谁更加努力；在同等努力下，就要看谁的机遇更好。机遇总是在不经意间到来，需要自己去探索和发现。个人的力量并没有我们想象中那么强大，在市场没有机遇时，再努力或是方向错误，也是没有效果的，只有在拥有机遇和正确方向的基础上才会有比较好的结果。

汪士钧选择了正确的方向，预见性地将公司原来的经营范围从以直播基地和 MCN 机构为主改为了向品牌孵化及供应链发展。其后的发展也确实如他所料，2018 年大量投资涌入，使得市场 MCN 机构趋于饱和，而他所选择的赛道使他在行业中突出重围。这其中的艰辛自然不言而喻，过程起起伏伏，也正是通过一次次的挫折慢慢积累经验，才使他慢慢成长。

面对公司未来的发展，汪士钧的计划是找一些投资机构，把公司体量、规模、利润推向资本市场；对于自己的规划是，今后退出公司去做一名老师。在公司发展的过程中最令他有成就感的是帮助了很多品牌，一年实现了几十亿元甚至上百亿元的销售，为客户创造了新的价值，这让他感到很开心。

寄语：走稳创业之路

在采访过程中，当被问及应届毕业生应先创业还是先工作时，汪士钧表达了他的观点。他并不鼓励大学生们急于创业，一则市场竞争的激烈，可能超出一般人的想象；二则创业所需很多，比如资本、客户资源、人脉、管理能力以及财务、法律知识等，对于刚走出校园的应届毕业生来说，往往都还很缺乏；三则由于缺乏社会经验和应对突发状况的能力，以及可能对市场判断的不准确，应届毕业生可能会面临巨大的风险。因此，从风险角度来看，他建议大家应该先工作几年，积累必要的资本、经验和人脉，提高自己的综合素质，这样才能使创业之路更加稳妥。

汪士钧用投资来形容创业，认为创业是一个概率性事件，成功率并不高。因此，在决定创业之前，需要仔细评估自己的能力和性格特点是否适合创业。如果适合，那就勇往直前；如果不适合，那就需要调整思路，寻找其他的发展方向。

作为一位资深的管理者，汪士钧对于管理也有着自己独到的见解。他认为，管理的关键在于建立好的框架和制度，通过不同的层级和岗位设置，使每一层级的人员都能充分发挥潜能。他强调了管理层级的重要性，每个层级都有其特定的管辖人数和目标，这样才能构建出高效的管理团队。

同时，汪士钧也鼓励大家不要被自己的专业所限制，应该更多地考虑机会和市场需求，选择职业时应更加灵活和长远，寻找适合自己的行业和感兴趣的工作。

对于大学生考证和实践的问题，汪士钧认为专业的基础证书是必要的，但证书并不能完全代表一个人的综合能力，他更看重的是拥有相关工作经验、职场工作能力和高含金量证书的人才，这样的人才在社会上更具竞争力。

采访结束后，汪士钧热情地带领学弟学妹们参观了他的公司。大家目睹了直播间的繁忙景象，感受到了主播们的工作状态和热情，也感受到了汪士钧及其公司不断奋进的态势。他的创业故事告诉我们：只有一路攀登、勇往直前，才能铸就未来的辉煌！

鲍树琛：潜心求学，玉汝于成

【人物名片】

鲍树琛，2012 届财务管理专业校友。毕业后先后在杭州电子科技大学、浙江工商大学攻读会计学硕士和博士学位。现为浙江理工大学经济管理学院教师，中国注册会计师。曾获得浙江省优秀毕业生（本硕博共三次）、研究生国家奖学金等荣誉。

采访时间：2023 年 7 月 7 日

采访地点：浙江理工大学

作　者：黄若愚

指导老师：王伟君　张勇财　杭亚静

从本科生到博士研究生，再到一名治学严谨的会计专业教师，鲍树琛的每一次身份"跃升"，都留下了他潜心求学的坚定步伐。如今，他已成为颇有成就的大学教师，不仅在学术领域取得了显著成绩，也在职场上展示了独特的价值。

对于出身普通家庭就读普通院校的学生来说，考研对意志品质的考验是极其严峻的。鲍树琛大一入学时，其姐姐和堂兄在读大四，他们潜移默化地向鲍树琛传递了一些宝贵的大学学习经验。因此，他早早地就开始规划自己的大学生涯，每天课余时间待在图书馆学习，以惊人的毅力排除种种干扰和困难，如期推进自己的学习计划，终于登上了人生的第一个巅峰——考取杭州电子科技大学研究生。

"对于就业而言，学历是敲门砖，永远排在第一位，而高含金量的证书只是为你锦上添花。"访谈刚开始，鲍树琛便语重心长地说了这句话。他说，追求学历不仅是为了获取证书，更是对知识的热爱与追求。

在攻读硕士研究生期间，鲍树琛必须平衡科研、实习以及注册会计师考试。他在科研论文上付出了大量的时间和精力，也获得了诸多荣誉。而备考注册会计师则是另一个巨大的挑战。备考的内容既繁多又深奥，不仅需要扎实的前期学习基础，还需要总结命题人的出题思路。即便每年暑期短时间内高强度的学习曾让他在部分考试科目考试中屡战屡败，备受煎熬，但他始终相信，执业证书的获取不仅是为了提升自身专业能力，也是一个不断超越自我的过程。他以超凡的毅力逐一克服困难和畏难情绪，最终顺利通过了注册会计师考试。

硕士毕业后，他原本计划进入证券行业工作，但是当时金融市场正处于低迷期，计划被迫搁浅，他不得不离开熟悉的杭州，只身回到温州发展。他说："人生如同股票，在每个低谷期，都需要复盘总结并静心学习，等机会

鲍树琛（右三）与采访团成员合影

来了就有能力突飞猛进。"在工作后的半年内，鲍树琛在每天下班后默默地准备浙江工商大学的博士研究生入学考试，最终以专业排名第一的优异成绩重新回归校园。三年的博士学习生涯，让他对于世界的认识更加清晰，也更懂得抓住每一次机会来发展自己。

上大学时，鲍树琛最难忘的老师是万迈。万老师不仅在课程上不厌其烦地指导他，而且在他最困难的时候给予及时鼓励。在他的学术生涯中，恩师也一直是他的导师和朋友。鲍树琛动情地说："万老师不仅是我毕业论文的指导老师，更是我人生的导师。她的人格魅力和人生智慧，让我受益匪浅。"

目前，他一边教学一边投入学术研究，已在《审计研究》《审计与经济研究》《商业经济与管理》等核心期刊发表多篇学术论文。他说："20岁时能够承受所有的破坏和重来，做所有我想做的事。没有人天生就知道自己应该做什么或者适合做什么，你需要去尝试，去接触不同的领域。别沉浸在安逸区，打碎自己重新构建，才能看到新的世界。"

情系树人

谢婧倩：青春由磨砺而出彩，人生因奋斗而升华

谢婧倩，2012 届环境工程专业校友，浙江大学博士，中国科学院广州地球化学研究所博士后，目前为上海海洋大学副教授，上海市东方英才计划青年获得者。长期从事深远海、极地等特殊环境中持久性有机污染物的环境分析化学、环境毒理学方面的研究，先后主持国家自然科学基金青年基金、中国博士后科学基金面上资助等项目，一作和通讯发表 SCI 论文 20 余篇。授权发明专利 5 项，受邀加入国际期刊 *Frontiers in Marine Science* 编委，多家期刊审稿人。同时受中国毒理学家孟紫强教授邀请，实现科研反哺教学，参与中国大学 MOOC（慕课）"生态毒理学"录制，目前网上授课人数逾 10000 人。

采访时间：2023 年 6 月

采访地点：线上采访

作　　者：李　亮

指导老师：王国栋　薛　瑾

旧梦重温：回忆校园时光

谈及母校，谢婧倩脸上浮出了笑容。她说，非常感恩在母校学习生活的四年时光，校园生活很美好。大学期间，她既学到了许多专业知识，也参与了许多社团活动，结交了意气相投的好友，她在学习和生活中锻炼了能力，学习了许多技能，自身综合素质得到了提高。

提及老师，谢婧倩脱口而出，谈到了王凯雄院长、徐冬梅老师和陈雪松老师。不管是班主任还是任课老师，都温文尔雅、和蔼可亲，尊重学生的观点和看法，对学生十分关心。当时很多树人老师都毕业于浙江大学，对她之后的考研报考也提供了很大的帮助。总之，她非常感谢老师、感恩母校。

言传身教：分享考研经验

谢婧倩考研时报的是浙江大学并成功考取，她热情地向学弟学妹们分享了考研经验。她说，大一、大二是体验大学生活的主要时期，可以参加社团组织，以此提升自己的综合能力；也可以提前准备考研的相关科目，比如英语、政治和数学等，总之，不能虚度。考研前期最为关键的是选择报考学校和报考专业，这个目标必须明确，其要点有二：一是想好自己会在哪个城市发展，再选择院校；二是"985""211"院校优先，优秀学科优先。

谢婧倩坚定目标，成功考入浙江大学研究生。备考时，她根据院校要求准备科目和资料，注重总结规律而非盲目刷题。复试前可联系导师，复试占比通常为40%～50%，需谨慎应对。复试涉及英语听力、口语和专业课英语翻译，需提升英语能力。英语水平和专业课水平是复试重点，四六级和竞赛经历可加分。

谢婧倩感谢母校对她科研意识的提前栽培，她印象最深刻的是大学期间所上的实践课——环境生态学和环境监测。在这些课程中，有一项特别的任务是组成小队在学校进行生态学的调研工作，并设计环境评价的项目书等。这些任务中，老师只提供一个主题方向，剩下的全部由团队成员独立完成，这与研究生阶段的课题非常相似，对个人能力的提升起到了很大的作用。

向光而行：打有准备之仗

谢婧倩一直奔跑在学习的路上，并潜心科学研究，其间虽遇到过种种困难，但她始终怀揣梦想，及时调整心态，明确实验的方向，再逐步解决难题。尤其是疫情过后，她积极参与全国大小会议，与优秀的科研人员交流，以他们为榜样，不断推进自己的研究工作。

要形成自己的核心竞争力，首先要进行长项分析，扬长避短，不能急功近利，要减少浮躁，不能满足于已取得的成绩，要将目光放长远，不断提高自己的竞争力。同时必须培养自学能力，也许现在的专业与毕业后的工作有出入，但通过自学，可以很好地适应相关任务。也可以多与老师交流，从中获取经验，少走弯路。还要有意识地提升自己的自我评价能力，看到差距，从而使自己变得更优秀。另外，诚实守信必不可少，无论是在生活还是工作中，都要对自己的行为负责，做一个有担当的人。

对于大学毕业之后的工作规划，谢婧倩的建议是，可以依据个人兴趣，自己更喜欢在什么地方工作，期待什么样的工作状态。在企业的工作更能发挥个人的才智，在机关事业单位工作的话就比较按部就班、比较稳定。但是有时候个人兴趣受到其他因素的限制，比如家庭情况等，这就要慎重选择。其实每份工作都有其魅力，可能一开始不是理想的工作，但慢慢适应后也能发现它的意义和价值。如果选择继续深造，就要把握好大三、大四的时间，提前做好准备，了解清楚相关内容，然后一门心思沉浸其中，不能半途而废，要打一场有准备之仗。

殷殷期盼：送上真诚祝福

谢婧倩说，大学生活是一个万花筒，身边会出现各种各样先前并未接触到的文体活动，生命是鲜活的、有光彩的。大学生也可以在课外时间去兼职赚零花钱、参加各种比赛拿奖等，这是另一种快乐时光。当然，这四年也是可以全心全意投入学习的时光，相比步入社会后的繁忙，大学时光显得清闲多了，我们有更多的时间进行学习，学习始终是我们的首要任务。多参与课外活动也非常重要，这是与他人交往、开放自己必不可少的环节，可以从中认识更多性格不同、志向不同的人，也可能结识到更多可以相伴一生的朋友。

大学生活的结束意味着社会生活的开始，难免会遭遇社会阴暗的一面，会遭受挫折、遇到难题，"这时要对自己有自信，相信自己的能力，做事从细节抓起，不要怕吃亏，是金子总会发光的"。要多多尝试新事物，不要带功利心去做事，最后可能会有许多意外收获。要相信每件事都有存在的价值，敢于开始才不会错过。趁着年轻，不要带着太多顾虑，做自己命运的主人，"请珍惜大学的学习机会，不论决定朝哪个方向前行，尽情奔跑吧，直达你心之所向的地方！"

平燕：扎根基层，投身乡村产业融合发展

【人物名片】

平燕，2012届社会工作专业校友，现为柯桥区夏履镇联华村驻村指导员，浙江省第十三届人大代表，她提出的意见被列为2021年度省人大常委会涉农业农村方面的重点督办建议。

采访时间：2023 年 7 月 2 日

采访地点：绍兴市柯桥区夏履镇人民政府

作　　者：彭程缘

指导老师：申屠婷婷　赵路国

在校期间，平燕是社会工作协会的第一任社长。刚进校被调剂到社工专业时，她对社工并不了解，但在不断学习的过程中，她觉得社工与她的性格非常匹配，于是渐渐爱上了所学专业。她发起成立了社会工作协会，并举办了为期一个月的社工节，其间成长了许多，在与基金会和民间组织的交流中也得到了很多的实践经验，为社工协会的发展奠定了基础。

大学四年，平燕曾获得校三好学生、优秀共青团员、浙江省优秀社团干部、社会工作先进个人等诸多荣誉，毕业时荣获校优秀毕业生和浙江省优秀毕业生。毕业后，她毅然选择了大学生村官之路，决心将社会工作专业知识付诸于实践，服务于基层。

近年来，联华村积极发展竹笋特色产业，建立竹笋交易市场，发展竹笋加工业，创建"麻园笋"品牌，制成的笋干菜等笋制品销往全国，带动了村集体经济逐年增收。联华的特色农庄也是一绝，全笋宴预订常年火爆，乡村厨师祖传的手艺，将竹笋的鲜脆展现得淋漓尽致。村内还有建于1966年的合心水库，滋养着这片美丽山水。这座水库是全村人抢晴天、战雨天的合力之作，故名"合心"。另有若干地块适合居家养老、休闲旅游、果蔬种植等项目开发。

在担任大学生村干部的日子里，平燕紧密结合联华村的实际情况，大力推动竹笋产业的发展，使联华村的经济水平达到了前所未有的高度。她自豪地说："我们联华村享有'竹笋之乡'美誉，竹林面积超过2100亩。近年来，我们大力发展竹笋产业，建立了完善的竹笋交易市场，并成功打造了'麻园笋'这一知名品牌，使村集体经济持续增长。我们还通过举办'春笋节''云上笋直播'等活动，让'麻园笋'的名声远扬萧绍地区。"

平燕深知乡村的发展离不开年轻力量的注入，但发现青年人在返乡创业过程中面临着诸多问题，如所学专业与农村实际需求不匹配、难以融入乡村社会、定位模糊等。为了解决这些问题，平燕积极寻求对策，希望为青年人返乡创业创造更好的环境和条件。她坚信，只有当更多的年轻人愿意投身乡村建设，乡村才能真正实现持续、健康发展。

在深入调研中，平燕发现联华村的发展面临许多问题，如乡村产业结构单一、创新力不足；乡村旅游业等新业态同质化；产业融合度不高，不能有效地将一、二、三产业融合发展等。这也是浙江省不少乡村产业发展面临的普遍问题。于是她提议各个村庄立足区位条件、资源禀赋、市场需求、人文历史特色，因地制宜发展特色产业；同时推动乡村产业融合发展，做到三产融合，延长产业链、价值链；依托农业，立足农村，惠及农民，不仅需要产业融合发展，还需城乡融合发展，通过资金、人才、政策、项目等各要素向乡村流动，完善乡村基础设施，补齐乡村发展短板。

2018年，平燕当选为省人大代表，把一份"进一步加快乡村旅游业发展"的建议带到省两会，希望自己的家乡能够打造出不一样的"乡味"。在平燕履职的那一年，共有12个群众反映强烈的问题得到解决，乡村面貌发生了可喜的变化。2019年，平燕起草了一份"关于进一步鼓励年轻人返乡参与乡村振兴"的建议，认为青年人返乡，能把项目带进来，把资金和知识观念带进来，能让乡村更具活力，使乡村得到更好的发展，从而带动老百姓致富。

平燕在听取2018年袁家军省长作的政府工作报告后，对其中提到的"大力实施乡村振兴战略"倍感振奋。"这是一个聚焦民生的创新举措，可引领我们打造农村品牌特色，促进农村增收、农业强盛。"平燕所在的联华村位于"全球生态500佳"的夏履镇西部，生态优势明显。目前，联华村正利用生态优势，发展生态旅游，打造自己的生态样板。

作为省人大代表，平燕还向大会提交了"关于健全乡村产业体系，促乡村高质量发展的建议"，该建议被列为2021年度省人大常委会涉农业农村方面的重点督办建议。2021年6月15日下午，浙江省农业农村厅产业信息处

平燕（中）与暑期社会实践团成员合影

处长朱勇军专程带队来到夏履镇，面对面答复平燕代表提出的建议，通报了省农业农村厅对其提出的建议办理工作的安排部署情况，从"完善乡村产业发展政策体系""加大财政金融支农力度""强化用地精准保障"等14个方面，就建议的办理、落实情况作出答复，并对她关注、关心、支持农业农村工作表示感谢，希望今后平燕代表能继续关心、支持农业农村工作，多提宝贵意见和建议。

平燕自大学毕业选择在乡村工作，至今已有10个年头，从大学生村干部到进入村两委班子，还成为全省唯一以大学生村干部身份当选的省人大代表，再到考上乡镇公务员担任驻村指导员，她还是绍兴市青农联理事、柯桥区青年农村致富带头人协会会员、柯桥区夏履镇党代表和人大代表等。多一个身份就意味着多一份责任，她深知肩负的重担。对此，她已有自己的规划：一是用心做好村产业发展"指导员"，与村干部一起画好村特色产业发展图，打造"麻园笋"特色品牌；二是用心做好村农产品"代言人"，积极为村特

情系树人

色农产品"麻园笋"做好宣传；三是用心做好村闲置资源"盘活者"，通过信息编写、宣传推广，目前已吸引新昌百草兔园等多个项目前来投资洽谈。

在母校四十周年校庆来临之时，平燕表达了对母校和老师深深的感谢，也对母校的明天充满期待。对于社会工作专业，她认为专业的发展前景十分光明，希望社工专业的学弟学妹们坚定地走下去，一定会有好的前程。

孙晶晶：让"专业"助推"和美社区"建设

【人物名片】

孙晶晶，2012届社会工作专业校友，现任桐乡市梧桐街道莲花社区党总支书记、居委会主任，桐乡市第十五次党代会代表，嘉兴市第九次党代会代表。作为省级试验区项目课题的主要参与者，她以"美丽有约"为特色，创新"四治融合"，率先实施"美丽有约"小区微治理模式，探索"四治融合"在城市社区的运用，撰写了5篇文章发表在"国字号"期刊上。她以"未来社区"为场景，打造"坚持党建统领未来五美"场景治理新模式，走在探索"三治＋智治"的最前沿，带领社区先后斩获地市级以上荣誉26个；以"五社联动"为载体，开展专业服务，将社会工作理念运用于社区工作，依托"爱满梧桐"公益创投，为59个项目提供支持，解决难题157个。

采访时间：2023年7月3日

采访地点：浙江省桐乡市梧桐街道莲花社区

作　　者：陈栩赫

指导老师：陈文江

与社工相遇

2008 年，孙晶晶踏入浙江树人学院的大门。作为一名理科生，她原本期待的学术道路却阴差阳错转向了社会工作专业。然而，正是这个偶然的"阴差阳错"，让她与社会工作结下了不解之缘。

进入专业学习后，孙晶晶发现这个专业与自己的性格非常契合，于是开始全心全意投入到学习中，并从中找到了乐趣。她感慨道："学习社会工作专业让我获得了许多启发和感悟。人与环境、社区工作、小组工作、社会心理学等课程，都深深吸引了我，让我更加坚定了从事与社会工作相关职业的决心。"

为了实现目标，她不断努力提升自己，积极参与各种实践活动，她曾在专业机构、社区和老年公寓实习。她回忆起大学时的一次小组作业，当时她们小组手绘拱墅区老年公寓地图，并制作 PPT 进行小组汇报，最终获得了第一名的好成绩。这次经历不仅锻炼了她的团队协作能力，也为她后来的毕业论文"论述机构养老和社区养老的差异"奠定了基础。同时进一步激发了她对养老服务的兴趣，也更加坚定了她的职业方向。她每年都会利用暑假时间去社区社会实践，这使她大学毕业后很快就适应了社区社会组织的工作。

对于如何将书本知识转化为工作中的实际运用，她有着独到的见解："课堂上学习的专业知识在实际工作中会自然而然地得到应用，不需要刻意去思考如何运用理论，而是在实践中逐渐发现自己的方式方法越来越成熟。"

与荣誉相拥

孙晶晶近几年获得的荣誉令人赞叹不已：2017年被桐乡市社工委评为"桐乡市首批社会工作领军人才"；2018年被评为"嘉兴市社工骨干暨社区全科社工领军人才优秀学员""桐乡市2017年度青春服务榜样""嘉兴市社区工作领军人才"；2019年被评为"新时代桐乡市优秀青年""桐乡市最美社工"；2020年被评为"浙江省城乡社区千名抗疫人物""浙江基层社会治理学院特邀研究员""嘉兴市三治融合实践之星擂台赛一等奖"；2021年被评为"嘉兴市优秀党务工作者"等，2023年又获得全国优秀城乡社区工作者称号。

这些荣誉的背后，体现了她扎根社区多年的奉献与担当，从最初的九曲社区到现在的莲花社区，她时刻留意线上服务平台上是否有人需要代办服务或者咨询，查看网格排摸，入户走访。在莲花社区，她提出了"和美社区"理念，并带领社区一步一步走向辉煌。在工作中，她以"美丽有约"为特色，创新"三治融合"，率先实施"美丽有约"小区微治理模式，探索"三治融

孙晶晶（右一）在介绍社区建设情况

情系树人

合"在城市社区的运用。作为桐乡市梧桐街道创建省级试验区项目课题"美丽有约营造美好社区"的主要参与者和督导者,她组建了"美丽有约"微治理128的大团队,探索制定社区"微网格、微公约、微议事、微项目、微评比、微积分"的六微治理机制,划分178个微网格,制定133个微公约,先后开展68场微议事、42个微项目,解决难题34个。依托微嘉园开展微评比和微积分,先后兑换6000余人次,实现积分与服务的有机循环。团队以公约的"定、亮、履、评"方式推行小区居民自治治理模式,深化"三治融合",获评省级优秀试验区课题,并多次前往杭州市、广东省佛山市等地分享工作经验。她利用专业特长撰写的5篇经验文章分别刊登在《中国社会工作》《中国社区报》《社区》等"国字号"杂志上。

与工作相知

在担任莲花社区的书记时,孙晶晶提出了"清美、慧美、和美、德美、洁美"未来五美场景治理新模式,走在探索"三治+智治"最前沿,活用"微嘉园"延伸"四治融合"场景,提升社区智慧化治理水平,相关案例入选《经济社会体制比较》期刊。她带领社区先后斩获全国首个漫画社区、浙江省无障碍社区等地市级以上荣誉26个。创新"老顾反诈"品牌,发案率同比下降58%,成为省级反诈现场会推荐点。探索小区睦邻党建,建立"1+20+N"工作机制,10个小区每季度定时召开微议事会,通过小区党支部牵头多方力量参与,实施"五步法",成功破解了持续15年的南方家园管理难题,星湖湾70个电梯运营安全得到保障,解决了困扰小区居民5年的难题,获评省级"红色物业"项目,并得到央视点赞。

孙晶晶还将社会工作理念结合社区工作,深化五社联动,带领9名社区

孙晶晶（中）与暑期社会实践团成员合影

社工探索社区治理新机制，打造"红莲会客厅"，先后办理服务事项 1395 件，开展志愿服务 1116 次，举办主题活动 336 场，切实解决居民难题 157 个。建设"莲·Everyone"社区社工站，内含小组工作室、个案工作室、心理咨询室、路演中心、社会组织联合办公室等空间阵地。成立社区"善美公益金"，实行"社区＋社工、项目＋基地、动态＋常态"模式，先后培育社区社会组织 58 个，实施社区民生实事项目 126 个，满足小区居民不同的民生需求。依托"爱满梧桐"公益创投和"彩虹桥"计划，为 59 个社会工作项目提供专业技术支持，培养出 1 名嘉兴市社区治理新秀。设计实施"陪你一起看夕阳"——为老服务志愿者队伍培育与管理项目，获得民政部首届全国优秀志愿者服务项目三等奖。

作为一名"90 后"社区支部书记，她在上级党委政府的培养下，"唯实唯先、善作善成"，快速成长为桐乡市社区治理的领头雁。8 年多来，她善用社会工作专业特长，精细化服务好每一位居民；她扎根社区，用青春的智慧与力量讲述社区"三治"故事；她带领团队用项目化方式攻坚克难；她通过"美丽有约、五社联动、场景治理"等受老百姓欢迎的形式和内容，不断创新社区治理，让社区服务由"管理型"向"自治型"转变，促进了桐乡市梧桐街道社区工作的蓬勃发展。

黄小华：古堰画乡之子

【人物名片】

　　黄小华，2012届装饰艺术设计专业校友。中国美术家协会会员，浙江省油画家协会会员，浙江省水彩画家协会会员，2021年度"浙江省'五个一批'文艺人才孵化项目·新峰人才"，丽水油画院副院长，莲都区美术家协会副主席。

采访时间：2023 年 8 月 16 日

采访地点：丽水油画院

作　　者：胡秋虹　朱心悦

指导老师：陈文江　林　涛　杨　勇

莲都区大港头镇大港头村位于瓯江畔，是古堰画乡风景区最重要的组成部分。古堰画乡区块在国家级生态示范区、省级文明城区和中国摄影之乡莲都区的碧湖镇和大港头镇，核心区块包括大港头镇区、坪地、堰头、保定范围，文化积淀深厚。大港头村依水傍山，凝聚了天地之灵气。

黄小华出生于古堰画乡世代掌渡之家。在大港头村的渡船码头，每天早晨6点不到，摆渡人黄丽星就会登上渡船，仔细查看水和机油的情况，将驾驶舱里外擦拭干净，开始一天的摆渡工作。黄小华就是这位"老船长"的儿子，在古堰画乡土生土长的"巴比松"画家，丽水首位"颜文樑艺术奖"获得者。黄小华的曾祖父、祖父和父亲都是埠头的摆渡人，到他这已经是第四代。"90后"的黄小华完全没有子承父业之意，6岁时就爱上了画画并走上画画的道路。

一江瓯水把古堰画乡分成了两半，一半在莲都区碧湖镇堰头村，有古樟、古街和通济堰，因此取名为古堰；一半在莲都区大港头镇，"巴比松"油画产业发达，故称之为画乡。走进古堰画乡，原生态的乡村之美，浓郁的乡村气息扑面而来，秀美的自然景色，宜人的古堰风光，古色古香的老街，宛如一幅精致的水墨画，让游客沉醉其中，流连忘返。这也是黄小华走上画画道路的重要缘由之一。

"当时村里有很多画家来写生，我就在一旁观摩学习，还接受过不少大师的指点呢。"黄小华回忆道，20世纪80年代开始，无数画家被大港头村附近的山水风光吸引，纷纷到这里来写生。画家们的到来，让黄小华从小与画结缘，也为当地播下了艺术的种子。

古堰画乡是丽水"巴比松"油画的发祥地，30多年前，丽水一群本土画家效仿巴比松画派"面向自然，对景写生"的创作风格，描绘瓯江两岸的美丽景致，表达对故乡家园的一往情深。因此，古堰画乡成了许多丽水画家的艺术萌发地，形成了中国艺术史上"师法自然、守望家园、描绘乡土"的丽水"巴比松"画派。

黄小华说，他最初接触画画是看到院子里的学生到镇上写生，原本每天上蹿下跳到处疯的"野孩子"，看到哥哥姐姐画画就变得很安静，便蹲在旁边看，哥哥姐姐们走到哪他就跟到哪。再后来他也自备了几张裁好的"光帘纸"和铅笔，跟在他们旁边一起画画。

"光帘纸"只是一个谐音，现在已经不生产了，类似于现在的双胶纸，但双胶纸是两面光滑的，"光帘纸"一面光滑一面粗糙。最初，黄小华临摹卡片上、书本上、被单上的图案，买了整张"光帘纸"，趴在地上画被单上的龙凤、老虎，一画就是一天。当"光帘纸"不够他"糟蹋"的时候，就把爷爷六十大寿时的对联也裁成一截一截的，背面用来画画。家里烧柴留下的炭，被他用来当笔。就这样他画下了一张又一张素描，为日后的画画打下了基础。

高中阶段的文化课学习压力很大，没时间画画，黄小华便将所有空闲时间都利用起来。比如在冬天，他端一盆热水，一边泡脚一边画画，将时间利用到极致。美术考试前的那段日子是每个艺术生难忘的日子，当时他在王豪

黄小华（右）与林涛教授在交流中

情系树人

东、钱江老师的工作室学习，一层的老房子里没有空调，丽水的夏季高温全国有名，整个画室只有三台大电扇，坐久了裤子都被汗水粘住了。经过两年刻苦磨炼的他，联考时却病倒了，记得去学院考试都是母亲叫人力车送去的。

联考过后是校考，那年校考是在春节后，很罕见地下起了雪。到杭州住下，外面雪很大，路上很冷清，吃饭的地方都很少。焦虑的时候他也不忘找个能使自己安静下来的事，一首王菲的《流年》陪他度过了那段时光。考试结果出来了，他是西南交通大学专业第二名、山东大学专业第五名，东南大学也通过了，成绩喜人，文化总分也考得不错。不幸的是他得了肺结核，阴差阳错来到了树人学院。

大一时他赚到了人生的"第一桶金"——跟着他的老师去画墙画，得了7000元报酬，这对当时的他来讲简直是天文数字。尝到甜头的他其后频频跟老师出去"接单"，虽然每接一个单子对他都是一个新的挑战，但同时学到了很多课堂上学不到的东西，因为有更多原创性的东西是要在实战中得到提炼的。同时，他对墙绘也有了全新的认识，他觉得那才是自己艺术萌芽的开始，因为不仅把学到的东西运用到实战中，还迫使他去学习更多的专业知识，于是，雨天，图书馆便成了他最好的去处。

在树大，他办了画展，当上了最年轻的油画社社长。他的毕业作品《呼吸》，创作灵感源于很久以前听一位新疆的老人说，他们那边的天有时是红色的，然后机缘巧合，他有幸去了大西北考察，呼吸大西北的空气，倾听大西北的风声，眺望大西北的天空与远山。归来之后开始创作，每一个几何构成、每一个符号元素、每一块色彩、每一种肌理的选择与表达，都是他精心的思虑与布置，整幅画面的每一缕呼吸都能说出清新的缘由，如同调味品，油、盐、味精、白糖、醋、酱油……有些你会喜欢，有些你会讨厌。他喜欢黑白的简约、昏黄的怀旧、美式的幽默、国画的意境……如此这般，慢慢地他也爱上了自己，那个不断地把骨子里的东西"挖"出来的自己。

2013 年，他回到大港头，娶妻生子，落地生根。一次偶然的机会，他和以前一起学画画的伙伴与老师一起吃饭，第二天他的老师来电邀请他加入他们的工作室，于是他就成了尚美工作室的一员。

也是在 2013 年，他第一次参加了丽水市美协在景宁深垟举行的写生活动。此后参加了很多活动，氛围很好。在诸多兄弟、朋友、良师、前辈的督促、鼓励以及共同探讨中，他又向前迈进了一大步，之后的创作越发势不可挡。2014—2019 年，他创作的几十幅作品在各类大小画展中频频展出，囊括了众多奖项。其中《慢节奏的江南小镇》获得"颜文樑艺术奖"。这个奖项被认为是最难拿的，每届只有 9 个获奖名额，他还是第一个获此殊荣的丽水画家。该画后来以 10 万元的价格被江苏美术馆收藏。同年，他的另一幅油画《入冬的节日》以 3 万元价格被浙江美术馆收藏，那也是画大港头的：江边，游船，冬天，岸边的人……体现了他对画画有着独到的见解。

2018 年 3 月 6 日，"丽水巴比松油画群体"沙龙厅系列展第六场"另一种可能·黄小华作品展"在古堰画乡"巴比松"油画馆开展。瓯江风情旅游度假区管委会副主任雷建华以及部分丽水"巴比松"画家出席了画展。画展共展出了黄小华的 25 幅作品，他以其独特的风格，淋漓尽致地表现了家乡的山山水水、一草一木，酽酽的乡情力透纸背。

2021 年，黄小华的作品《万物生长》入选首届"时代中国"全国美术作品展。他说："小时候觉得故乡美得不像是长在地上的，清纯宛若山里的小姑娘。慢慢地，旅游兴盛了，似乎故乡也一下子长大了，长得如此激情而热烈。万物生长皆有灵性，希望故乡如霍金所说的有生命的风，自由生长！"

2021 年 12 月 16 日至 24 日，黄小华的作品《满满》《孤独终老》在浙江省委宣传部指导、省文联主办的"登高行远——2021 年度新峰人才作品展"

中展出。黄小华认为，"满满"是一种状态，是现代人的一种常态。科技的发展，特别是互联网时代的到来，造就了诸多快餐文化。物极必反，满则溢，所以放空自己、静静发呆也变成一种奢侈。《满满》系列其实也是对"满满"的对立面的一种奢求。因为画面里会出现午后服务员坐在台桌边午休、端午过后的清晨零散的村民在江边戏钓等场景。江南的烟雨最是迷人，木墩上坐着，数落着蒙纱山间的点点时间从溪水间过隙，"满满"也便淡然了许多，平静的人生也便心潮涌动，有了热血寻风的动机了。

黄小华对业内热议的"油画中国化"问题，有自己独到的看法。他说："油画作为一个西方的画种，它丰富的表现技法可以承载更多复杂的情感思维。油画中国化，不是一张油画里加点中国的山水、中国的字。"他在论文《当代中国油画的民族性建构》中，针对这一命题构建了自己的理论体系："从思想层面上，很多人而且是越来越多的人都表达了相似的诸如'禅''意境''忆''故乡'等元素，以为这就是油画中国化……喝不一样的水，过不一样的生活，并不是我穿上西装或者洋人穿上汉服就行。以中国人的生活方式思维逻辑去体味生活，用自己的眼睛去大自然中发现，最后在自己的画面中去探索，不断地完善自我的理论体系，这是一种自我修炼——一个中国人对于油画的修炼，一个人对于生活的修炼。这是我对当代中国油画民族性的认知，也是我在做的中国油画民族性的尝试与探索。"

绿水青山不仅仅是一句话，它承载了太多太多，而这一切只有亲身经历了才能体会。所以，他想以自己的方式为这绿水青山画一批画，来体现它的与众不同。他认为这种最基本的、从骨子里流露出来的情感，才是最中国化的表现方式。他画的《流年》，采用褐色，有时间的沉淀。总有一些事物在消失，然后又有一些新事物充斥进来。所以他认为，画画不应该太满，应该留给观者一定的想象余地与空间，像文字那样给读者留有一方净土。特别是风景画，就是如何处理人与自然的关系。虽然他已跻身浙江省美术家协会、中国美术家协会，但他至今都不认为自己是画家，他认为画家要有自成一派的体系才能谈得上。他的目标是用一辈子努力让自己成为一个画家。

郑恩其：匠心打造"艺术人生"

【人物名片】

郑恩其，2012 届艺术设计（工业设计）专业校友。浙江浦江伯虎链条股份有限公司总经理、技术负责人，浙江省五一劳动奖章、浙江工匠、浙江省优秀技能人才、金华市第八届人大代表、金华市高技能人才劳模创新工作室领衔人、金华市技能之星、金华市民营经济强市建设先进个人、金华市工艺美术大师等。近三年申请专利 100 余项，制定团体标准 3 个，参与制定国家标准 1 个，获省级工业新产品 5 个，带领公司克服疫情影响，实现 3 年销售额翻番的增长业绩。

采访时间：2023 年 7 月 8 日

采访地点：浙江浦江伯虎链条股份有限公司

作　　者：霍瑶欢

指导老师：陈金平　姚雯吉　张彩霞

或许是缘分注定，郑恩其和彭睿在大一时成了同班同学，后来成了恋人和夫妻。郑恩其回忆说："进入树人说到底是一种缘分，进入这个学校，认识了这些老师和同学，还认识了我的爱人。"

郑恩其在高中时学习成绩并不理想，在大学时开始醒悟，认识到学习的重要性，开始特别认真地学习。他成了政治课和地理课课代表，表现出了极高的学习热情和能力，去美国留学时专业分都是 A。彭睿也很勤奋，她在大学里的成绩一直都名列前茅。

"选对一个人非常重要，能让你进步而不是退步的，能让你变得更好的那个人才是对的，值得珍惜的。"这是他们俩对爱情的共识。

郑恩其认为自己所学的专业让他对生活情调有了更深入的理解，他说："艺术设计的人懂得如何为生活增添美感，无论是房子装修还是谈事情，无论是工作还是生活，美感的理解是潜移默化的。"彭睿亦然。除了学习方面的收获，她还提到了大学期间的兼职经历。她曾卖过酸奶、做过模特、开过淘宝店等，"这些经历在我面试的时候起到了很大的作用。当面试官问我如何销售产品、如何突出产品特点时，我根据卖酸奶的经验，绘制用户模型，面向特定人群进行销售。课堂上老师可能会讲到这些理论，但只有通过实践，才能真正理解和应用这些知识。"

郑恩其还坚持让自己的孩子在中国出生并回国创业。他认为，与国外相比，中国在法治建设方面取得了显著的进步，为人们提供了更加安全的环境。另一个优势是中国政府对创业的支持和高效的办事效率，并相信这将为他的事业发展提供更多的机会和支持。

在创立木工坊之初，郑恩其曾遭遇了一些反对的声音。人们对一个留学归来的年轻人选择从事木工行业感到惊讶。毕竟，要成为一名熟练的木匠至少需要三四年时间。但凭借超强的自学能力，郑恩其很快熟练地掌握了从一

郑恩其（左四）与暑期社会实践小分队队员合影

块木头到一件家具的所有工序。随着他制作出的产品逐渐增多，人们开始逐渐认可他的才华和努力。郑恩其回忆道，他曾接到一个订单，成功卖出了100多个木马，质量得到广泛好评，这也使他在市场中获得了更多的认可。

从小在链条车间长大的经历，对郑恩其产生了深远的影响。尽管他曾经讨厌这个环境，但随着年龄和阅历的增长，他逐渐明白成长没有捷径，只能依靠自己的努力。他将接手家族木工坊视为一种责任和使命，父亲也鼓励他学习各个领域的知识，并考取了一些相关证书，这些知识和技能对他在木工行业的发展起到了重要的推动作用。

郑恩其认为，认知对创业至关重要，过去他只能迈一步，随着认知水平的提高，他可以迈两三步，甚至可以朝不同方向迈进，这就是认知的力量。他还分享了自己提高演讲能力的经历：通过模仿一个职业经理人的讲话风格和逻辑，最终克服了讲话时的紧张感。他鼓励学弟学妹们，在面对优秀的人时，要善于学习和模仿他们的优点，并将其转化为自己的能力。

对郑恩其的观点，彭睿也表示认同。她说，一旦认知打开，一个人就会有更多的选择和可能性，可以走不同的路，也可以走得更远。

郑恩其还向学弟学妹们提出了一些建议，特别强调了实习的重要性，鼓励大家在实习期间认真负责地完成每一项任务。他说，一个人一生可以做很多事情，但很多人却没有做好一件事情。他鼓励学弟学妹们要比别人更加优秀、更加主动、更加仔细认真，才能有突破的可能性；只有勤奋学习、选择正确的人和事、勇于探索尝试，才能在人生的道路上走得更远、更稳健。

两位校友还向母校表达了祝福，祝愿母校在办学道路上越走越宽、前程似锦、桃李满天下。

情系树人

俞阅成："海绵城市"建设的"制砖"人

【人物名片】

俞阅成，2013 届销售管理专业校友，在校期间曾获校一等奖学金，2013 届校优秀毕业生。现任浙江博阅环保建材有限公司总经理，中级工程师。初入社会，俞阅成便投身市政工程建设行业，2016 年创立浙江博阅环保建材有限公司，主要从事透水路面砖和透水路面板等生产和销售。公司秉持"以人为本，质量第一，信誉至上"的经营理念，不断推陈出新，创造了一个个优质优良工程，产品销往杭州及周边各大商业小区、校区、开发园区等公用市政道路，助力"海绵城市"建设。

采访时间：2023 年 7 月

采访地点：线上采访

作　　者：汪静宜

指导老师：芮嫣楠

在大学的四年时间，俞阅成牢记"崇德重智，树人为本"的校训，刻苦学习，并积极加入各类学生组织，其中，树人培训中心的各种招生培训学习活动对他影响颇深，从开始时不知所措的宣讲小白，到后来侃侃而谈，这不仅是经验的积累，更是从被动接受到主动输出的蜕变。努力提升自主学习和自我管理的能力，不仅丰富了专业知识，也提高了抗压的"韧性"。在职业生涯中，他将所学知识运用到实际工作中，通过技术创新，成功推动透水砖行业的革新，为"海绵城市"建设作出了贡献。

2013年，刚刚毕业的俞阅成，基于对习近平总书记建设海绵城市理念的理解，敏锐地捕捉到了商机。他深知，透水砖作为海绵城市建设的关键材料，其质量和性能直接影响海绵城市的建设效果。

博阅环保建材有限公司创立初期，主要生产水泥基透水砖。这种透水砖在长期使用过程中存在透水率降低、缺边掉角等问题，大大阻碍了透水砖在海绵城市建设中的推广和应用。为破解难题，俞阅成加大研发投入，从产品的机理出发，寻找解决问题的根本之道。通过深入研究，发现要提升透水砖的性能，关键在于选择合适的材料和生产工艺。于是，他带领团队进行了大量的试验和研发，最终成功开发出了具有独特技术路线的砂基透水砖。

砂基透水砖采用微米级毛细孔隙透水技术，通过有机无机复合体系，配合自动化生产设备，大大提高了透水砖产品的透水持久性以及长期使用的力学稳定性。同时，该产品还通过定制化的面层设计，能够呈现匹配城市属性的外观颜色和图案，满足了不同客户的需求。

由于出色的砂基透水砖性能，一经推出就受到了市场的追捧，被广泛应用于杭州市奥体中心项目、杭州师范大学仓前校区二期、天目山路提升改造、杭州地铁三号线道路恢复、杭州新加坡科技产业园、浙江大学医学院附属妇产科医院钱江院区等工程，其运用的项目还获得了鲁班奖、钱江杯等奖项。

俞阅成在运动场上奋力争先

博阅环保建材有限公司也成了透水砖行业的标杆企业，7 年间，销售额增长了 10 倍，年销售额达 6000 万元。俞阅成还受邀参与了国家标准《透水路面砖和透水路面板》GB/T 25993—2023 的编写与制订。该标准的发布实施，将对透水砖行业的发展产生深远的影响，推动整个行业向更高质量、更可持续的方向发展。

作为一位具有前瞻性的创业者，俞阅成不仅关注产品的质量和性能，更关注行业的未来发展趋势。他深知，只有不断创新和进步，才能在激烈的市场竞争中立于不败之地。因此，他将继续带领博阅公司加大研发投入，推动透水砖技术的不断创新和升级，为海绵城市建设和城市的可持续发展作出更大贡献。

王伟豪：成功需专注当下并不断寻求创新和突破

【人物名片】

王伟豪，2013届会展经济与管理专业校友，毕业后就职于杭州泛亚展览策划有限公司，目前在该公司担任项目总监。

采访时间：2023年7月25日

采访地点：杭州泛亚展览策划有限公司

作　　者：朱佳楠

指导老师：陆爱香　胡诗涵　李雨泽

访谈一开始，问及大学时光中难以忘怀的活动，王伟豪毫不犹豫地提到了大二时参与的那场盛大的汽车博览会。在那次活动中，让他印象最深的是，"独自搬运200多箱矿泉水，从一楼搬到三楼，再从三楼搬回一楼，这无疑是对体力和意志的双重考验。"王伟豪回忆道，"然而正是这次经历，让我真正踏入了会展行业的大门。"

除此之外，王伟豪还提到了他和同学们一起前往宁波参加展会调研的经历。那次调研让他从主办方角度，深入体验展览会的运作和管理。"如果说作为观众和工作人员，我们是在感受展览馆的热闹和忙碌，那么作为主办方，我们则是在幕后默默付出，确保整个展览的顺利进行。"王伟豪感慨道。

对于会展专业的同学在实习和实训方面的选择，王伟豪认为，会展专业可以分为会议和展览两个方向，因此在选择实习和实训时，最好能根据自己的兴趣和职业规划来定。如果对展览销售感兴趣，可以选择像米奥兰特这样主展方向的公司，从事境外展览相关工作；如果更偏向于主场工作，那就寻找专门的主场公司会更合适。

王伟豪也提到了展览搭建和会议服务这两个领域，认为对于创意搭建有浓厚兴趣的同学，可以选择加入展览搭建公司，发挥自己的创意和才华；想要从事会议服务工作的同学，则可以考虑像泛亚会展这样的会务服务公司。此外，如果想要涉足节庆策划等领域，婚庆公司也是一个不错的选择。

王伟豪还鼓励同学们在实习和实训时要保持开放和尝试的态度。"在大学期间，很多同学可能并不清楚自己真正喜欢和适合做什么，因此，选择一个离学校近、方便上班的单位进行尝试，是一个很好的选择。只有真正去做了，才能更好地了解自己的兴趣和优势所在。"

作为一名科班出身的专业人士，王伟豪深知专业知识的重要性。他在学习过程中不仅注重专业知识的学习，还主动拓展自己的技能领域，学习了一

王伟豪（右二）在介绍公司运作情况

些其他软件技能，如平面设计和 3D 视频制作等。"这些技能对于我所在的公司来说，是非常有帮助的。专业课程的学习也为我打下了坚实的基础。"他相信，只要保持热爱和坚持努力，就一定能够在会展行业中找到自己的位置并取得成功。

大家对王伟豪的职业发展路径充满好奇，希望了解他是如何从一名普通员工一步步成长为公司项目总监的。对此，王伟豪毫不吝啬地分享了他的职业经历。

王伟豪刚加入公司时，虽然是科班出身，但发现实际工作中的内容与课本上的知识有着很大的差异，他形象地描述这种差异"至少颠覆了80%"。在泛亚会展这个偏技术性的环境中，他起初只能做一些琐碎的工作，如打印文件、复印文件和搬运物品等。幸运的是，他遇到了一位好师傅——公司的副总。王伟豪回忆说："当时我的脸皮比较厚，经常搬个凳子坐在师傅旁边看他做方案。他是学园林设计的，对 3ds Max 等软件运用得非常好。"在师傅的指导下，王伟豪逐渐开始接触一些辅助型项目，并在半年后开始独立负

情系树人

责一些项目。

2018年，王伟豪的职业生涯迎来了一个重大转折，开始独立承担全国性的会议项目，项目金额高达100多万元。这次的经历让他的心态和经验都得到了全新的提升，也让他开始带领新的团队成员。"那次会议之后，我更加坚定了自己在这个行业的决心。"王伟豪表示，现在的他不仅要负责项目的整体规划和执行，还要关注团队的培养和发展。

2020年疫情肆虐期间，许多公司纷纷裁员以应对困境，泛亚会展却展现出了与众不同的韧性。面对疫情的挑战，泛亚会展决定转型，将业务重心转向会议直播。在这个关键时刻，王伟豪和他的团队完成了浙江省乃至全国范围内的一场重要会议直播，吸引了全省2万多名医生的关注。这一创新举措不仅为泛亚公司带来了爆发式的业务增长，更展示了公司在逆境中的强大生命力。那一年，泛亚会展的业务规模迅速扩大，员工从原先的20多人发展到40多人，王伟豪也晋升为项目副总监，开始肩负起更多的管理职责。

王伟豪（左三）与暑期社会实践团成员合影

总结自己成长的经验，他说主要有两个方面：一是要专注于当下的事情，全身心投入；二是要时刻保持危机意识，不断寻求创新和突破，只有不断发掘新的机会和方向，才能在竞争激烈的市场中立于不败之地。

王伟豪相信，在未来几年里，公司将会在更多领域展现出强大的竞争力和生命力。同时，他也期待着与更多的合作伙伴携手共进，共同开创更加美好的未来。

史斌：时时有目标，步步有方向

【人物名片】

史斌，2014届建筑学专业校友，浙江省二建建设集团有限公司市政工程分公司党总支委员、总工程师。参与盛世华庭、宁波轨道交通 TJ3113 标、TJ5101 标等八个项目建设，其中宁波市轨道交通 TJ3113 标项目荣获第十九届中国土木工程詹天佑奖。2019—2022 年，先后组织发布了 4

个施工工法，获得 17 项实用新型专利、3 项发明专利，新增科研课题 11 项，新增省级科研课题 2 项，获 8 项省级 QC 小组二三等奖、宁波市第二届"建工杯"BIM 技术应用成果大赛团体赛一等奖、省级示范智慧工地 1 项、浙建集团首届建设工程 BIM 大赛单项二等奖、中国建设工程 BIM 大赛单项三等奖、2020 年浙江省建筑业行业协会科学技术创新成果三等奖、2021 年浙江省建设科学技术三等奖。

采访时间：2023 年 7 月 29 日

采访地点：线上采访

作　　者：马勇弛

指导老师：耿翠珍　柳亚杰

在许多人心中，大学生活是一幅五彩斑斓的画卷，尤其是初见母校的那一刻，往往成为最难以忘怀的记忆。史斌深情地回忆道："当我第一次踏入母校，我被那如诗如画的校园环境深深吸引，每一寸土地都弥漫着舒适与温馨的气息。在这里，老师和同学们积极向上、团结向善，形成了一股催人奋进的力量。母校，对我而言，不仅是一个求学的地方，更是一个充满爱的大家庭。"

史斌特别喜欢瑞士哲学家阿米尔在《日记》中的一句箴言："轻易地完成别人难以完成的工作是才能；完成有才能的人力所不能及的工作是天才。"正是这股追求卓越的精神，驱使他在大学期间一边刻苦钻研知识，一边积极投身学生组织工作，不仅提升了自己的知识和能力，也为大学生活增添了浓墨重彩的一笔。他坚信："在几年的大学生活中，我们既要追求知识的深度，也要培养能力的广度。"他认为大学是一个自由、开放的殿堂，是与社会接轨的桥梁。在这个瞬息万变的社会中，只有不断适应、不断进取的人，才能书写精彩的人生篇章。而大学期间所培养的学习能力，也成为他终身受益的宝贵财富。

2014年，史斌踏入北京华诚博远研究院大门，开启了他的实习生涯。在研究院的日子里，他凭借着对知识的渴望和对专业的热爱，迅速融入团队，参与了多个研究项目。他不仅在理论研究上有所建树，还主动请缨参与实验操作，通过实践来检验和巩固理论知识。这段实习经历不仅为他打下了坚实的专业基础，还培养了他独立解决问题的能力。

2015年，史斌顺利加入浙江省二建集团，开始了他的职业旅程。初入公司，他被分配到了施工员岗位，负责现场施工的协调与管理。面对复杂多变的施工环境，他始终保持着冷静和专注，凭借出色的工作能力和专业素养，在短时间内就赢得了同事和上级的信任。五个月时间，他参与了两个大型项目的建设，不仅保证了施工进度和质量，还成功解决了一系列技术难题。

随后，史斌的职业生涯迎来了更多的挑战和机遇。他先后担任过工程项目主施工、监测负责人、技术负责人等职务，每一次职务的晋升都意味着他需要承担更多的责任、面临更多的挑战。他迎难而上，始终以饱满的热情和敬业的态度投入工作。

在紧张而忙碌的工作中，史斌也不忘自我提升，他顺利通过了工程师和注册一级建造师的证书考试。2022 年，史斌迎来了职业生涯的新高峰——荣任浙江省二建集团市政工程分公司党总支委员、总工程师。作为总工程师，他不仅要负责公司的技术研究和创新工作，还要为公司的战略发展提供技术支持和保障。他带领团队成功研发了多项新技术、新工艺，不仅提高了公司的核心竞争力，还为行业的进步作出了贡献。

时光荏苒，转眼间大学毕业已经整整十年了。然而，史斌的成长与发展速度却远超这十年的时光，从最初的施工员到后来的项目负责人，再到如今的总工程师，他的职业生涯呈现出令人惊叹的飞跃。问及快速成才的原因，史斌深邃的眼神中透露着坚定与智慧。他说，成功的关键在于对未来有明确的规划，无论是成功还是失败，最终结果往往取决于我们的行事方法和习惯。正是这些正确的习惯，塑造了卓有成效的工作能力。

盖闻物有甘苦，尝之者识；道有夷险，履之者知。只有坚毅笃行，才能不断开创新局面；只有敢为人先，才能看到不一样的风景。史斌用自己的实际行动生动诠释了这一点。

母校严谨务实的治学风格、老师们尽心尽力的教学态度以及校园内浓厚的学习氛围，都给史斌留下了深刻的印象，并为他的职业生涯奠定了坚实的理论基础，塑造了他坚定的思想基石。

目前，建筑行业正处于蓬勃发展的时期，与其他行业的融合日益加深，特别是"双碳"目标、环境治理、新基建和高科技电子厂房等业务的不断推进，为建筑专业的学生提供了前所未有的广阔舞台。史斌希望学弟学妹们能够珍惜在校的每一刻，勤奋学习，不断提升自己的能力。同时也要密切关注建筑行业的最新动态和前沿技术，为投身国家建设贡献自己的力量，努力实现自己的人生理想。

在母校四十周年校庆来临之际，他衷心祝愿母校能够越办越好，继续为社会培养出一批又一批的优秀人才。

情系树人

袁健行：天行健，君子以自强不息

袁健行，2014届食品科学与工程专业校友。现任浙江帝亚制冷设备有限公司执行董事兼总经理，致力于食品冷冻与保鲜工作，研发、生产和销售制冷设备。现已有两大成熟的生产基地和成熟的供应链体系。公司自成立以来，凭借着尖端的研发技术及丰富的实践经验，已获得了ISO9001：2000质量管理体系认证证书，成为中国制冷学会团体会员、中国质量检验学会团体会员、中国知识产权保护协会会员、浙江企业文化团体会员，拥有全国工业产品生产许可证。

采访时间：2023年8月21日

采访地点：线上采访

作　　者：黄　帆

指导老师：应钰璐　李明珠

大学四年，袁健行收获了许多。虽然专业与目前的事业有出入，但校园内的学习和学生会工作的锻炼，都为袁健行的职场生涯打下了基础。

公司的开创要从20世纪80年代讲起。袁健行的父亲为实现人生价值，决定顺应改革开放的浪潮，开启自己的创业之路。随着经济发展和人民生活水平的提高，对蔬菜肉类的需求快速增长，食品保鲜就成了愈发受关注的问题，因此他萌生了生产制冷设备的想法。后来，袁健行的父亲又在机缘巧合下接触了制冷行业，这为他的创业铺下了第一块基石。

1985年，袁健行的父亲开始创业，当时他的团队不到10个人，办公的地方也只有几间小屋。袁健行讲道："公司刚成立时，因为在这个行业内知名度不够，所以推广产品时相对较难。最初，父亲放弃了自身的利润，带着小配件挨家挨户走访，让客户试用。这种方式渐渐得到了客户对小配件产品质量的认可，客户开始从我们这里拿成品。"

在产品质量就是企业生命的今天，产品质量已成为一个企业在市场中立足的根本和发展的保证。袁健行非常认同"只有稳固的质量才能有企业的可持续发展"的观点，他说："我们帝亚公司建立了严格的品控检验规则以确保产品质量，严选配件供应商，严控生产过程，质量部门严格检查，包装组牢固包装，发货组及时沟通与发货，售后服务这方面也做到无微不至。"

帝亚公司现已获得 ISO9001 质量管理体系认证、生产许可证，得到了国内唯一制冷行业官方检验所颁发的各系列产品的检验认证、CRAA 认证以及其他标准化管理体系证书、科技型企业认证、湖州名牌产品认证等，2018 年还获得了国家级高新技术企业认证。

在被问及如何形成公司产品的竞争优势时，袁健行表示："做顾客最满意的产品是我的追求，也是我们产品的竞争优势之一。公司很重视客户的意见，专门设立了质量管理部门，客户的每一个反馈都会及时给到质量部，以

情系树人

便尽快发现实质问题，对产品进行升级整改。"袁健行向作者透露："在整个产业行情发展还不错的当下，市场涌入了越来越多大大小小的同行企业，造成产品质量参差不齐、价格恶意竞争。为了保证自身产品的质量，我们的利润只能一降再降，部分产品都是零利润销售。"

作为国内最大的制冷设备供应商之一，帝亚公司不断引进国际尖端的制冷技术，并根据用户的需求，自行研发制造出 10 多款系列产品，广泛应用于食品冷冻冷藏、酒店冷

袁健行在帝亚公司

库、工业工艺冷却、医疗冷库、冷藏车、船用冷库等领域，得到了客户的高度评价，并屡获国家级高新技术企业、企业成长之星、转型升级示范企业、科技进步奖、科技创新示范单位、最具成长性企业等荣誉。对此，袁健行表示："我们公司每年都会不断引进相关技术人才专研创新产品，时刻关注市场的反馈。此外，我们以'人才创新，科技创新'为基础发展理念，与浙江省多所大学合作建立科研生产基地，以开发更多产品。我们很难改变市场，我们能做的就是做好自己。"

项政：脚踏实地望星空，服务居民见真情

【人物名片】

项政，2014届社会工作专业校友。现任拱墅区拱宸桥街道桥西社区党委书记、居委会主任，先后获得"杭州市抗击新冠疫情先进个人""杭州市优秀党务工作者""杭州市担当作为好支书""2022年度杭州市'最美社工'""拱墅区社区（经合社）'优秀领头雁'"等荣誉。

采访时间：2023年7月2日、7月4日

采访地点：杭州市拱墅区拱宸桥街道桥西社区

作　　者：朱　慧

指导老师：赵路国　金晓琳

自 2014 年起，项政就开始从事社区工作。是什么让他坚持着一步一个脚印成长为一名积极热情为群众服务的社区支部书记的呢？

同大多数人一样，项政进入大学时对社会工作专业了解甚少，自己原本想从事金融行业，又曾因重病而自暴自弃。征兵入伍成为他人生的一个转折点。"部队生活是最宝贵的一段经历，我变得更加成熟，也认识到了团队合作的重要性，实际上当兵回来可以在学校选择任意专业，但思考很久，觉得社会工作蛮适合我的，也是部队经历坚定了我继续选择社会工作。"

退伍后，他积极参与学校活动。他的第一次社会实践是在杭州市儿童福利院，第一个个案工作对象是一个因患生命综合征而遭父母抛弃的抑郁症小孩。从开始的陌生到逐渐破冰，他们通过积极介入改变抑郁症孩子的心态，帮助他走出心理阴影，其间他们付出了很多很多。

在校期间，他参加过大学生论坛、大学生创业大赛、新苗计划等，还参与撰写了一篇论文。寒暑假期间，他积极参与社会实践，不驰于空想，不骛于虚声，脚踏实地，以平和谨慎的态度做好每一件事情。

"自己学了这么久的社会工作知识，肯定要将这些专业知识学以致用。一开始只想待个三年，没承想这一待就是九年。"刚开始工作时，觉得自己的努力和收获并不成正比，曾想过放弃。但当自己穿梭于街道社区内，居民们一声声的"小项"，让他一直坚守在这里。他认为这份精神财富是任何物质回报都无法比拟的，物质财富能为我们带来短暂的享受，但精神财富能为我们带来持久的动力，真正的富足在于精神的充盈。

刀在石上磨，人在事上练。在日常社区工作中，他俯下身来找问题，沉下心来想办法，动起手来解难题。他说，在部队里他学到的一个技能就是"吃亏"，"其实吃的都是小亏，最后是占了大便宜，很多人觉得自己偷了懒赚到了，实际上从整个发展过程讲是吃了大亏，因为你的努力大家都是看在眼里的"。

项政在接受采访

2020 年 7 月 28 日，受疫情影响而冷清许久的桥西历史文化街区人头攒动，"运河爱心义仓"正式开仓。此项目是项政所在拱宸桥街道联合杭州市京杭运河（杭州段）综合保护中心创新打造的，作为"互联网＋小区微治理"的创新项目，包含了一个实体义仓兑换中心、"线上＋线下"兑换体系以及第一步重点推出的助力运河遗产宣传、助力垃圾分类、助力养老服务、助力街区精细管理四个项目，旨在更好地引导遗产地社区居民积极参与运河保护，同时将中国古代"义仓文化"与现代"时间银行"概念高度融合，助力遗产地社区经济、文化复兴。

知责于心想干事，担责于身能干事，履责于行干成事。他从基层做起，从最平凡、最细小的事情做起，在处理各类问题中提升能力水平，练就过硬本领。如何在平凡岗位上作出不平凡的业绩？他的答案是：把小我融入祖国大我、人民的大我之中，仰望星空，脚踏实地，持续奋斗，凯歌前行。

情系树人

孙雨笛：在创意海洋中劈波斩浪

【人物名片】

孙雨笛，2014届风景园林专业校友，2015年考入浙江大学风景园林硕士并取得（MLA）学位，2019年考取浙江大学工程管理硕士（MEM），2023年成为浙大"强鹰"计划第19期学员，2023年浙江大学管理学院工商管理硕士（MBA）访学学员。2021年底创立杭州禾艺景观规划事务所，2023年加入浙江态域设计有限公司联合创始人团队并担任风景园林院院长。同时，也是杭州滨江区市政园林工程有限公司、杭州向阳园林工程有限公司战略设计合伙人，主持过全国各地150余个设计项目，参与了杭州G20峰会、杭州市迎亚运提升改造等项目，团队荣获多项省、市级奖项。目前，孙雨笛致力于"全链服务、迭代设计"的"FEPC0R"新模式的探索。

采访时间：2023年6月26日、7月20日

采访地点：杭州禾艺景观规划设计有限公司

作　　者：程宇川　周梨单　付佳华

指导老师：鲍海勇　杭亚静

求学筑基　风帆再起

2010 年，孙雨笛被浙江树人学院录取。当时他正利用高考结束的假期时间在花卉企业实习。景观是他的兴趣所在，于是高考志愿他选报了与花艺有关的风景园林专业，没想到这成为他日后创业的重要切入口。

在树人读书时，为了能更好地完成设计图纸，他经常学习到半夜，回想起和同学们一起奋斗的时光，亦是美好而有趣的。

孙雨笛的本科生活是充实的，他沉浸在画图、测量、设计和一应课程的紧张学习和熏陶中。一分耕耘，一分收获，扎实的学业为他日后从事景观设计奠定了良好的基础。

大学毕业后他跟随杭州市园林设计院的两位老师工作了一年，获得了专业上的历练，也发现了自己的短板。为了完善自己的知识体系、提高专业水准，他决定考研，于是一边工作一边复习，他复习的身影时常出现在杭州市图书馆的一角。在几个月的努力下，他成功被浙江大学风景园林专业录取，至此又开启了新的航程。

孙雨笛就读风景园林专业硕士（MLA）时，同学们求学的热情和精神深深激励了他，他以加倍的刻苦投入学业，最终顺利取得硕士学位。2019 年，孙雨笛又考取了浙大工程管理硕士（MEM）课程，攻读第二个硕士学位。他这样回忆道：人生的奔跑，不在于瞬间的爆发，而在于途中的坚持。很多时候，成功就是多坚持一分钟，这一分钟不放弃，下一分钟就会有希望。再苦再累，只要坚持往前走，属于你的风景终会出现。

取得硕士学位后，孙雨笛就像羽翼渐丰的雄鹰，开始展翅翱翔。随着杭州禾艺景观设计有限公司的成立，他开启了创业之旅。

公司团队组建过程中，孙雨笛对团队人才要求严格，注重员工的设计能力、

孙雨笛（中）与采访团成员于创业公司旧址合影

审美水平以及解决实际问题的能力。在公司内部管理方面，他认为一个好的公司应该有一个良好的企业文化和团队氛围，所以他格外注重员工的成长和发展，鼓励他们不断提高自己的专业水平和综合素质。同时，他也十分注重团队合作，让每个人都能发挥自己的最大优势，共同设计创造出更好的作品。在一次团队动员会上，孙雨笛这样说道："我们现在就像还未出航的水手，要想在大海中乘风破浪、屹立不倒的话，最先做的准备不仅仅是学会扬帆、掌舵，更要从内心深处爱上大海。"是啊，若要驰骋大海，先要爱大海。

匠心筑梦　逐浪前行

在当今充满竞争和机遇的创业环境中，孙雨笛通过独特的景观设计，将艺术与科学相结合，为城市和社会带来了美丽与舒适。

在孙雨笛看来，无论是哪方面的创业，匠心精神是必不可少的。因为在这个快节奏的时代，慢下来似乎是奢侈的，但匠心精神可以帮助我们慢下来，能让我们静下心来细致地解决问题。他说，景观设计可不是一门简单的学问，它需要我们通过自己的创造力和创新精神，为客户提供独特而令人印象深刻的设计方案。利用专业知识和技能，将客户的需求与实际情况相结合，创造出适合地域文化的设计方案。他们需要考虑景观的功能性、可持续性和美学价值，不仅要通过充分沟通与合作，满足客户的期望，更要体现其文化特色属性。

孙雨笛说，强烈的社会责任感也是创业不可或缺的。景观设计就是与环境和社会息息相关的行业，设计师们在设计过程中需充分考虑到环境保护和可持续发展的原则，不仅需要选择适当的材料和植物，还要采取措施保护城市运营、生态系统的平衡。此外，还要考虑到社会的需求和文化背景，为城市和社区提供适合的公共空间和社交活动场所。

2023年11月，孙雨笛加入了浙江态域设计有限公司创始人团队。经过不断创新发展，公司队伍持续拓展，业务板块也从原来的景观设计，成长为"全链服务、迭代设计"的"FEPCOR"新模式。"创业需要持续的学习和不断适应新条件的能力。"最后，孙雨笛说道，即使进入工作单位，强大的学习能力依旧是不被时代淘汰的最佳手段，只有在工作中不停地学习吸纳新知识，不断地提高自身素养，不断提升自己的专业水平和技术能力，才能在社会中开辟出自己的立足之地。

陈营军：从懵懂少年到创业导师

【人物名片】

陈营军，2014 届计算机科学与技术专业校友，杭州易连聚网络科技有限公司创始人、总经理。毕业后一直致力为 K12 义务教育阶段提供专业的互联网软硬件结合开发解决方案。该解决方案涉及 K12 义务教育阶段中的各种场景，包括教育局日常监管场景、师生生活场景、学生学习场景、学生运动场景、教师日常办公场景等。2015—2018 年，公司为浙江省教育技术中心提供服务，完成各地市区域与浙江省教育厅平台对接及数据上行下载互通。

采访时间：2023 年 6 月

采访地点：杭州易连聚网络科技有限公司

作　　者：王鸿茹

指导老师：汪妍青　鲁利群　谢凌云

2010 年，刚步入大学的陈营军与大多数人一样，既懵懂又自在，每天和室友一起上下课、打游戏、打篮球。2011 年，他感觉自己需要有所改变，就去竞选班长，班长的责任与心态的转变，让他打开了新世界的大门，自此全身心投入学习和班级工作中去。其后还担任了班主任助理、辅导员助理，并学会了许多办公技能，还参加了一个网络技术部的社团，学会了一些基础计算机技能，获得了奖学金、优秀学生干部、优秀毕业论文等荣誉。

对于自己的大学生活，陈营军认为自己"收获匪浅"。首先是专业领域的知识积累，为他的创业提供了坚实的基础，帮助他了解了市场趋势、行业动态以及商业运作的原理，能运用所学知识分析、决策和解决问题。其次是自我发展和领导能力的锻炼。在校期间积极参与社团工作并任职学生干部岗位，培养了他的领导能力、团队合作能力与组织管理能力，有助于他更好地领导团队、处理人际关系以及高效地管理企业。最后就是创业导师的指导。导师们通常都是经验丰富的企业家或行业专家，他们分享创业经验、提供专业建议，对他创业过程中的决策与公司的发展起到了至关重要的作用。

2013—2015 年，陈营军在浙江小虫科技有限公司做前端开发工程师。2015—2018 年，他在浙江省教育技术中心做项目经理，维护之江汇平台在各个地市区县教育局的落地情况，解决各个地区反馈的技术问题，协助开发单位梳理一些解决方案。

他的创业想法始于 2018 年初。当时由于公司的一些变动，他就想着自己出来试一试，与导师沟通并得到支持后，便成立了现在的杭州易连聚网络科技有限公司。

在创业过程中，他遇到了很多问题，首先是资金问题，有时候甚至出现无法支付员工工资与无法扩大业务等问题。他一方面积极寻找外部投资，另一方面想方设法削减一些不必要的开支，总算度过了紧张期。其次是市场竞

陈营军（中）与采访团成员合影

争问题，特别是在 2021—2022 年，当时教育部发文严厉监管校外培训机构，而他们彼时刚好在做一套校外培训机构的监管平台，比较契合当时的政策。政策出台后，一时间相关平台如雨后春笋般冒出，且都是竞争力很强的公司。他们在夹缝中求生存，先后跟中国电信、中国联通合作，线下跑了河南、四川以及省内的杭州、嘉兴、湖州、金华等地区，最终拿下了金华、湖州的部分县市区。2022 年，教育部出台政策，全国要统一管理实现一平台全管理政策，激烈的市场竞争才落下帷幕。

陈营军深情回忆，公司初创时，位于母校拱宸桥校区的"创业产业园"是他创业梦想开始的地方。信息科技学院的专业老师、创新创业学院的创业导师和校外企业家导师"三导师"联合指导陪跑，为他和团队创业梦想赋能。现在已成为母校特聘创业导师的他，希望学弟学妹们能以创新创业的视野规划好生涯的每一步，在校期间可来他的公司实习实践，毕业后可来他的公司就业发展。

郑翔：以青春之名担时代之责

【人物名片】

郑翔，2015届财务管理专业校友。毕业后应届通过省考，并扎根到基层一线工作，2016年被选为浙江省选调生，经过农办、财务、驻村干部、镇团委等工作岗位历练，也在G20杭州峰会、"熊出没"小镇建设、"利奇马"抗台、疫情防控等大战大考中经受磨炼，综合能力迅速提升，2020年12月担任共青团临海市委员会副书记，2021年12月被抽调到临海市防疫指挥部排摸管控组任副组长，全程参与基层一线的防疫防控工作。

采访时间：2023年7月10日

采访地点：共青团临海市委员会

作　　者：李碧莹

指导老师：王伟君　张勇财　杭亚静

郑翔对于考公的经历印象深刻。如今作为一名共青团干部，依然坚持吃苦在前、享受在后，甘做一颗永不生锈的"螺丝钉"，探寻青年成长规律和时代特点，做青年朋友的知心人、青年工作的热心人、青年群众的引路人。

向外探寻，向内思考

在成长的路上，郑翔一直在寻找自己的多种可能性。大学本科阶段无疑是关键的一环，郑翔表示，高中毕业选择财务管理专业就是为了将来好就业。而之后决定考公，是出于想为家乡建设作贡献的心愿。郑翔结合在 G20 杭州峰会、"熊出没"小镇建设、"利奇马"抗台、疫情防控等工作经历，深有感触地说："做好基层工作，初心是重要的一环。初心是导航，只有找准目标才能奋力前进；初心是一份责任，要牢记于心；初心是一副担子，要稳扛于肩；初心更是一种激情，要践行为人民服务的宗旨。"

郑翔（左三）与采访团成员合影

由于郑翔很早就确定了考公的目标，所以一直致力于从各个方面提升自己的能力。他加入志愿者协会和心理社，在自我奉献的同时，积极参加各类比赛，如数学竞赛、编程比赛等。他十分感谢他的老师们，上大学之前他因为内向的性格而缺乏自信，但在大学里，老师们的鼓励式教育使得他更加自信、活泼。

向下扎根，逐光前行

当决定考公后，他一路备考，那些艰苦的经历至今历历在目。他提着行李搬进 7 平方米的小屋，跟外卖小哥、洗碗工混居一处。一室一厅的公寓，里面上下铺床位至少 6 张，每个床位一天 70 元。住在里面的十几个人合用一个厕所、浴室。然而这种居住环境却成为众多备考生的选择。"何处积乡愁，天涯聚乱流。岸长群岫晚，湖阔片帆秋。买酒过渔舍，分灯与钓舟。潇湘见来雁，应念独边游。"虽然非常想念家人，但是想到考试在即，他又会觉得动力满满。

欣慰的是，郑翔的父母也十分支持，尽力满足他的基本生活需要，同时予以精神上的支持。天道酬勤，2015 年毕业后郑翔通过省考，随即扎根到基层一线。

奋斗是青春最亮丽的底色，行动是青年最有效的磨砺。进入基层后，郑翔先后担任镇团委副书记、党政办副主任、党政办主任、团委书记。在农办工作期间，他负责的"清洁家园"工作考核排在全市第一梯队，"五水共治"工作考核全市第二名，同时助力 70 多户困难户脱贫。在党政办工作期间，一年 200 多场会议、3000 多份文件，他交出了一张全市党建考核第一名的答卷。

2019 年，天灾台风"利奇马"席卷临海，全镇被淹。他立即成立青年突击队进行清淤和救援，整整两天彻夜未眠，累得瘫倒在路边。路边一位老人的话在他耳边响起："孩子们，你们真可怜，两天两夜啊，太辛苦了！"看着老人担忧的面容，郑翔突然红了眼眶。这时，他觉得自己的忙碌都是值得的。

类似这样的事，在郑翔的工作中不胜枚举。担任镇团委书记以来，他多次荣获临海市先进团干部。他关注留守儿童，建立"娃娃乐"基金会和留守儿童之家，留守儿童数量由 2010 年的 256 人下降至 2019 年的 87 人，项目被评为 2019 年临海市最具魅力慈善项目；他关注青年群体，建立尤溪镇青年志愿队，平均每年开展活动 50 余场，参与人数 1000 余人次；他组织成立伟星青年突击队，疫情期间，该队伍不仅支援了武汉雷神山医院以及北京小汤山医院建设，还帮助全市第一批企业复工复产，事迹被国内主流媒体报道。

"目标＋责任"，这是郑翔工作的关键词，也是做好工作的关键。郑翔说，基层工作千头万绪、纷繁复杂，加班是常态，正所谓"上面千条线，下面一根针"，如果没有目标感和高度的责任心，根本无法开展工作，更别提干好工作了。

目前，郑翔的工作更忙碌了，身上的责任和担子也更重了。郑翔说，既然选择了扎根基层、服务基层，就要投入真情实感去浇灌这片充满希望的土地，发扬"党有号召、团有行动"的优良传统，始终引领"四种情怀"，以青春之名担时代之责。

张竹霖：星光不负赶路人

【人物名片】

张竹霖，2015届动画专业校友。目前就职于全球第一大游戏公司、互联网巨头腾讯集团，是腾讯天美工作室群资深游戏概念设计师，前网易游戏某知名项目2D设计负责人。作为核心骨干参与多款业内知名项目研发，其中与微软联合研发的产品曾登顶AppStore免费榜TOP1。另外，作为设计负责人参与的一些项目参展全球三大互动娱乐展的美国E3游戏展、德国科隆游戏展，均受到大量关注。

采访时间：2023年6月25日

采访地点：浙江树人学院（拱宸桥校区）

作　　者：沈丹凝　高心悦　童佳乐　潘雯慧　蔡全齐　周　靓

指导老师：胡巧红　邓成林　施　政

秉持一颗热爱的初心，向阳而生

张竹霖从小学一年级开始就非常喜欢玩游戏，当时还是《俄罗斯方块》，在不知道有游戏美术这一行业的时候，就梦想去当一个游戏卡带店的老板，所以在高考填报志愿的时候发现有这一专业方向，就下定决心为之努力。大一开始就早早地跟着学长们一起接校外墙绘商单，体会到了赚钱的不易。之后持续创作了一些作品，并成功入选"大学生美术作品展"，也曾拿过国家奖学金。

大三时张竹霖第一次投了网易的校招，顺利地拿到了实习录取通知，只是在面试时被强者挤出了顺位之外。大四时，腾讯来杭州校招，他也成功过了现场笔试，但没有通过面试。后来又参加了腾讯高校游戏美术大赛，过了一轮，因只有两个录取名额，他又被刷下去了。

进大厂的念头一直挥之不去，毕业已经两三个月还没有找到工作的他，只能先投了一些小公司，但心有不甘的他仍一直在寻找机会。在已经通过面试谈好工作回家的路上，突然接到了网易面试的电话，他又放弃了刚谈好的工作，义无反顾地去了网易。所幸这次结果是好的，他遇到了之后对他影响非常大的主美（Lead Artist），成功地加入了制作《战意》的工作室。

在张竹霖看来，大学是人生中最后一段没有压力、不会失眠、有很多时间来充实自己的时光，是一个人成长和发展的关键时期。学习是在大学里的首要任务，只有通过扎实的学习，才能掌握专业知识和技能，为将来的职业生涯做好准备。所以，回首自己的求学和求职之路，张竹霖的体会是：要珍惜大学时光，认真对待每一节课；建议尽早接触社会，认识到社会中有许多优秀的人，清晰自己与他人的差距，更好地找准自己的定位，更好地去提升竞争力，特别要在学业和个人发展之间找到平衡；要多多关注行业的前沿技术，提升自己。总之，在这本该奋斗的岁月里，每一寸光阴都值得我们去珍惜。

虽然我不是英雄，但我助力你的前行（《战意》）

在《战意》E3 展时，张竹霖面临一个棘手的问题，他所在的公司开发了一款冷兵器题材的古代中国网游《战意》，但缺乏针对海外玩家的内容，特别是欧洲关卡和兵种。为了在 E3 展上取得成功，他必须在短短三个月内完成游戏的美术需求，张竹霖开始了他的计划。

首先，寻找灵感和确定方向。通过研究历史和谷歌搜索，他找到了与中国明朝相对应的神圣罗马帝国作为 E3 版本的主体。他与策划和运营团队进行了讨论和决策，确立了游戏的方向。接下来，张竹霖紧急调配资源，分析了游戏的世界观和美术风格，确定了写实的美术风格和公元 1000 年到公元 1600 年的时代背景。为了节约时间，他将不重要的部分任务外包，让内部美

张竹霖（左中）与采访团队成员

术团队完成关键任务。

由于时间紧迫，美术团队在等待上游工作的过程中，发挥主观能动性，先进行一些不需要依赖其他工作的部分，如概念图、角色设计和标志性建筑物。为了在短时间内完成任务，团队不得不疯狂加班，将原本需要 6 ~ 8 个月的工作压缩至 4 个月。最终，游戏成功参加了 E3 展，获得了媒体和玩家的好评。这次展会为该游戏打开了海外市场，为进一步发展奠定了基础。

对此，张竹霖想给未来可能入行的同学的建议是：一要放低姿态，不要过于追求进入某个特定的公司，过高的期望可能会带来更大的失望，特别是在当前就业形势相对严峻的情况下，首要目标是能找到一份工作；二要坚持努力，可以逐步追求进入大厂或研发公司，一步一步来，过去的几年里，进入大厂相对容易，现在则需要具备更多的技能，即所谓的"5D"人才（2D 和 3D 的结合）；三要相信自己足够优秀，保持积极乐观的心态，但也要明白前路充满挑战，人生总有那么大段的时光，你在静默、在等待、在坚忍，在等一场春暖花开，在待一树春华秋实，在等从未有过的雷霆万钧。

"我永远不会把全部精力局限在小小办公桌上"

随着时间的推移，张竹霖在游戏领域"陷"得越来越深，开始产生了再提升自己的念头。2018 年他有机会担任公司组织的 China Joy 游戏宣传活动讲解员。其间，他不断拓展自己的展台，结交外国玩家媒体及厂商，不断提升自我价值。这些经历让他明显意识到自己对整个行业的发展和认知渐渐比别人高了一个维度，如果自己成天坐在电脑前画画图，格局和思维都会局限在小小的办公桌上。

孔德荣：行远自迩，笃行不怠

【人物名片】

孔德荣，2016届应用化学专业校友。2019年硕士毕业于江西中医药大学，并荣获"江西省优秀毕业论文"奖项；2022年博士毕业于复旦大学，获复旦大学"优秀毕业生"称号；博士后期间，获得上海市"超级博士后"资助。目前已发表学术论文18篇，以第一作者在 *Advanced Materials*、*Journal of the American Chemical Society* 等期刊上发表论文6篇，累计影响因子86.6；参与编写专著1本；申请专利4项，授权1项；主持国家自然科学基金青年科学基金项目和中国博士后科学基金第73批面上项目。

采访时间：2023 年 7 月 23 日

采访地点：线上采访

作　　者：张思宇

指导老师：应钰璐　李明珠

行而不辍，履践致远

2012 年，孔德荣踏入了我校生物与环境工程学院应用化学专业的大门，成为这个充满活力的集体的一员。时至今日，孔德荣依然能清晰地回忆起学院里的各位老师：学院辅导员王艳老师温暖爱笑、和蔼可亲，开学没多久，就记住了整个年级同学的名字；班主任雷超老师，美丽温婉，说话温声细语，声线和她整个人气质很搭；金建忠老师帅气的外表和严谨的教学态度相结合；沈超老师学术"大牛"，激励我们要有学术追求；孙娜波老师如妈妈一样关心我们的学习和生活；李成平老师的专业课循循善诱，处处以考研题目为例讲解；饶桂维老师课上细致入微地教学，课下是教导人生哲理的朋友。此外，还有许惠英、蒋益花、童建颖和周仲实等老师。《花间四友东坡梦》里有云："得遇良师，三生有幸。"在应用化学专业老师的陪伴下，孔德荣很快融入大学生活。

孔德荣至今仍会怀念当时舟山东路上的花哥和肉夹馍，在毕业后拜访母校的时候，特意重游了与大学朋友们留下诸多美好回忆与欢声笑语的地方。然而，时光荏苒，身边的人早已各奔东西，舟山东路也已整修更改，曾经的店铺也已不复存在，那些快乐的记忆成为她心中珍贵的财富。

研究生备考的过程也是孔德荣的宝贵经历。2015 年，在学院浓厚的考研氛围下，孔德荣内心出现两个声音："一个告诉我要考研，努力改变现状；另一个则打退堂鼓，说你做不到，放弃

孔德荣在实验室

吧！高考失利的阴影还笼罩着我，让我深深觉得自己可能真的不适合学习。"

正当她陷入纠结之际，学院召开了2016年考研动员大会，当时负责教学工作的陆胤院长发表了激动人心的动员讲话。时隔多年，孔德荣至今仍清楚地记得陆院长说过的一句话："树人不是你们的终点，而是你人生的一个起点！"学校还邀请往届考研成功的学长学姐来传授经验。特别是现在已成为学院应用化学专业教师团队一员的吴慧珍的经验传授，更加坚定了孔德荣考研的决心。2015年的那个暑假，学院为考研留校的学生准备了单独的考研宿舍楼，并给予特别关注。在那个炎热的夏季，学院送来了慰问礼品，老师们每天冒着酷暑前来关心探望，在炙热的夏天给孔德荣带来了泉水般的清凉。

沉心方能成事

2016年，孔德荣来到江西中医药大学攻读硕士学位。2019年，孔德荣进入复旦大学高分子科学系，攻读博士学位，研究方向是晶体管生物传感器传感界面设计及应用研究。

万事开头难，孔德荣在刚开始研究晶体管传感器时有些忐忑不安，因为其硕士期间的研究工作与即将展开的研究并不完全相关。为尽快进入状态，她静心阅读前人文献，并跟随师兄师姐们学习实验技能，逐渐对这个领域有了深刻的认识，也打开了思路。她通过研究不同的传感界面设计方法，提升了场效应晶体管的传感性能，实现了对各种病原体及疾病标志物的快速、敏感检测。相关成果发表在 *Advanced Materials*、*Journal of the American Chemical Society*、*Analytical Chemistry* 等期刊上。她坚信，科研的目标就是要解决当前生活和生产中无法解决的问题，做有意义的研究。

然而，科研是一场探索未知的奇幻旅程，有一步一欢喜的满足，亦有举步维艰的焦虑。前期的筹备工作、实验条件、器件制备和优化等烦琐的工作，会消耗一个人的耐心，甚至晚上睡觉时也会辗转反侧、噩梦不断。幸运的是，孔德荣遇到了一位耐心、科研经验丰富的导师，不仅会指导实验方案，还会在日常生活中讲述他当学生时的故事，用自己的经验告诉大家，科研的道路必然充满艰辛和枯燥，只有能够忍受寂寞的人才能取得成就。同时，孔德荣也非常感激课题组的小伙伴们，在压力大的时候，会相约一起外出吃饭，缓解实验的压力。她由衷地庆幸自己身处一个积极向上、友好和谐的课题组，在实验停滞不前之时，也有勇气面对实验遇到的重重阻碍。

偷得浮生半日闲

爱好是跳出现实世界的梯子，是逃离当下烦恼的精神庇护所，更是思想层面上无人束缚的自由之地。孔德荣从不会只埋头实验室，两耳不闻窗外事。她有许多兴趣爱好，她也相信劳逸结合才是科研的长久之计。摄影和绘画是她陶冶情操的方式。她常用相机记录生活的瞬间，用绘画定格美好的画面，这样走过的路才不会显得毫无寄托、无法回忆和转瞬即逝。在闲暇时间，她会与朋友一起出去转转，拍摄风景和人物，欣赏生活中的精彩，在大自然的熏陶下身心得到放松。与不同专业的朋友聊天，学科交叉与不同思维的碰撞，能够启发她实验上的思路，让原本停滞不前的探究豁然开朗。

除了摄影，她有时也会泡一壶清茶，安静地坐在画架前，举起画笔，将内心的想法描绘到纸上，专注于自己的爱好。绘画的过程是放松和快乐的，她用一笔一画自由地勾勒出想象中的美好。趋向安静，趋向自我感受，是孔德荣不断增长的力量，也给了她面对未知科研探究的勇气。

杨尚熹：以赤诚之心，投身家乡水利建设

【人物名片】

　　杨尚熹，2016 届视觉传达与设计专业校友，现为缙云水务投资有限公司经营管理部主任。2020 年，"黑格比"台风后重建农村供水站，保障缙云人民的生活用水，被誉为"最美水利人"。

采访时间：2023 年 7 月 24 日

采访地点：缙云水务投资有限公司

作　　者：陈念淇

指导老师：吴杨铠　芮嫣楠

选择回乡，立志投身家乡建设

从浙江树人学院毕业后，杨尚熹便投身于国企编制考试中。

在备考的两年时间中，他经历了许多挫折与困惑。然而正是这段备考经历，让他变得更加成熟和坚定。他开始关注家乡缙云的发展，思考自己能为家乡做些什么。有时会在这个从小生活的地方漫步，从物产丰饶的好溪到郁郁葱葱的山林，从变幻莫测的云彩到新芽初生的茶苗，从茭白地到手中的那一杯黄茶，他不仅看到了缙云的好山好水，也看到了缙云因为发展而生出的暗疮。化学污染严重的茭白地，不再明亮清澈的好溪，一直以来有通水难题的水库，他意识到，家乡正处在一个需要转型升级的阶段，这为他后来坚定报考水利相关岗位埋下了伏笔。

2018年，杨尚熹终于成功"上岸"成为一名国企员工，就职于缙云水务投资有限公司。对他来说，这不仅仅是一份工作，更是他为家乡作贡献的新起点。然而，工作并不是他所学的专业领域，这使得刚入职场的他面临不少挑战。如何将所学专业知识运用到实际工作中，如何快速适应新的工作环境，等等，都是他需要解决的问题。在校期间担任学生干部的经历以及热情大方的性格，让他很快度过了新工作的适应期。之后他积极主动地向同事请教问题，不断学习新知识，提高自己的业务能力。

勇敢前行，保障饮水系统通畅

2019年，缙云县迎来了一个重大任务——实现"城乡饮用水同质化"，这标志着缙云县山区水利建设开启了新篇章。入职不久的杨尚熹被委以重任，主持这项建设工作，从此开启了为期三年的农村饮用水运行管理总站站长的工作生涯。

　　杨尚熹面临的第一个难题是起草缙云县农村饮用水统一实施的方案。从"喝水难"到"喝好水"的转变，绝非易事，但他坚信"关关难过关关过，步步难行步步行"的道理。在记忆中，那段时间是繁忙的，从晨曦初露到夜幕降临，从未停歇。时间变得模糊，起草的方案却日渐清晰。

　　在建设过程中，杨尚熹经历了许多难忘的时刻，其中最为深刻的便是"黑格比"抢险救灾的经历。2020 年 8 月，关于"黑格比"台风的消息铺天盖地，随着台风的逼近，台州、温州、丽水等地陆续遭受严重影响，缙云县也未能幸免。当得知灾区的供水系统崩溃时，杨尚熹毫不犹豫地加入了抢险救灾的队伍当中，成为逆行者中的一员。问及他当时的想法，他笑道："当时的想法很简单，灾区需要恢复供水系统，而这恰好是我工作的一部分。"

　　灾区的情况比想象中更加复杂，台风的影响使得地面结构被破坏，杨尚熹一行人只能徒步十几公里前往灾区。设备也只能依靠人力肩扛背负。然而，

杨尚熹（中）与暑期校友走访团成员合影

他们没有退缩，坚定地前行着。在灾区，他们发现有四个村的供水系统已遭严重损坏，时间紧迫，任务繁重，但他们别无选择，一天之内，完成了抢险任务。

在经营管理部主任这一新的岗位上，杨尚熹变得更加成熟和自信。他深知，担任经营管理部主任需要具备丰富的知识和技能，因此他不断学习相关法务、谈判、金融等领域的知识，并将这些知识运用到新的工作中。

饮水思源，回馈母校的倾情培养

虽然已经毕业多年，但杨尚熹一直心系母校，并希望能为母校的建设贡献自己的力量。正是基于这种情感和责任感，他积极促成了母校与缙云水务投资有限公司的合作，并于2023年7月5日见证了浙江树人学院生物与环境工程学院和缙云水务投资有限公司全面合作的签约。通过校企合作，双方实现资源共享、优势互补、科技创新和产业升级，不仅为缙云当地企业的发展注入了新的活力和机遇，也为浙江树人学院的学生提供了更广阔的发展平台。

为了促成这次合作，杨尚熹付出了很多努力。这次合作的成功，体现了杨尚熹对母校的深情厚意和对家乡建设发展的担当。

学校的培养和家乡的托举，为杨尚熹的成长提供了坚实的基石。在缙云这片土地上，他找到了自己的归属感和使命感。他深知，作为一名水利人，他有责任为家乡的建设贡献自己的力量。他的感恩之心和实际行动，也将激励更多的树人学子投身于家乡的建设。

蒋胜佳：梦想在小学音乐课堂上绽放

【人物名片】

蒋胜佳，2016届国际经济与贸易专业校友。现为宁波市象山县鹤浦镇中心小学音乐教师、县教坛新秀。毕业后曾在上汽大众杭州湾分公司工作，担任工业旅游部双语讲解员。后难舍自己对音乐的热爱，毅然去了海岛，成为一名小学音乐教师。

采访时间：2023年7月

采访地点：宁波市象山县鹤浦镇中心小学

作　　者：陈　慧

指导老师：田　欣　陈文江

成为象山县鹤浦镇中心小学的一名音乐老师，作出这个决定并不容易。那时海岛没有通高速公路、没有通火车，需要坐轮船摆渡，从自己的家乡来到工作的地方，需要花一整天时间，如果遇上堵车赶不上轮渡或者刮大风轮渡停航等突发情况，时间就更无法控制了。海岛乡村的环境和城市有着明显的不同，这对已经习惯城市生活的他来说，也是一个不小的挑战。然而，蒋胜佳坚定自己的选择，他相信音乐可以让更多的人感受到美与快乐，而音乐孕育的生命将不断向下扎根，向上生长。

每天早上，在腥咸的海风中，蒋胜佳都会在象山县鹤浦小学一隅，清清嗓子为一天的音乐课作准备。他不仅教授基本的音乐知识和技巧，还鼓励学生发展自己的音乐才能。他组织各种音乐活动，建立了"小岛灯塔"，带学生参加不同规模的比赛，让学生展示才华，培养他们对音乐的热爱。他说：灯塔之处便是梦想的高度。

蒋胜佳说，校园对一个人学习和生活的影响是潜移默化的，他在大学里学到的不仅仅是文化知识，其他的实践能力也大大提升了。他认为树人非常注重培养学生的实践能力，包括对学习生涯进行规划、跟老师一起做项目、参加比赛、去实践基地培训、进企业实习，以及组织学生会的一些比赛活动，等等。

通过学习生涯规划，他每一年都给自己立下一个目标。大一的时候，他进入学生会和社团，从一无所知到后面组织活动、写策划、拉赞助，以及整个活动结束后写反思、做总结、撰写文案和报道等，越来越熟练。大二时，他着重于专业课学习、小论文的撰写和参加比赛，比如演讲比赛、商务英语技能比赛、职业规划大赛等等，锻炼了他的思维逻辑与语言表达能力，同时在一个又一个更大的舞台和平台上展示自我。这些经历丰富了他的阅历与经验，增强了他的自信心，提升了他的综合素质，为他现在的教师职业打下了

蒋胜佳给学生上课中

基础。

　　大三第一学期，他以"优秀生"身份去台湾正修科技大学做交换生，认识了新的老师和同学，收获了友谊，也增长了见识，取得了兄弟学校的荣誉以及校长与老师们的一致好评，体现了大陆学生积极向上、努力拼搏的精神。大三第二学期，他参加了POCIB国际贸易从业技能比赛，通过20天的比赛，熟悉了国际贸易从谈判到最后交付的整个过程，大大提高了自己的贸易实操水平。

　　大四第一学期，在田欣老师的指导下，他在经济期刊发表了《中国与中东贸易应注意的宗教文化禁忌及措施——以阿联酋为例》。他十分感谢田老师在专业学习上对他提供的耐心帮助，又带他去阿里巴巴平台学习电子商务知识与实践。在大四第二学期，他将重心完全投入至实习实践中，获得阿里巴巴跨境电商初级人才认证，进入外贸公司，从产品宣传、商务谈判、业务拓展、售后服务等做起，感受贸易行业的魅力。

　　蒋胜佳非常感激母校在这四年中培养了他的综合能力，虽然不能说自己有多么优秀和完美，但是突破了原来不自信的自己，给了他很大的勇气和激励。现在远在他乡当一名音乐老师，虽然每次都要倒腾高铁、车船，花上一天时间才能从这个偏僻的海岛回家，但是当他从孩子们身上获得温暖，看到那一张张笑脸，就觉得所有的辛苦都不算什么，他愿意为"小船"点亮彼岸的灯塔。

蒋胜佳回忆，有一个小女孩让他备受感动。她是班长，非常懂事也非常贴心，每当下课的时候，蒋胜佳请她帮忙带领队伍，完成后她还要特地上来跟他说："蒋老师您辛苦啦！刚才我们这节课有的同学表现不好，但是我们知道你很辛苦，你都是为我们好，蒋老师，你一定不要生气，你要保护好自己的身体。"这时候，他所有的疲惫、失落都烟消云散，因为"被需要"是他的职业价值。

在学校的手工课、美术课里，孩子们还会把蒋胜佳画进他们的作业当中，然后再送给他。蒋胜佳说："孩子们的世界里都是蓝天白云，所以我要向他们学习，保持一颗初心，就像习近平总书记说的，跟着党组织走，不忘初心、牢记使命。我们作为教育工作者，教书育人是我们的天职。我们要有爱心、责任心和耐心，我觉得这是我在和孩子的相处过程中，在他们给我的温暖当中领悟到的。"

这些年来，蒋胜佳在工作中也取得了一些成绩，被评为县教坛新秀，多次被评为省市县级优秀学员，执教的《浏阳河》《西风的话》《红旗颂》《京调》《摇篮曲》《打花巴掌》《我和你》等课例被评为县级公开课，指导学生比赛获奖，其中包括课堂乐器比赛、独唱、独奏、戏曲比赛，都获得了市县级二三等奖等，他还在优质课、党课等比赛中获得佳绩。

为了更好地引导学生与教授知识，他将其他学科内容融入音乐课程，进行学科整合，这为他的课堂添加了不少乐趣，学生们也兴致勃勃地听。他说，和孩子们待久了，自己也变得富有童真童趣了。

蒋胜佳虽未从事与本科专业相关的工作，而是转行做了音乐教师，这源于他自身的兴趣爱好与天赋，以及重新开始的勇气和坚持不懈的努力。他的心得是：作为一名大学生，还是应该致力于扎实学好自己的课程，以更好地面对日益激烈的人才竞争。我们每个人都是普通人，所做的每件事也都很平凡，但仍应该坚持不懈、稳步前进，除了按部就班地完成每项任务外，还要在成熟的理性思考和感性行动中发挥出自己最大的人生价值。

情系树人

江松阳：热血谱就援藏的青春之歌

【人物名片】

江松阳，2017届数字媒体技术专业校友。在校期间凭借优异表现加入中国共产党，毕业后选择扎根西藏日喀则市南木林县达那乡，将自己的青春贡献给了那片美丽而神秘的土地，是浙江树人学院2017年至今累计三批援藏毕业生中的典型代表。

采访时间：2023年7月20日

采访地点：南木林县委组织部

作　　者：朱　超

指导老师：刘力赫　薛　瑾

江松阳一直怀抱着为祖国边疆尽一份微薄之力的梦想，因此在即将毕业之际，当他偶然得知关于毕业生援藏计划的消息，立刻被深深吸引。他坚信西藏是一个能够实现自身价值的地方，一个值得他为这片土地挥洒青春的地方。于是，他毫不犹豫地作出决定："到西藏去，到祖国最需要的地方去！"

　　江松阳所在的日喀则市，位于我国西南边陲，西藏自治区西南部，距浙江有 4000 多公里，海拔高达 4500 米。风尘仆仆，他从东部来到西部，从学校迈入社会，跨越的不仅是时间、距离，还有成长的门槛。"如何融入一个文化差异显著、语言交流不通的乡村？如何取得老百姓的信任和支持？"他对预期的困难尚无法把握。

　　初到陌生的土地，江松阳也曾感到不适，甚至经历了一段时间的彷徨与失落。但他坚守"一身泥、两脚土"的决心，深入基层，了解村民的需求和问题，从日喀则南木林县达那乡综治科干起，在综合治理、双联户、脱贫攻坚等工作中，遵循着"担当、创业、敬业、奉献"的树人精神，克服了高原的不利条件和语言关卡，踏踏实实，默默奉献，一步一个脚印，一直做到了日喀则南木林县艾玛乡平安办副主任、司法所所长。6 年来，多次被评为县优秀共产党员、优秀公务员、优秀巡察人员，2023 年荣获浙江省基层就业大学生典型人物。

　　值得一提的是，他大学期间的女友陈姝雅，也被江松阳投身边疆的毅力与精神所打动，2020 年 11 月毅然辞去令人羡慕的白领工作，紧跟他的步伐，来到西藏日喀则南木林县第二完全小学，成为一名边疆支教老师。夫妻比翼齐飞，在西藏奉献青春和智慧。

　　一次，江松阳前往位于海拔 5000 米的贫困村，目睹了人们在恶劣条件下的艰苦生活。那一瞬间，他深感责任重大，更明白了自己工作的紧迫性与重要性。西藏地区拥有丰富的自然资源和独特的生态环境，因此援藏工作需注

江松阳、陈姝雅夫妻合照

重生态保护和环境改善，以资源投入推动可持续发展，守护宝贵的自然生态，这也是对当地文化和生活方式的尊重。

大年三十，他挨家挨户排查安全隐患。尽管存在语言和文化障碍，但当地居民的真诚和热情，让在寒冬工作的他感到振奋与鼓舞，让他深刻领悟到"携手做最骄傲、最浪漫的事"的真谛。他明白，他们的责任不仅是为贫困地区提供帮助和改善生活条件，更是以真挚和关爱，与当地人民同心协力，共同打造美好家园。

在五年的援藏工作中，江松阳经历了许多触动人心的瞬间。一次，他拜访建档立卡的贫困户，目睹了他们的困境与压力，让他更加坚定了做好援藏工作的信念。另一次，他为村民调解矛盾纠纷，普及法律知识，排查安全隐患。在那个贫困的村庄，看到孩子们朴实而纯真的笑颜，那一瞬间，他感到援藏工作带来的应该是希望和温暖。

平日里，他翻山越岭、走村入户，为村民排忧解难，竭尽所能解决他们所面临的实际问题。通过"蹭翻译"和手势交流，他与当地居民建立了亲密的联系。渐渐地，他们开始信任他，愿意与他合作，这为他的工作带来了莫大的帮助。此外，他还借助学习机会，汲取先进的经验和知识，不断提升自己的专业技能和服务水平。他也渴望将援藏的经验和感悟传递给更多的人，鼓励更多的青年人加入到西部援建事业中，为西藏的进步和稳定贡献更多的力量。

情系树人

胡露丹：市场监管的实干家

【人物名片】

胡露丹，2017届国际经济与贸易专业校友，曾任经济与民生福祉学院学生分团委副书记，现任金华市磐安县市场监督管理局新城市场监管所副所长、磐安县个民协新城分会党支部书记、磐安县双峰乡溪下村第一书记。

采访时间：2023年7月25日

采访地点：磐安县市场监督管理局新城市场监管所

作　　者：陈　怡

指导老师：陆爱香　胡诗涵　李雨泽

胡露丹曾在经济与民生福祉学院担任学院学生分团委副书记，兼任学生第三党支部副书记，2017年毕业。时至今日，她仍清楚地记得自己和当时的伙伴们一起举办学院的活动，场场爆满。虽然很多活动都有时间限制，但由于当时团学成员团结一心，头脑风暴碰撞出许多美妙的火花，让每一次活动都非常精彩，参与者往往会忘记时间，甚至需要主办方申请加时来满足大家。胡露丹说，回忆起来，脑海中都是大家欢乐的容颜和悦耳的笑声。

善于用人、处理好团学各部门之间的关系、活动的统筹、经常上台发言等等，这些大学期间团学的历练，让胡露丹在如今的工作中更从容、更老练。她说："如果有机会，还是鼓励学弟学妹们多去体验一下团学的生活，所有人都为了一个目标去努力，现在回忆起来，想到的都是很纯粹的快乐，它很锻炼人。"

毕业后胡露丹来到金华市磐安县市场监管局新城市场监管所工作。她心目中合格的市监干部是这样的。

第一要练就走街串店"狗不理"的本领。"评价一个干部称不称职，只要看看干部进村狗叫不叫就知道了。"可谓话俗理不俗。市场监管工作主要围绕经营户合法经营的点点滴滴、七零八碎开展，大部分工作都不是在办公室里敲敲键盘、做做报表就能完成的。无论刮风下雨还是烈日炎炎，出外勤是干部们每天的日常工作。市监干部更需要走出办公室，走进经营门店，主动"沉"到经营户、企业中去，动态掌握辖区情况，想他人之所想，急他人之所急，做到件件有回音、事事有回复，努力成为一名经营户认得到、想得起、舍不得的片区好干部。

第二要练就懂法用法"百事通"的本领。执法是指依照法定职权和法定程序代替国家行使国家公权力。毫无疑问，知法、懂法是执法人员必修的"基本功"。市场监管涉及的领域包括但不限于食品、药品、产品质量、特种设备、计量、知识产权，涉及的法律法规就有上千部。案件查办有时会遇到各种大案要案，会看到许多生涩的专业术语、复杂的处罚条款，这就要求市监干部自身有较好的法律知识储备及清晰的法律思维。为此，她积极主动地多学一点、学透一点，并把所学所感实实在在地运用到工作中，利用法律武器帮助企业解难点、除痛点，当好利企便民的"服务员"，助推营商环境优化。

第三要练就坚守岗位"吃苦菜"的本领。基层既是国家治理的最末端，也是服务群众的最前沿，基层工作往往枯燥乏味，但是前进的道路上总是先苦后甜。面对一项又一项繁重的任务，市监干部要坚守岗位，经受得住考验，不仅要破除"干完就行"的思想，摒弃"过关就好"的观念，而且要在坚决执行中加深理解，在深入理解中更好地执行，确保一天有一天的进步，一招有一招的效果，在会干事的能力上超越，在干成事的效率上提升。

在学习上，胡露丹始终牢记理论知识的重要性，她认真学习习近平总书记系列讲话以及党的十九大、二十大精神，作为党支部副书记的她，积极组织支部的党性主题教育、专题学习讨论、批评与自我批评等活动，带头坚持

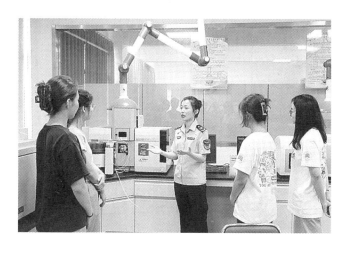

胡露丹（中）在介绍工作情况

学习"学习强国"，用理论知识武装自己，不断增强党性修养，时刻以一个党员的身份严格要求自己，积极主动作为，自觉履行党员职责。

在新城市场监管所工作的两年半时间里，她对待工作从不挑肥拣瘦，先后经历多个岗位，轮换各个片区。在不同岗位、片区的转换过程中，她利用下班时间熟悉业务内容，梳理工作思路，创新方式方法，尽快调整自己的状态，克服工作压力，适应新的任务与挑战，迅速从一名初入社会的普通干部成长为能够独当一面的副所长。2023年，她所在的磐安县市场监管局新城市场监管所被评为全国首批五星市场监管所。

面对现如今的就业压力，胡露丹给学弟学妹们提出了一些建议。

首先，要确立目标。在学校的这段时光里，要确定好自己想要的是什么，考公、考研、考编、就业都是一种选择。当然，理想与现实之间往往存在差异，不确定的时候可以去问一问身边人的看法，也可以利用寒暑假和课余时间体验不同的职业，从而找到最优解。

其次，要多考证。在大学里，有充分的时间和机会考取一些等级证书、职业证书，也许在读书时看来没有特别的用处，但在未来可能给人生带来惊喜。

最后，无论作出怎样的选择，都需要认真对待，拼尽全力，方能不负青春，笑对未来。

许宇锋：夜暗始见灯明，夜下沐光前行

【人物名片】

　　许宇锋，2017 届会展经济与管理专业校友。大学毕业后，曾经叱咤校园的"双冠王"（校园十佳歌手和主持人大赛冠军）开启了主播的职业生涯，"蜜蜂心愿社"开启了他人生新的序幕。现已是谦寻控股的知名主播，他坚信，自己的信念与热情将如花绽放，实现自我渴求的价值。

采访时间：2023 年 6 月

采访地点：谦寻（杭州）控股有限责任公司

作　　者：李盛琦

指导老师：田　欣　陈文江

在不同的历练中沉淀

谈及在学校的时光，许宇锋立马滔滔不绝。他大二时曾主持了母校三十周年庆典，一眨眼便又到四十周年了。在担任文艺部部长期间，因举办晚会需要，其交际和筹备方面的能力，既受到考验也得到锻炼。

他仍清晰地记得，第一次去杨汛桥新校区时，学校党委副书记王军拉着他坐到前面看表演。当问到最感谢哪位老师给予的帮助时，他感谢了很多老师，专业课的、非专业课的、教务办公室的、学生办公室的……总而言之，学校包容开放的环境让他得到了很多帮助、接触到许多机会，他很感谢这个有历史底蕴的学校。

喜欢尝试新事物的许宇锋，在大学期间就开始了兼职之路：文博会的翻译、便利店的收银员、广电的实习生、毛源昌眼镜店的市场主管，从各种职业的历练中学习了丰富的知识以及在社会上摸爬滚打的生存之道。

他说，很多时候大家对兼职、实习有种误解，认为有些工作既赚不了钱也没有太大用，纯粹是浪费时间。但他觉得经过选择后的兼职经历，往往在未来的某一时段或某一刻会发挥作用，更重要的是，那份环境的体验会让人无形中沉淀，变成一个更优秀的自己。

闪烁的十字路口

走进公司，最先被黑砖白石下静雅的装修设计风格和专业的直播间所吸引。这天恰好是许宇锋上播，我们有幸近距离观看了一场非同凡响的直播。"开启美好一天"，这是直播间银幕的标题，也是他职业生涯的所思所想。

人生规划是大学生的必修课，于他而言，规划不是限定个人一定去做什

情系树人

么，而是确立长远目标，在未来实现它或是调整赛道实现它。许宇锋当初的目标是毕业后拿到的薪资挤进同学中前 20，毕业两年内成为主管级别，30 岁前成为经理级别，赛道由自己适时选择，近期具体的规划则随环境的变动而变动。正如主播这个职业，他之前也未曾设想与规划，由于机缘和兴趣，他发现在这条赛道上能够实现自己的价值和人生目标，这也是站在十字路口上的抉择。"如果这个行业对我而言没有太大吸引力，为何不赶紧换，兴趣真的很重要！"

实习之初，许宇锋选择了感兴趣的公关工作——在全国最好的公关公司"蓝色光标"。其间他和大量品牌打交道，学习过程中又毅然换到电商领域，一次机缘巧合之下接触到了直播，这份充满挑战与活力的职业吸引了他。好在还年轻，尚无房子、家庭的压力，变换赛道的成本并不高，于是在"半年不行就掉头"的设想下许宇锋成了一名主播。

"年轻很重要，很多时候我们可以放低姿态，多学一些东西"，许宇锋感慨以往的经历给予了他敢于坚持兴趣的能力，也让他在每一个十字路口处变不惊地作出适合自己的决定。

技多不压身，艺高人胆大

技能应当是多而广还是专而精，许宇锋用实际行动作出了现实的回答。在学校他是校园十佳歌手和主持人大赛的双冠军，外出商演积累了经验，竞选文艺部部长锻炼了活动筹建的技能，步入社会后又在各行各业中学习与打磨，因此许宇锋常常被称为满腹经纶的"万金油"。

"万金油"和"半吊子"不同，"万金油"可以转换的东西很多，许宇锋手中的各种技能使他在不同领域游刃有余。我们注意到他的直播是全品类直

许宇锋（左）正在直播中

播，每个美妆产品乃至产品的成分他信手拈来，食品品牌及优势他轻车熟路，衣服的穿搭与质感他烂熟于胸，任何产品他都有足够的信心和底气侃侃而谈。"专注一个东西，不一定要走死"，许宇锋始终保持着这一想法，把目光放长远，在感兴趣的方面倾注时间精力来学习、研究直到掌握，不避讳地融入大量领域，即便不知道未来是否有用。而在学习的过程中，这些知识潜移默化地培养了他的自信和勇气，不断塑造他的气质，开阔他的眼界，即便是在采访过程中，也能感受到他自信十足。

在他看来，技能的多而广或专而精并不矛盾，他鼓励所有人应当抓自己该抓的、学自己感兴趣的，这些不仅能在职场上演变为巨大的优势，还将以一种意想不到的方式去改变一个人的整体。正如他经常所言的"在拥抱中变化"，从他的学生时代到主播的职业生涯，面对每一次挑战，他始终保持着冷静与坚韧，展现出了一名优秀主播的素养与风采。

当前，中国的直播行业正在迅速崛起，充满了无限生机。随着企业与直播带货的需求不断增长，主播这一岗位也在逐渐普及和成熟。在这个时代背景下诞生的主播们，正成为现在与未来不断壮大的群体，为行业的发展注入新的活力。

　　人生没有彩排，每一天都是现场直播。我们相信，像许宇锋这样的优秀学子，定能如夜里的灯火般闪耀，为这个世界带来更多的精彩与希望。

王一爽：一奇果业，打造电商助农传奇

【人物名片】

王一爽，2017届电子商务专业校友，中国青年女企业家，阿里巴巴核心头部实商。自筹建成包括四川、山东、海南、江西、广西、陕西、甘肃在内的全国十四大农产品云仓供应链，其集团目前已成为公安部、新华社、中国国家铁路集团、中国航天万源集团等国家级单位的签约供货商，中国航天保障用品合作伙伴。在抗击新冠疫情期间，她和她的团队勇担社会责任，大规模开展电商助农，扎根乡村人才振兴工作，取得了突出的经济效益和社会效益，事迹被中央电视台、《人民日报》报道。创业项目"一奇果业——电商助农战疫情，乡村振兴人才兴"在第九届"创青春"中国青年创新创业大赛中荣获国赛铜奖。本人被授予"浙江省创业典型人物"称号，其企业被阿里巴巴（中国）授予食品生鲜行业最佳品质供货商、阿里巴巴十大榜样网商称号。近年来，一奇果业积极参与社会公益事业，受邀成为由新华社发起的"让星梦前行"公益项目首批爱心捐赠单位，荣获表彰。

采访时间：2023 年 7 月

采访地点：浙江树人学院

作　　者：龚思月

指导老师：谢凌云　陈燕翔　汪妍青

大学期间，在导师的帮助下，王一爽参加了各种创业类竞赛，不仅拓宽了视野，还积累了丰富的实践经验。她与同学们一起，共同营造积极向上的学习氛围，为未来的创业之路打下了坚实的基础。在社会实践中，她运用电子商务专业知识，成立公司，诚信经营，并取得了令人瞩目的成绩，其公司在电商助农方面取得了突出的经济效益和社会效益，荣获多个荣誉和奖项。

传承祖辈红色精神，科技赋能乡村振兴

王一爽的祖父、祖母曾参加过抗日战争、解放战争和抗美援朝战争。受家庭影响，王一爽从小就树立起以民族大义为先、敢于担当、勇于奉献的红色革命精神。大学毕业后，她创办了一奇果业有限公司，积极响应国家全面脱贫攻坚的政策和战略方针，以扶贫助农和推动乡村振兴为己任，展开一系列专项工作。

2019 年，王一爽带领团队走访了全国 11 个省份的 25 个贫困县市，充分调研了当地果农面临的销路不畅和靠天吃饭等关键痛点问题，对产地的地理环境、气候情况、产量、供应链成本、销售规模、果期、物流成本等核心指标进行了整理和分析，并与浙江大学的科研团队合作，共同开发了一套基于深度学习的农产品产销预测系统。该系统能够根据消费需求和产地供给能力，实时预测时令农副产品的产销情况，为决策提供准确的数据支持。依托该系

王一爽（右二）在接受采访

统的技术支持，一奇果业在甘肃、四川、海南、山东、福建和江西等地建立了 14 个全国生鲜原产地的智慧云仓供应链。凭借强大的供应链运维能力，短短 5 年时间，公司就取得了卓越的经济效益和社会效益。其中，王一爽与阿里巴巴乡村事业部合作开展的"一县一品"项目取得了成功，甘肃天水苹果成为近三年来的网络爆品，收购价格飙升 300%，为当地创造了上亿元的产业规模和经济效益，天水苹果成为地方的支柱产业，曾被央视网等媒体报道。

新冠疫情期间，在面临运输困难、存储问题与对接困难三大挑战时，她带领团队，利用临沂的物流优势，在生鲜产地云仓设立前置仓库，通过 CMA 农残质检、专业包装和坏果包赔等方式，强化供应链管理，强化品控和质量管理。王一爽担任临沂商盟和临沂食品生鲜行业协会会长，实现资源对接和协调，有效解决了疫情期间发生的困难。2020 年，她以保底销售的方式上门收购农副产品，7 天内发货超过 850 万千克山东果蔬，销售额突破 1000 万元，帮助农户减少了超过 450 万元的直接经济损失。同时，约 4 万件生鲜产品通

情系树人

过绍兴前置仓发往上海，覆盖了 200 多个小区，全力保障了涉疫地区的果蔬供应，因其突出事迹，荣获"浙江省创业典型人物"称号。

躬耕乡村人才振兴，授人以渔深度助农

"让愿意留在乡村、建设家乡的人留得安心，让愿意上山下乡、回报乡村的人更有信心，激励各类人才在农村广阔天地大施所能、大展才华、大显身手，打造一支强大的乡村振兴人才队伍。"身为浙江树人学院的外聘教师、创业导师，阿里巴巴中小企业商学院的资深讲师，王一爽积极响应习近平总书记的号召，大力开展乡村人才振兴工作。

王一爽说："决定一个城市未来的一定是留在当地的年轻人，所以乡村振兴的根子就在返乡、驻乡青年身上，他们在创业过程中会遇到跟我们一样的问题，而我们的使命就是要帮助他们尽快成长、精准赋能。"王一爽联合阿里巴巴、网商银行、一号直聘等，于 2022 年下半年开展大规模公益人才培训、就业指导和直播带岗，针对农户以及中小型商户培训相应课程，培育农民成为新零售受益者。通过人才培训和云仓调配，大量农户实现"零成本创业"，带动创业约 2 万人，近 6000 人实现直接就业，10 万余人实现间接就业。

与此同时，王一爽还与阿里巴巴中小企业商学院组建了一支教师队伍，授人以渔，精神助农。通过线上线下相结合的方式，开展线上直播电商培训 30 余场，抖音投放创新创业经验分享短视频 95 个，播放量累计 6500 余万次。其中帮扶县观众占比高达 55%。开展线下电商培训讲座 50 余场，累计培训农户 800 余万人，帮助 1867 户农户，受助农户平均创收 6300 余元，其"一奇果业"创业项目荣获第九届中国青年创新创业大赛（国家级）铜奖。

积极拓展合作领域，创新实现企业跃迁

经过前期的不断积累和已取得的显著成绩，2023 年，王一爽正式成为中国航天保障用品合作伙伴。她严选中国航天联名品牌，这些品牌正式成为中国航天科研工作者日常生活的一部分，将陪伴着中国航天开启探索浩瀚星辰的新征程。王一爽自豪地说："中国航天代表了自强自立、科技强国，能够成为中国航天保障用品合作伙伴，在倍感骄傲的同时，更要尽心尽力做到最好！多年以后如果有学生问，一爽老师，您当年申请加入中国航天保障用品合作伙伴的初衷是什么？我会告诉他们我当时填了——我将无我，砥砺初心，用实际行动全力支持保障中国航天事业，做对国家、对民族、对社会有贡献的事！"

王一爽认为，创业者需要具备大胆、冒险、坚韧、抗压、勤奋的精神与健谈、逆商、善于整合资源的能力。这些精神和能力能够帮助他们应对各种困难和挑战，实现自己的创业梦想。

王一爽也希望母校能够加强校企合作，尤其是与校友企业的合作，为学生社会实践提供更多的平台，让学生通过社会实践积累更多工作经验，以增强学生在求职过程中的竞争力和职场适应能力。

王一爽在乡村振兴领域的卓越贡献引起了包括央视在内的全国超过百家权威媒体的广泛关注与深入报道。尤为值得一提的是，王一爽两度荣幸地接受央视的专访，其间她不仅分享了自己的工作成就，更满怀深情地隆重介绍了自己的母校——浙江树人学院，以此表达她对母校的深深感激之情，并为母校的校庆献上了一份特别的礼物。

贾明琰：抢抓先机，拓展跨境电商的成功之路

【人物名片】

贾明琰，2018届物流专业校友。在校期间曾担任我校菜鸟驿站学生团队负责人，2017年带领同学一起创业，成立杭州猪崽网络科技公司。"猪崽"成立至今，一直致力于反哺母校，为在校的学弟学妹提供实习、就业的机会。"猪崽"致力于打造中国制造的"猪崽"品质型家纺品牌，以产品设计创新为核心，坚守产品品质；通过亚马逊、速卖通等多个平台，将自有品牌产品销往100多个国家及地区。

采访时间：2023年7月4日

采访地点：杭州猪崽网络科技有限公司

作　　者：唐子真

指导老师：曹　斌　朱砚屏　李晨昕

在校创业经历，连接学业与事业

在校期间，贾明琰负责菜鸟驿站工作。当时菜鸟驿站学生团队人数已经超过 100 人，对于贾明琰而言，如何管理这个团队是一项极富挑战性的工作。

菜鸟驿站的工作主要有卸货、码货、扫码入库、寄件、客服等，给学生兼职人员排班也成了一件头疼的事。遇到"双十一"等大型购物节日，团队更加忙碌，还需要提前和保卫处等相关部门做好沟通，提前做好应急预案。因驿站位置优越、人流量大，贾明琰也经常带领团队承接一些项目，如利用场地接广告业务等。

回顾在校学习的经历，贾明琰感慨万分。由于很早就确立了创业目标，所以他在学习过程中会积极主动寻找周围和他一样想要创业的志同道合的同学，为今后的创业打好基础。他也非常感谢学校当时给他们团队提供创业场地等方面的支持。他说，创业最需要的是创业精神！

创业初期处境曾十分艰难，有时一个月只能赚 3000 块钱，只能靠打地铺过日子。第一个"双十一"的前天晚上，整个账户仅剩 500 元，购货都捉襟见肘。即便这样，他也依然坚信自己可以把公司的几个店铺做起来。

2019 年，新冠疫情暴发，公司备了很多货，订单量却严重下滑，国内疫情严重时期囤积的货物卖不到国外。国内疫情好转后，国外又开始暴发疫情，物流费用飞涨，但公司的价格没有调整，导致订单取消，利润极低。多重压力还迫使公司很多时候只能选择远程办公。

抢抓一个先机，实现一次腾飞

疫情期间，传统贸易受到严重冲击，但以跨境电商为代表的外贸新业态

情系树人

在保订单、保市场、保份额方面发挥了重要作用。同时，我国持续出台增强外贸发展新动能、加快外贸新业态、发展新模式的政策措施，对广大企业加快数字化转型、促进外贸稳定增长发挥了积极作用。贾明琰看中这次机会，将"猪崽"打造成一家跨境电商公司。

随着时间的推移，贾明琰的跨境电商平台逐渐扩大规模，产品线也不断丰富，他通过市场调研和数据分析，不断优化自家产品定位和营销策略。加上对于顾客需求的敏锐洞察力，"猪崽"这个年轻的创业公司在竞争激烈的市场中脱颖而出。公司依托 Amazon、Wish、Aliexpress、Shopee 等第三方平台，把产品销往全球 100 多个国家和地区，产品涵盖流行服饰、节日用品、家居用品等多个方面。公司目前处于快速发展期，年营业额实现 5 倍增长。贾明琰表示，经过充分调研，他们把目标瞄准国外市场，准确了解美国、摩洛哥和东南亚国家使用家纺产品的特点后，将公司的主战场定位在消费能力比较强的欧美国家，同时他认为跨境行业比较有前景，公司后期也会考虑去海外建厂。

打造和谐团队，共建崭新事业

谈起合伙人，贾明琰认为能力固然重要，但最重要的是合伙人之间性格的磨合。磨合并不是每个人性格变得一模一样，而是团队创始人的人格特质会去匹配不同的人。其中最关键的一点是团队的价值观必须一致，比如说始终坚守产品品质这一底线。

贾明琰也谈到了打造和谐团队的重要性。他深知个人的力量是有限的，要想实现更大的成功，必须依靠团队的力量。他精心组建了一支优秀的团队，每个成员都有各自的专长和优势。他鼓励团队成员敢于创新，鼓励他们提出

贾明琰（左四）与采访团成员合影

自己的想法和建议，共同推动公司的发展。他注重团队的培训和成长，为员工提供良好的发展机会和晋升空间。他认为，只有员工成长，公司才能持续发展。

感恩母校培养，胸怀未来梦想

在创业过程中，贾明琰也不忘回馈母校，无论是在校经营，还是如今在社会打拼，他都一直致力于反哺母校，为在校的学弟学妹提供实习、就业机会。他深知自己的成功离不开母校的支持和帮助，因此他也希望能够用自己的力量，帮助更多树人学子实现梦想。

长风破浪会有时，直挂云帆济沧海。随着贾明琰的跨境电商事业不断壮大，他的团队也不断壮大，吸纳了更多优秀的人才，为企业的发展注入了新的活力。相信杭州猪崽网络科技有限公司将继续一路创新、一路领航、一路高歌，开足马力，奋力驶向更加璀璨的明天。

张梦如：不被定义，我可以是任何样子

【人物名片】

张梦如，2018 届新闻学专业校友。在本科学习阶段，她积极参加专业活动，并多次在校刊上展示自己的才华。毕业后，她创立了杭州鹏阳文化创意有限公司，成功主持过多场大型高峰论坛、国际赛事。凭借杭州地区自媒体业务的特色发展，取得了优异的业绩。

采访时间：2023 年 7 月 8 日

采访地点：杭州鹏阳文化创意有限公司

作　　者：邢雨芊

指导老师：史永红

在大学期间，张梦如便已有明确的目标和方向。大一时就开始做兼职，从发传单、服务员、家教等很基础的工作开始。她从不眼高手低，而是一步一个脚印、稳扎稳打。大二时，她便带着团队做起了演员经纪、模特经纪和外籍经纪等工作。做兼职让她接触到了社会上形形色色的人，也从中学会了与人交往，学会了更好地融入社会，为后期的创业奠定了很好的基础。

张梦如上学的时候在杭州校区，印象最深的就是学校大气的图书馆。图书馆无论什么时候都挤满了人，那一个个努力拼搏的模样真的很美。还有便是晚上11点时昏暗的小道。当时她兼职做洗碗工，晚上11点左右才能回宿舍。她独自走在昏暗的小道上，有时会举起被水泡得发白的手，不免有些心疼自己，明明才十八九岁的年纪，却干着这么辛苦的活。可她又很开心，才十八九岁她就这么能干，可以享受自己辛勤劳动的果实。回顾往日拼搏的日子，仿佛就在眼前。

她一直秉持着"有梦便要去追梦，想要做的事就要落实"的准则。如今她已成为全能型人才，主持人、策划者、自媒体运营者。创业八年，她拥有了属于自己的公司——杭州鹏阳文化创意有限公司。

张梦如在主持活动

情系树人

她频繁地奔走在全国各地，一天内走过三四个城市已是常态；高速公路上的堵车和紧张的活动筹备成为家常便饭；穿着高跟鞋，拎着大包小包，还要走好几千米，这种场景也非虚构。

　　当然，她也欣赏过美丽的风景，感受过恣意的风。在她心中，这些拼搏的记忆是永恒的，这份冲劲也是珍贵的。

　　展望未来，张梦如会继续不断探索，进一步提升自己在多个领域的专业能力。她鼓励年轻人敢于追求梦想，勇敢面对困难，大胆选择多样的职业道路。她的故事告诉我们，只要怀揣梦想并付出努力，每个人都能成为生活的强者，创造出多彩的人生。

陈姝雅：把爱献给西藏的"好好老师"

【人物名片】

陈姝雅，2019 届电子商务专业校友，现工作于西藏自治区日喀则市南木林县第二完全小学，是参与西部计划援藏校友的典型代表。

采访时间：2023 年 7 月 21 日

采访地点：南木林县委组织部

作　　者：董雨洁

指导老师：刘力赫　薛　瑾

"原先我在杭州一家公司工作，而我的先生江松阳在毕业后就加入到了援藏的队伍，服务于西藏。在那两年间，随着对西藏的深入了解，我也产生了想去西藏援助的念头。2020年11月，我辞去杭州的白领工作，紧随江松阳的脚步来到西藏南木林县的小学，成为一名老师，与他一起奉献青春、建设西藏。"陈姝雅娓娓讲述着她当年奔赴西藏的缘由和心情，"来到西藏后，我从未后悔过，我深刻感受到，在美丽的雪域高原，有令人怦然心动的唐古拉山，漫山遍野的格桑花，勤劳朴实的人民，志同道合的朋友……在这个充满奇迹和挑战的旅程里，我们克服了长途跋涉和高海拔带来的身体不适，在这片美丽的土地上书写着属于我们对祖国的热爱。"

2020年底，陈姝雅通过西部计划来到西藏，为当地教育事业和贫困户提供帮助。深入了解当地的教育和社会情况后，她意识到教育是推动社会发展的重要力量，决定全身心投入这个事业中。

在援藏期间，她主动帮扶贫困户，与他们建立亲密联系，了解他们的生活状况和需求，定期走访他们的家庭，倾听他们的心声，也通过自己的力量和资源，为他们提供粮食、衣物、学习用品等物资，帮助他们度过一些困难时期。

"作为一名教师，我承担着教育孩子、塑造他们未来的重要责任。我尽心尽力地为乡村职业学校的孩子们授课，确保他们能够获得良好的教育机会。我致力于培养他们的学习能力，同时注重培养他们的品德和道德素养，让他们成为有爱心、有责任感的社会成员。"她在课余时间主动组织各类活动，丰富学生们的课外生活，鼓励他们积极参与体育运动、艺术创作和社区志愿服务等活动，全面培养他们的综合素质。

陈姝雅深知农业对西藏地区的重要性，在秋收季节，她毫不犹豫地加入到农作物收获的行列中，体验农民们的辛勤劳作。"我帮助他们收割青稞、小麦等农作物，为他们减轻了一些压力。我的付出也得到了当地农民和同事们的认可和赞赏，他们称我为'好好老师'。这是我最大的荣耀，也是我继续奋斗的动力。"在她的努力下，她所任教的班级从全县第 21 名跃升至第 9 名，另一班级也曾获全县第 1 名的好成绩。"我坚信，只有通过公平、优质的教育，才能够真正改变西藏的教育状况。无论遇到多少困难和挑战，我都会一直奋斗在教育事业一线，为南木林和整个西藏的教育事业贡献自己的力量，为孩子们带去希望和改变。我相信，只要我们一起努力，西藏的明天一定会更加美好。"

在西藏的一年里，她用心倾听每个学生的声音，与他们建立起深厚的情感联系，成为他们的朋友。她积极参与每个学生的学习过程，关注他们的学业，耐心回答他们的问题，激发他们的求知欲望，鼓励他们树立积极向上的人生态度。她也非常关心学生们的身心健康，会组织丰富多彩的课外活动，如户外探险、手工制作、体育竞赛等，让孩子们在快乐中学习和成长。

现在，她与先生江松阳都在西藏，夫妻俩共同分享着工作的喜与忧，相互支持、相互鼓励，在艰苦的环境下一起奋斗、共同成长，用爱的奉献诠释着年轻一代的爱国情怀和责任担当。

吴静雯：时代在推着我前进

【人物名片】

　　吴静雯，2019 届国际商务专业校友。2018 年创立杭州初新文化传媒有限公司。

采访时间：2023 年 6 月

采访地点：杭州初新文化传媒有限公司

作　　者：胡至瑜

指导老师：田　欣　陈文江

2015 年，吴静雯考入浙江树人学院。在她眼里，树人学院是一所开放性的学校，课余时间给予同学们较大发展空间，有更多的机会进行实践。当然，她在学校也系统地学习了专业知识，其中大一学习的宏观经济学这门课令她印象十分深刻，对于锻炼她的逻辑思维和以后解决工作中的难题提供了极大的帮助。

2016 年，逐渐成长的自媒体行业受到越来越多的关注，吴静雯也开始将目光投向自媒体领域。最初，她兼职做模特，用心了解关于传媒行业的知识和相关工作内容，并利用模特工作的机会积累了一些人脉。

一次偶然的机会，她在朋友圈看到一条招聘通告，抱着试试看的心态前去面试，没想到通过了面试，自然而然地接触到了淘宝直播，并签约了公司。但她感觉在公司中受到的限制过多，于是决定开启属于自己的梦想。

吴静雯与几个好朋友一拍即合，在学校外面租了一间房子作为工作室，每天两点一线，不是在学校就是在工作室。她见过早晨刚刚升起的太阳，也见过城市寂静的黑夜。工作到深夜，肚子饿的时候，一碗热腾腾的泡面便让她感到十分满足。她每天直播 6 ~ 10 个小时，但在镜头前，她总是保持着自己最完美的状态，精神饱满地为观众讲解商品，为自己、为工作室而努力着。

2018 年，吴静雯的工作室慢慢发展壮大，开始有了一定的规模，需要更多的人加入其中，于是她创立了杭州初新文化传媒有限公司。初出茅庐，对公司的运营、公司各项管理制度的制定、人员分配问题等并不熟悉，所以曾经踩了许多坑，也终于在一次次教训中成熟起来。在慢慢做大的过程中接触到了雅顿、路铂廷等大客户，逐渐拥有了为大品牌服务的经验，也让服务的品牌有了更多的收益。每当品牌的收益提升之时，也是她感到最有成就的时刻。

在采访中，吴静雯侃侃而谈，言语中透露着自信与从容。在谈到创业经

吴静雯（左二）与采访团成员合影

验时，她深有感触地说，作为创业者，她认为并不是一味努力就可以获得成功的，最主要的是要抓住时机，正所谓天时、地利、人和三者合一，方能获得成功。在创业的过程中，对于公司大方向的选择与时代红利的机会把控也十分重要，她认为在同等条件下，红利大于努力。

如今公司员工已从刚开始时的几人发展到 200 人，这是她和团队日夜辛劳取得的成就，他们仍一直朝着自己的目标努力着，就像公司的名字"初新"，寓意在追求梦想的同时，永葆初心。

在公司一面大大的墙上，写满了公司从开始到现在的发展，写满了大家为此所付出的努力，一张张照片对应的是一次次成功，是一次次愿景的实现。"是一个人做了，一群人可以秒懂的共鸣。"这是独属于他们的默契，只要互相致意，大家就能一起攥紧拳头、一起奋进。一个拐角处贴着许多团建照片，从中我们看到了大家的开心与快乐，这是一个温馨且充满爱的大集体。

总结自己创业的经验，吴静雯认为在大学期间仅熟练掌握书本上的理论知识是远远不够的，要学会培养自己解决问题和灵活应对实际问题的能力，只有将知识融会贯通，并且应用到解决实际问题中，才是最完美的结合。另外，考取证书是一些行业的必要基础，也能让履历添彩，尤其是对想去政府机关、事业单位工作的人来说。而在一些私人企业，虽然也需要证书加持，但较为看重的是个人的能力。综合来讲，个人能力是最为关键的。

情系树人

李方明：追梦路上，闯出一条属于自己的路

【人物名片】

李方明，2019 届市场营销专业校友，杭州市文艺评论家协会会员，余杭区作家协会会员。从树人毕业后考上南京师范大学文艺学专业硕士。读研期间获江苏省数字与人文研究生创新论坛一等奖、江苏省研究生"21 世纪国外马克思主义前沿问题研究"暑期学校二等奖、南京师范大学公共管理学院哲学论文比赛一等奖等。同时，在《中外文论》《海峡人文学刊》等优质学术期刊发表论文 7 篇，获校"优秀研究生"称号。硕士毕业后进入杭州市规划和自然资源局余杭分局工作。曾参与杭州亚运会、亚残运会服务保障工作，入选"西湖之春·杭州有戏"剧评团，在 2023 年青年批评家日暨新媒体影视视听艺术论坛作为嘉宾发言，获"新中心杯"第三届青年创意家·网络文艺评论专业组一等奖、第三届"傅雷杯"全国文艺评论大赛入围奖，多篇文章被《文艺报》《西湖文艺评论》等报刊录用。

采访时间：2023 年 12 月 15 日

采访地点：杭州市规划和自然资源局余杭分局

作　　者：李　莎

指导老师：卞小莉　李晨昕

2017 年 9 月，李方明通过专升本考入树人学院，开始了本科阶段的学习。他满怀深情地说，记得入学报到时老师和学长学姐们都很热情，主动向他介绍学校周边环境及学习生活方面的情况，帮助他迅速融入管理学院这个大家庭。此外，母校的后勤保障工作也让他印象深刻，每次故障报修处理都非常及时，学校也很暖心，暑假会为考研、考公的学生开设专门的自习教室，支持大家留校复习。

李方明入学初期便明确了报考南京师范大学硕士研究生的目标，但在具体专业选择上犹豫不定，经过广泛的阅读以及与老师、学长学姐交流，逐渐找到了自己的兴趣所在：文艺学。

谈及在校期间印象较深的地方，他说有三个，分别是清乐园、贺田图书馆和操场。在他看来，清乐园寝室不仅是每天睡觉的地方，还是一个给他留下很多美好回忆的地方，室友提供的关心帮助、和谐融洽的寝室氛围，总能让他有种在"充电"的感觉，这种感觉陪他一起走过了复习考研的"煎熬时光"。贺田图书馆则是他除寝室外待得最多的地方，他在这里发现了自己所热爱的专业，在浩瀚的文学星丛中遨游，也在那里度过了奋战考研的日子。如果将文学比作远方的星辰大海，那贺田图书馆便是李方明的出海港，它见证了李方明在文学道路上的扬帆起航。此外，操场也是让他难以忘怀的一个场所。在备考期间，每当情绪低落或压力较大的时候他就会去操场跑步，放松一下自己，也是在那里认识了志同道合的好朋友，两个人同样都在准备考研，都在为未来拼搏。

问及在母校的求学经历对他之后的工作生活有什么影响时，他认为养成了两个良好的习惯。一是"今日事今日毕"。这样不仅能提高工作效率，还能享受完成小目标后的喜悦。无论是在考研期间，还是在如今的工作当中，他一直保持着这个习惯。二是学会记笔记。俗话说：好记性不如烂笔头。无

　　　　　　　　情系树人

论是学习还是日常工作，勤动手做记录都是一个良好的习惯，能够加深我们对知识的记忆，避免遗漏工作。上学时记笔记，有利于集中精神整理自己的思维，促进对所学知识的理解；工作中记笔记，能够合理安排自己的工作进程，及时把领导交办的任务记下来，避免因事情太多太繁杂而忘记某项工作。

在考研科目中，文艺学专业需考察文学综合知识，需要记忆很多课程内容，例如中国古代文学、现当代文学、外国文学、文艺理论等，光是学长学姐总结好的笔记就有 10 万多字。他将专业课重点知识背诵了很多遍，直至在脑海中构建起完整的知识框架。英语单词更是坚持每天不停地背诵，英语真题也都全部刷完并反复钻研。他深知自己跨考的劣势，所以暑假选择了留校复习。

2019 年 4 月 3 日下午，李方明收到了南京师范大学拟录取的消息。从浙江经济职业技术学院到浙江树人学院再到南京师范大学，这一路走来的艰辛，或许只有他自己知道。"珍惜光阴，有梦便追，有路就闯，莫为人生设限！""你

李方明（右二）与采访团成员合影

要相信，越努力越幸运，人生没有白吃的苦。"这是他经常对自己说的。

读研期间，李方明参加了许多学术活动，认识了很多志同道合的老师和同学，自己的思维能力和逻辑能力也有了很大提升。参与承办学术论坛以及主持迎新晚会等各类文体活动，锻炼了自己各方面的综合素质，他先后获得校优秀研究生、江苏省数字与人文研究生创新论坛一等奖、"江苏省研究生21世纪国外马克思主义前沿问题研究暑期学校"论文二等奖、南京师范大学公共管理学院哲学论文比赛一等奖等，并在《中外文论》《海峡人文学刊》等学术期刊发表论文7篇。

在研究生即将毕业时，李方明综合考虑各种因素后选择了考公，并顺利通过了浙江省考。刚参加工作时，他在杭州市规划和自然资源局余杭分局办公室从事宣传方面的工作，后被调入人事科从事组织人事工作，主要有档案管理、人员招录、综合文字等工作。目前在余杭区委改革办挂职，主要负责撰写调研报告和营商环境优化提升工作，他以饱满的热情和务实肯干的精神，在平凡的工作岗位上默默贡献着。在做好本职工作之余，他还参与了杭州亚运会、亚残运会的服务保障工作，积极参与走访结对村社困难群众、反诈宣传等各类公益活动。

参加工作后，李方明并没有停止学习，始终保持着向上进取的心态，不断提升自己的综合文字能力。经过不断努力，他加入了杭州市文艺评论家协会和余杭区作家协会，入选"西湖之春·杭州有戏"剧评团，并在2023年青年批评家日暨新媒体影视视听艺术论坛作为嘉宾发言，荣获"新中心杯"第三届青年创意家·网络文艺评论专业组一等奖、第三届"傅雷杯"全国文艺评论大赛入围奖，多篇文章被《文艺报》《西湖文艺评论》等报刊录用。他通过自己的努力，成为了当初所梦想的样子。但是，他并没有停下脚步，现在又开始结合本职工作去钻研当今较为热门的话题，保持思维的活跃度，让自己的思想始终与时代同频共振，进而不断提升自己的综合素质和业务水平。

对于准备考公的学弟学妹们，李方明的建议有几个方面。首先，毕业后想回家乡发展的学弟学妹们，可以优先考虑家乡区直单位的基层岗位。因为杭州等大城市绝大多数公务员岗位都要求硕士学位，且公务员 A 卷的难度偏高，而考 C 卷的区直单位基层岗位"上岸"难度相对较低。其次，在选择报考岗位的时候要慎重，先筛选出自己能够报考的岗位，再结合历年报录比、进面分数线后，最终决定报考岗位，选择自己有把握的岗位，争取一次上岸。最后，复习时要有自己的节奏，有的放矢，查缺补漏，吃透真题，少做模拟题。此外，由于公务员考试中的申论注重考察个人文字方面的综合概括能力，所以有志于成为公务员的同学平时要在写作方面多下功夫，不断提升自己的写作能力与文字水平。

"成功只有一个，按照自己的方式去度过人生。"这是他最喜爱的一句话，也是他多年来一直信奉的行动指南。他在每一个当下默默起舞，不辜负，不将就，"找到自己热爱的东西，专注于走好自己的路"，这是李方明给学弟学妹们的箴言，当然他本人也在用实际行动践行着。

王炜：男儿不展风云志，空负天生八尺躯

【人物名片】

王炜，2021 届护理学专业校友。现为浙江大学医学院附属第一医院监护室护士。

采访时间：2023 年 7 月 30 日

采访地点：浙江大学医学院附属第一医院

作　　者：丁笳晟

指导老师：徐博深　孙旭辉

讲到他与浙江大学医学院附属第一医院（以下简称"浙一"）的不解之缘，王炜说，最初分到浙一实习时，他便下定决心要认真工作，因为这是不可多得的实习机会。正是他的努力、认真、刻苦，收获了护士长、带教老师的认可，他们推荐他报考浙一。

"当时树人学院的护理专业刚开没多久，很多人都不知道我们有这个专业，而且也有很多比我们有名的学校，比如温州医科大学、杭州师范大学、杭州医学院的学生参加浙一的招聘。"王炜说，温室大棚养不出参天大树，风雪磨砺方能成就松柏挺立，只有具备战胜困难、解决难题的能力，才是真正的成长，只有真正长了本事，才能担当重任、创造更好成绩。

备考阶段，他奋发学习，认真演练，一路披荆斩棘，过关斩将，终于冲出重围，成功入选。王炜说，虽然学历、学校是敲门砖，但医院更加看重的是一个人的理论知识和护理操作能力。所以他想对学弟学妹们说："应该更加努力地学习，上理论课时认真听，学习操作时认真做，并且勤加练习，拥有做护士的基础条件后，再慢慢地成为一名更加优秀的护士。"

"作为一名男护士，经常会面对一些偏见，但是在临床上医院更需要男护士。"王炜说，男护士在医院面试中也是比较有优势的。目前虽然在临床护理中女生占了比较大的比例，但男护士同样也是护理团队中的重要力量。男生力气比较大，可以给病人更多的安全感，同时男生同样可以做到细心、细致，让病人感到放心。当然，专业技能不过关，那肯定不行。

王炜已经工作了两年，已经成为一名比较成熟的护士，他的工作能力让人感到安心。他

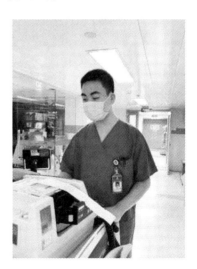

王炜在认真工作中

认为在临床工作中需要有"胆欲大，心欲小，智欲圆，行欲方"的处世态度，了然于胸的知识储备，"长风破浪会有时，直挂云帆济沧海"的奋斗精神。因此，扎实的理论基础、过硬的实操本领，永远是护士践行"守护生命"这句承诺的底气！

男儿不展风云志，空负天生八尺躯。王炜以实际行动证明，男人一样可以做好护士。对于未来，他有"男儿何不带吴钩，收取关山五十州"的自信与激昂，有"不经一番寒彻骨，怎得梅花扑鼻香"的觉悟，有"千磨万击还坚劲，任尔东西南北风"的坚持与守护。

戴青：青春志愿行，奉献在新疆

【人物名片】

戴青，2021届工商管理专业校友。在校期间，曾担任学院团总支组织部干事、新宣写稿组组长、校纪检权益部干事等，获学院分团委学生会优秀干事、学院青马工程优秀学员。毕业后参加大学生西部计划，服务于新疆阿克苏温宿县，担任当地大学生志愿服务西部计划项目总联络员，荣获2021年度阿克苏地区五四"优秀共青团员"，2021—2022年度全国大学生志愿服务西部计划考核等次优秀志愿者，2023年新疆维吾尔自治区"青马工程"示范班优秀学员。之后通过公务员招录考试，进入温宿县商务和工业信息化局工作，成为基层干部。2023年，荣获新疆维吾尔自治区优秀共青团员。

采访时间：2023年12月15日

采访地点：线上访谈

作　　者：李　莎

指导老师：卞小莉　李晨昕

2021 年 8 月，怀揣对西部的憧憬、对志愿服务的热情和对祖国与人民的热爱，戴青跨越千山万水来到新疆。两年多来，她积极投身人居环境治理、爱国卫生运动、公益宣讲、"光盘行动"、植树造林、"小善大爱"暖心包发放等多项志愿服务工作，在新疆阿克苏温宿写下"青春志愿行·奉献新时代"的志愿服务故事，获得 2021 年度阿克苏地区五四"优秀共青团员"、2021—2022 年度全国大学生志愿服务西部计划考核等次优秀志愿者。

援疆计划：在心中埋下一颗种子

2017 年，戴青来到树人管理学院工商管理专业，开始了大学生活。"打铁姑娘"公众号上一篇讲述管理学院毕业生周硕迎参加西部计划援藏的文章，点燃了她心中奉献祖国边陲的火花。在校期间，她曾担任学院团总支组织部干事、新宣写稿组组长、校纪检权益部干事等职位，获得学院分团委学生会优秀干事、院青马工程优秀学员。大一至大三，她参加了树人先锋营，担任

戴青在 2023 年新疆导游大赛颁奖典礼上

文书，先后获得全勤奖、优秀骨干、校优秀教官等，还带领先锋营获得校傅利泉奖学金。

戴青说，在校期间的工作经历帮助她掌握了一定的文字写作、信息宣传和组织协调能力，对后期她组织开展各项志愿服务活动、解说主持工作、做好团属新媒体账号等，都有非常大的帮助，也让她有信心、有能力不断在工作中创新，在实践中提高。

在疆成长：在西部热土上挥洒青春

当戴青第一次踏上新疆阿克苏温宿县这片热土时，面对陌生的环境和不同生活方式带来的冲击以及不同语言和文化的挑战，她选择了积极适应和融入。"既然来了，就要做点有意义的事。"她积极投身于各项工作中，用实际行动诠释着"奉献、友爱、互助、进步"的志愿者精神。看着同行人稚嫩的脸庞，戴青也会默默给自己打气——"好好干！"

戴青刚到新疆时，当地正在开展爱国卫生运动和植树造林工作，埋头田间、挥锹挖坑、填土刷漆，戴青的身影出现在各个服务现场。她说，新疆乡村振兴的第一步，就是要营造舒适整洁的宜居环境，为经济产业发展打好基础。她运用大学生西部计划志愿者联络员的身份，组织全体大学生志愿者积极投身到人居环境整治、爱国卫生运动、净滩行动、植树造林等各项志愿服务活动中，用志愿者的双手创造出更加干净整洁的乡村环境，将志愿服务的文章写在南疆的广袤大地上。

第一年，戴青作为当地志愿者总联络员，组织了大大小小80余场次志愿服务活动，从慰问村民、参与"9·9"公益日给全县少年儿童筹集共青团爱心生日会资金，到参与"中国青年年货节·团团巴扎""青耘中国·秋收硕果"等乡村振兴活动，再到运用新媒体向外界传递温宿声音，帮助当地农民销售农副产品，助力温宿县乡村文化旅游发展，累计志愿服务时长420小时，组织开展宣讲30余场次，参与志愿者400余人次，覆盖群众5800余人。

留疆发展：让青春继续在西部闪光

志愿服务一年期满后，戴青毅然决定再续签一年合同。第二年7月，她去火车站迎接新一批志愿者，看着一张张青涩的脸，感受着整个大学生志愿者团队的壮大，她颇感欣慰。仅仅两年，温宿县西部计划志愿者就从20人增至110人。人数的扩增既意味着志愿力量的增强，也意味着志愿者管理难度的加大。戴青逐渐成长为单位里的业务能手，成为服务和管理志愿者的"戴队"和"青姐"。

为规范志愿服务活动、提升志愿服务效果，戴青依托温宿县新时代青少年文明实践基地挂牌，成立温宿县大学生西部计划志愿者工作站，以工作站志愿服务"运行大脑"，统筹发布各项志愿服务活动。疫情期间，戴青协调全县百余名大学生志愿者分别投身热心电话接听、核酸采样协助、社区志愿服务、流调信息排查、信息填报登记、实验室跟班检测、离疆人员审批等多条战线中，在做到零感染的同时为全县疫情防控贡献力量。

为了服务农民增收致富，戴青还将目光转向电商直播带货，将温宿优质的大米、核桃等农副产品带进直播间，充分运用"中国青年年货节·团团巴扎""青耘中国·秋收硕果"等共青团品牌项目，与乡村振兴好青年搭班开播并持续跟进后续销售成果。在展示乡村魅力的各大文化旅游节中，她发挥全县大学生志愿者的自身特长和专业优势，谋划节目内容、规划展示路线、做好旅游接待、完善志愿引导、拍摄剪辑视频，大力宣传推广，助力乡村文

戴青（第二排右三）与团队在一起

化旅游发展，为乡村振兴贡献青春力量。

2023 年 5 月，戴青获得新疆文旅厅举办的新疆导游（解说员）大赛"网络宣传铜牌大使"荣誉。她参与的 2022 年度西部计划志愿者接站工作图像被《新闻联播》采用。

戴青说："西部计划本身是一个面向应届毕业生的窗口，透过这扇窗，可以体验别样的风土人情，感受迥异的生活环境，完成学生身份向社会人身份的转变，是一个很好的锻炼、提升自己的机会。"志愿服务的两年，让戴青深深爱上了新疆阿克苏这片土地，也让她产生了扎根的想法。2023 年 8 月，戴青作为一名留疆志愿者走上新的工作岗位，完成了从志愿者到基层干部的身份转变，继续书写"来疆奉献、在疆成长、留疆发展、为疆代言"的新篇章。

潘宏超：让数字赋能公益事业

【人物名片】

　　潘宏超，2022届国际商务专业校友。目前任职于浙江宏媒运营管理有限公司、杭州汛曦科技有限责任公司、就创（杭州）信息咨询服务有限公司、杭州创想社会组织服务中心，这些企业和社会组织成为他实现公益梦想的平台和载体。通过数字赋能，公益事业得到了更广阔的发展空间，他所在的企业和社会组织积极参与基层治理，为社区群众提供定制化公益服务，让更多人受益。担任浙报光荣浙商智库共同富裕促进中心副秘书长、浙江树人学院金融与创业校友分会秘书长，他不仅是一个创业者，更是一个社会活动和公益事业的推动者。

采访时间：2023 年 6 月 21 日

采访地点：杭州汛曦科技有限责任公司

作　　者：叶章唯

指导老师：郭　丰　谢凌云　马海枫　汪　晴　汪妍青

创业之路的奋斗与担当

潘宏超的创业之路始于一次充满温情的公益活动。在投身志愿服务的过程中，与社区负责人的合作让他有了与社区孩子们亲近的机会，并为他打开了创业的大门，这个公益编程课程成为他创业的契机，激发了他对公益事业的热情和梦想。

自参加那次公益活动以后，潘宏超开始了一场探索之旅。他意识到公益事业在数字时代面临的巨大机遇和挑战，于是着手调研了全省 11 个市的公益组织，学习并总结他们的运营优势和市场痛点。在这段时间里，他不断吸取经验，积累知识，为自己的创业之路打下了坚实的基础。最终，潘宏超看准数字智能的发展趋势，决定将数字化赋能公益事业。

在学校创新创业学院和经济与民生福祉学院的大力支持下，他积极寻求与数字智能行业专家导师合作，开始为社区群众提供数字化公益服务。他积极参加相关论坛，走访行业专家和大型公司，不断吸取他人的智慧和经验，不断拓宽自己的视野，深入研究数字智能公益的可行性，尝试将数字化的技术与公益事业有机结合。杭州创想社会组织服务中心也在不断的探索中逐渐成型，将数字智能公益服务平台打造成"一平台、双模式、多终端、全覆盖"的定制化数字服务一站式平台，不仅可以为社区群众提供便捷的公益服务，还为公益事业的推广和发展注入新的活力和动力。

2020 年初，新冠肺炎疫情暴发，这场突如其来的疫情给整个社会带来了巨大冲击，也让大多数公益服务组织陷入了前所未有的困境。在这个充满挑战和不确定性的时刻，潘宏超和他的团队挺身而出，团队迅速调整战略，决定用数字化手段为基层社区提供支持。

潘宏超与各地区负责人实时对接、紧密协作，克服了时间紧迫和技术难

浙江树人学院党委副书记王军（中）带队看望潘宏超（右三）等

题，尽力保障线上公益服务的高效运行。这些平台不仅为基层社区居民提供了信息和资源，还为社区治理提供了数字化手段和工具，帮助社区解决了疫情期间面临的各种困难。2022年，因为在疫情期间的卓越表现，他被评为"2022温暖者"。

回顾自己的创业历程，潘宏超说，在上大学期间，学校的创新创业环境为他们提供了一个独特的舞台，让他们可以充分发挥自己的创意和想象力。在自己刚开始创业时，也是学校提供的场地让他们有了一个安身之处；创业导师的指导和校友的支持，及时解决了他们在创业过程中遇到的问题；与政府部门的对接，更是为他们的创业项目提供了广阔的发展空间。

目前，潘宏超所在公司的业务主要有两个板块：面向政府和面向企业。面向政府，他们以数字化赋能的方式提升党群服务和政务空间的基层治理能力；面向企业，他们通过公益策划让企业的公益事业进入到社区，服务困难

潘宏超（中）与暑期社会实践团成员合影

群体。潘宏超以数字智慧服务公益，成为公益事业的推动者和引领者，不仅为社区带来了温暖，也让公益事业拥有了更多的可能性。他以实际行动诠释着"青春＋智慧＋实践＝奇迹"，为未来展现了更加美好的前景，让公益事业永葆生机与活力。

赵敏：用勤劳与坚持撑起"峥嵘岁月"

【人物名片】

　　赵敏，2022 届护理专业校友，西部计划参与者。

采访时间：2023 年 7 月

采访地点：线上采访

作　　者：丁笳晟

指导老师：徐博深　孙旭辉

提起去西部的缘由，赵敏说："我是从公众号上第一次了解到西部计划，看到相关文章和视频后，激起了我心中的一腔热血与斗志。"

"到西部基层去，到祖国最需要的地方去"，这句铿锵有力的口号直击赵敏的灵魂，内心的责任感、使命感迸发。"我认为这句口号所蕴含的内核很符合当下年轻人应该坚守的信念。"赵敏说，毕业时有三条路摆在她的面前：专升本、直接进入医院工作、参加西部计划。而她选择了西部计划。当她将自己的打算告诉父母时，他们忧心忡忡。

"我父亲曾去过新疆工作，很清楚那里的艰苦条件，他觉得我适应不了那里的环境。同时也担忧我会不会不想再回到他们身边。"她一句"你年轻时可以做到的事，我年轻时为什么不可以做到呢"，让父亲沉默了。经过多次沟通，父母也被她的勇气打动，最终选择了支持。

经过层层考核，赵敏来到了新疆鄯善县，就职于县团委二级单位，主要负责面向各个学校和乡镇开展各类工作。

工作初期，她尽最大努力去适应新疆的生活环境，并努力学习、掌握工作内容。在这里，她亲身体验了父亲所说的艰苦环境，昼夜温差很大，使身体出现诸多不适，白天时间较长，对睡眠质量造成不小的影响。然而留给她适应环境的时间并不多，她对接的学校数目多、范围广，加班到凌晨两三点是家常便饭。"特别是疫情期间，几乎每天都要工作到凌晨，经常是一人多岗多责，这对身体、心理都是极大的考验。在二十几年的人生中，我第一次领悟鏖战的意境，但是我只有一条路，那就是用勤劳与坚持撑起这段'峥嵘岁月'。"

疫情结束后，赵敏又迎来了新一轮挑战，那便是对接学校材料收集、整理工作。由于当地教学资源有限，学校教学任务重、压力大，因此在开展团委工作时，部分学校存在着配合度低、材料套用、活动重复，甚至敷衍了事等情况。她不知疲倦地走访各个学校，与老师们认真沟通。"过程虽苦，但我收获了认可，自己变得更有耐心，还结交了很多朋友。我想，我还是很幸福的！"

从学校到社会，从条件相对优渥的江南进入条件相对艰苦的西部，赵敏发现自己的心态变了。"跟大学不同的是，你在工作时遇到的问题越多，你反而更要冷静、细心地去妥善处理，因为一旦有瑕疵，你需要花费额外的时间去弥补，会引发恶性循环。"

"我的梦想是通过学习，能考到家乡外面的高校，在外省不断提升自我并掌握技术，然后再回到新疆，将自己毕生所学用于建设自己的家乡。"这句话出自一位五年级的维吾尔族小男孩口中，让赵敏深深感动。她决心尽自己所能做好每一项工作，帮助更多人实现梦想。

在这里，赵敏变得心胸更加宽广、眼界更加开阔，她说："过去我认为我们做护理的只要完成自己的本职工作就足以填满自身的社会责任感，现在我才明白，还有很多生活水平不高的区域需要我们提供帮助，我觉得这也正是西部计划的意义所在！"

当被问起如何排解思乡情绪时，赵敏说会经常与家人视频，亲人也会找机会来新疆，还会带来蕴含浓浓情意的家乡菜。在她心力交瘁的时候，一通与亲友的电话往往成为她的加油站，一句句温暖的鼓励给予她汩汩动力……

姚攒：拼搏是青春最好的注解

【人物名片】

　　姚攒，2022 届管理学院市场营销（专升本）专业校友，国家残疾人游泳运动员。2011 年至今，她多次参加国际国内游泳赛事，在 2023 年杭州亚残会上获得 20 分男女混合 4×50 米混合泳接力金牌，2020 年东京残奥会获一金一铜，2019 年世界残奥游泳锦标赛获得金牌，2018 年雅加达亚残会获得三金一银，在第八届至第十一届的四届全国残疾人运动会获得八金七银四铜，在 2017、2018 两届全国残疾人游泳锦标赛上获得五金一银。获全国五一劳动奖章、中国大学生自强之星、浙江省劳动模范、浙江省政府二等功、浙江省"十佳大学生"、宁波市青年五四奖章、宁波市三八红旗手、慈溪市道德模范等荣誉。

采访时间：2023 年 12 月 12 日

采访地点：线上访谈

作　　者：唐子真

指导老师：曹　斌　朱砚屏　李晨昕

心怀梦想，奋力拼搏，成就运动员生涯

姚攒出生于一个普通的家庭，因出生时患有"先天性脊膜膨出"，没有办法正常行走。然而身体的残疾并没有打垮她乐观的天性，为了减少父母的忧虑，她告诉他们，虽然没有办法用腿行走，但她可以用一双手保护自己。

2004年，姚攒进入学龄阶段，和正常孩子一起就读于慈溪城北小学，她克服了生活上的种种不便，用乐观感染着身边的人。

12岁那年，母亲带着强身健体的想法第一次带她去游泳馆游泳。在母亲的鼓励下，她克服了内心对于水的恐惧。下水后，在水中身体的灵活和自由深深打动了她，她发现在泳池里可以做很多在岸上做不到的动作，这让她感受到了莫大的自由，也让她爱上了游泳。在泳池里，她的双手化为翅膀，托起了她的游泳运动生涯，也改变了她的人生轨迹。

之后姚攒因游泳天赋进入了专业队训练。每天反复的动作、枯燥的训练，丝毫没有打退她对游泳的热情，备战期高强度的训练也没有让她有一丝退缩。

管理学院领导看望姚攒（中）

高强度的训练导致她的手一直抽筋，一疼就是一个晚上，辗转难眠，但她对游泳的热爱总能化成坚强意志，克服一切困难，第二天又精神饱满地出现在训练场上。

经过短短两年的训练，14岁的姚攒获得了属于她的第一枚全国残运会金牌。在连续获得世界轮椅运动会三金和第九届残奥会四金后，她信心满满地踏上了2016年里约残奥会之旅，结果仅获得两个第四名，与残奥会奖牌失之交臂。

失利后的姚攒迅速调整心态，继续刻苦训练，终于在2018年雅加达亚残会上以打破赛会纪录的成绩勇夺三金一银，在2019年世界残奥游泳锦标赛上再度夺金。之后姚攒征战2021年东京残奥会，获得一金一铜的好成绩，实现了她的残奥会金牌梦。看着五星红旗冉冉升起，她的心情无法形容。

心有所向，自强不息，坚持求学路

系统的训练导致姚攒无法长时间在学校学习，但她一直有一个"大学梦"。从慈溪职业高级中学的电子商务到浙江商业职业技术学院的移动商务，再到后来浙江树人学院的市场营销本科，姚攒在训练之余一步步完成了学历的提升。在每天高强度训练之余，她都会安排出时间学习，不懂的就及时向老师求教。频繁在训练与学习之间切换，让她学会了时间管理，取得了学习和运动成绩双丰收，获得了宋庆龄奖学金、康恩贝自强奖学金、2017年中国大学生自强之星、第六届浙江省"十佳大学生"、浙江省普通高等学校"优秀毕业生"等荣誉。

进入大学后，姚攒还积极向党组织靠拢，并如愿成为一名党员。去年，在东京残奥会结束后，她第一时间返校参加市场营销学生党支部的党员政治生日活动，与大家分享运动员生涯。她还参与了学校的反诈骗宣传，和学妹共同参与了"拼搏是青春最好的注解"微党课设计，把她对拼搏的理解传递给更多的学弟学妹们。

心怀祖国，感恩社会，温暖身边人

姚攒深知，是党和国家培养了她，给了她第二次生命，所以常心怀感恩。在一次党日活动中，学弟学妹们问她会游到什么时候，她不假思索地回答："党和国家需要我游到什么时候，我就游到什么时候！"

她曾经历过四次手术，每次输血时都让她感受着社会的温暖，也让她更加感恩社会。所以她平时非常重视锻炼身体，这可以让她也坐在献血车上，尽自己的力量充盈血库。当她拿到奖学金后，马上用自己的奖学金设立助学金，帮助身边的贫困学生。在评定奖助学金时，她也总是把机会留给更需要的人。她喜欢参与公益活动，通过网络看到关爱更多西部贫困家庭儿童的"暖冬计划"后，她主动联系老师，用积蓄买书、买文具，通过学校捐赠给贫困地区的孩子们。

在游泳队里，她是小运动员的知心大姐姐，每当他们意外受伤，看着他们脸上痛苦和沮丧的表情，她就特别希望能用自己的力量帮助他们。因此，她常常在训练结束后主动与他们分享自己的经历，帮助小运动员们快速适应训练节奏和生活。平时加大训练量时，她也会在旁边陪伴他们，希望用这种方式给他们以温暖和宽慰，帮助他们成长。

愿这个天使般的运动员的传奇故事，鼓励更多树人学子勇敢逐梦、不惧竞争、超越自我！